本书为教育部高校示范马克思主义学院和优秀教学科研团队建设重点选题项目成果

2019年度教育部高校示范马克思主义学院和优秀教学科研团队建设重点选题项目（项目编号19JDSZK018）

时万青　姚红军　张会军　著

新时代民办高校思想政治理论课建设研究

XINSHIDAI MINBAN GAOXIAO

SIXIANG ZHENGZHI LILUNKE

JIANSHE YANJIU

吉林大学出版社

·长春·

图书在版编目（CIP）数据

新时代民办高校思想政治理论课建设研究 / 时万青，
姚红军, 张会军著. -- 长春：吉林大学出版社，
2023.10
ISBN 978-7-5768-2198-7

Ⅰ.①新… Ⅱ.①时… ②姚… ③张… Ⅲ.①民办高
校－思想政治教育－研究－中国 Ⅳ.①G648.7

中国国家版本馆CIP数据核字(2023)第192823号

书　　名：新时代民办高校思想政治理论课建设研究
XINSHIDAI MINBAN GAOXIAO SIXIANG ZHENGZHI LILUNKE JIANSHE YANJIU

作　　者：时万青　姚红军　张会军
策划编辑：陶　冉
责任编辑：杨　宁
责任校对：付晶淼
装帧设计：刘　瑜
出版发行：吉林大学出版社
社　　址：长春市人民大街4059号
邮政编码：130021
发行电话：0431-89580028/29/21
网　　址：http://www.jlup.com.cn
电子邮箱：jldxcbs@sina.com
印　　刷：吉广控股有限公司
开　　本：787mm×1092mm　　1/16
印　　张：16.75
字　　数：250千字
版　　次：2023年10月　第1版
印　　次：2023年10月　第1次
书　　号：ISBN 978-7-5768-2198-7
定　　价：76.00元

前　言

　　我们党历来高度重视思想政治建设，始终把思想政治工作作为经济工作和其他一切工作的生命线。高校思想政治理论课建设，作为思想政治工作的重要一环，始终是确保高校建设发展正确方向的基础工程，始终是坚持"党管人才""为党育人""为国育才"重大原则的必然要求。2022年10月，党的二十大报告中强调"推进文化自信自强"，提出了"广泛践行社会主义核心价值观""弘扬以伟大建党精神为源头的中国共产党人精神谱系""推动理想信念教育常态化制度化""持续抓好党史、新中国史、改革开放史、社会主义发展史宣传教育"等具体要求，特别强调"用社会主义核心价值观铸魂育人，完善思想政治工作体系，推进大中小学思想政治教育一体化建设"，这些论述指明了扎实推动新时代高校思想政治理论课建设的方向。为此目的，更应加强民办高校思想政治理论课建设。

　　在2016年12月召开的全国高校思想政治工作会议上，习近平总书记强调指出："我国高等教育发展方向要同我国发展的现实目标和未来方向紧密联系在一起，为人民服务，为中国共产党治国理政服务，为巩固和发展中国特色社会主义制度服务，为改革开放和社会主义现代化建设服务。[1]"这既明确了中国高等教育发展的历史方位、现实指向与发展趋势，也为新时代民办高校思想政治理论课程建设赋予了全新的时代内涵和使命担当。我国民办高等教育事业，内在地规定了思想政治理论课程建设的目标及方向，根本上决定了民办高校思想政治理论课程的性质、地位和功能。全面落实习近平新时代中国特色社会主义思想，深刻领悟习近平总

---

[1]　本书编写组.习近平总书记教育重要论述［M］.北京：高等教育出版社，2020.3.

书记教育重要论述，需要我们从实现中华民族伟大复兴的全局视角和战略高度，围绕培养什么样的人、如何培养人、为谁培养人的根本问题，全面做好民办高校思想政治工作，构建"大思政格局"，强化"大思政课"理论，持续推动民办高校思想政治理论课建设的时代化、体系化、规范化发展。

习近平总书记在全国高校思想政治工作会议上的讲话中还特别强调指出："我们的高校是党领导下的高校，是中国特色社会主义高校。办好我们的高校，必须坚持以马克思主义为指导，全面贯彻党的教育方针。要坚持不懈传播马克思主义科学理论，抓好马克思主义理论教育，为学生一生成长奠定科学的思想基础。①"新时代民办高校同样肩负着学习、研究、宣传马克思主义，培养中国特色社会主义事业合格建设者和可靠接班人的重大任务。巩固马克思主义在高校意识形态领域指导地位，坚持社会主义办学方向，必须把思想政治理论课作为重要阵地；全面贯彻落实党的教育方针，落实立德树人根本任务，必须把思想政治理论课教学作为主渠道；实施社会主义核心价值观教育，帮助大学生树立正确的世界观、价值观和人生观，必须把思想政治理论课作为核心课程。办好民办高校思想政治理论课，同样事关意识形态工作大局，事关中国特色社会主义事业，事关中华民族伟大复兴的中国梦，具有十分重大而深远的意义。

新时代民办高校思想政治理论课建设，始终是不容忽视的重大课题，鉴于民办高校建设特点，分析当前所面临的挑战与机遇，本书坚持以习近平总书记教育重要论述为指导，深入贯彻新时代新思想新要求，围绕各级关于高校思想政治理论课建设的一系列重要指示，坚持落实立德树人根本任务，坚持落实"五育并举""三全育人"等现实举措，立足民办高校思想政治理论课建设的具体实际，旨在探究和解决其现实问题的方法路径。为此，本书主要围绕加强党对民办高校思想政治工作特别是思想政治理论课建设的集中统一领导，重点从领导管理、制度机制、师资队伍、教学科

---

① 习近平：把思想政治工作贯穿教育教学全过程开创我国高等教育事业发展新局面［J］. 人民日报，2016-12-09（1）.

研、专业建设、考核评价等方面进行了深入研究；着眼破解现实问题，创新探索了完善领导体制、构建课程体系、改革教学方法、创新教学模式、建强师资队伍、科学综合评价等方面的方法和措施，突显了增强民办高校思想政治理论课的时代感以及主动性、针对性和时效性的价值意义。

新时代民办高校思想政治理论课建设研究，是一项极具挑战性的工作。从实践层面的经验性研究提升到理论层面的规律性研究，面临着来自理论和实践两个层面的现实挑战。因此，本书根据编写目的和要求，力求站在学科建设与课程教学相融合的高度，定位于从学科视域来认识和把握高校思想政治理论课的建设体系，通过对课程教学规律的探索，推动对民办高校思想政治理论课建设的健康发展。其中所研究的问题和建议，为民办高校坚持从课程体系的总体把握中，持续形成对马克思主义理论学科的整体性认知，为加强民办高校思想政治理论课教学、管理、评价等方面提供可借鉴和参考的办法措施；同时，也将为党政部门、教育系统指导民办高校思想政治工作、加强思想政治理论课建设提供基本的参考。

鉴于研究工作本身的艰苦性、复杂性，加之研究者的水平有限，本书难免存在一些不足与缺点。我们真诚地希望各位专家、学者和广大读者给予批评，不吝指教。

目　　录

第一章　新时代民办高校思想政治理论课建设概况

习近平总书记关于高校思政课建设的一系列重要论述指明了新时代高校思政课建设的正确方向、目标要求、原则遵循和建设标准。深化思政课改革创新，旗帜鲜明办好思政课，立德树人、强基铸魂，为建成"教育强国、人才强国"做出新的更大贡献，这是新时代民办高校的一个战略选择，更是践行"两个维护"、拥护"两个确立"的具体体现。新时代民办高校思政课建设从解决相对薄弱的环节入手，已经取得了巨大进步：坚持政治定位，不断强化党对民办高校思政课建设的全面领导；坚持思想引领，深入贯彻落实习近平总书记教育重要论述；坚持正确的建设路径和实现形式，紧跟新时代步伐，推动创新发展。

思政课是落实立德树人根本任务的关键课程，思政课作用不可替代。习近平总书记强调指出："当前形势下，办好思政课，要放在世界百年未有之大变局、党和国家事业发展全局中来看待，要从坚持和发展中国特色社会主义、建设社会主义现代化强国、实现中华民族伟大复兴的高度来对待。"① 在信息化、全媒体时代，思政课建设的内外环境依然复杂多变，机遇与挑战并存，这对民办高校更是一种巨大考验。作为社会主义市场经济条件下中国特色社会主义高等教育的重要组成部分，作为我国"公办高校、民办高校、独立学院"等办学体制中的一种，民办高校自20世纪80年代以来取得快速发展，这是对我国高等教育的有益补充，更对提升全社会教育水平和全民文明素养发挥了重要作用。

新时代民办高校思政课建设遵循基本的建设标准。具体来说，一是

---

① 习近平.思政课是落实立德树人根本任务的关键课程［J］.求是，2020（17）.

政治标准。办好中国的事情，关键在党。党政军民学，东西南北中，党是领导一切的。思政课建设从属于党对高校思想政治工作领导的体系范畴。加强党对民办高校思政课的全面领导，这是不容偏离的政治定位，是办好思政课的首要前提，既不能有半点思想认识上的马虎，也不能有半点行动落实上的妥协。二是思想标准。新时代以习近平同志为核心的党中央，把高校思政课建设提到一个新的更高的战略位置。习近平总书记教育重要论述从根本上明确了中国特色社会主义教育发展的一系列方向性、根本性、全局性、战略性重大问题，集中体现为"九个坚持"的新理念新思想新观点，这是思政课建设的原则遵循。三是法规标准。近年来，我国先后出台了《中华人民共和国民办教育促进法》（以下简称《民办教育促进法》）《关于深化新时代学校思想政治理论课改革创新的若干意见》《新时代高等学校思想政治理论课教师队伍建设规定》等一系列法律法规，初步形成了指导民办高校建设发展的法规体系，这也是民办高校思政课建设的基本依据。

新时代民办高校思政课建设呈现出欣欣向荣的景象，围绕体制健全、改革创新、教师队伍、科学研究、人才培养、教法融合、社会实践、条件保障、综合评价等方面，都取得了显著成效。在全面建设社会主义现代化国家、向第二个百年奋斗目标进军的新征程上，民办高校应不断加强思想政治建设，办好思想政治理论课，着力为经济社会发展培养更多更优秀的政治合格、思想进步的各领域专业人才，做到无愧于新时代的使命担当！

第一节　新时代中国民办高校整体建设情况

民办高校是我国教育事业重要的组成部分。长期以来，民办高校在科学研究、文化传承、人才培养、社会服务、国际交流等方面为中国特色社会主义教育事业发展做出了重大贡献。认清新时代中国民办高校发展现状，把握整体建设情况，是办好民办高校思想政治理论课的一个基本前提。

一、新时代中国民办高校发展的现状与挑战

民办高校指的是企业事业组织、社会团体及其他社会组织和公民个人利用非国家财政性教育经费，面向社会举办的高等学校及其他教育机构，其办学层次分专科和本科。十余年来，我国民办高校在国民教育体系中日益发挥重要作用的同时，也面临着来自多方面的困境和挑战。新时代以来，为接轨国际新技术革命条件下高校发展的潮流，必须着力解决民办高校高质量发展的问题和矛盾。

（一）学校存量大且增长快

进入新时代以来，民办普通高校数量逐年攀升，近三年来出现了微小的波动。2021年，我国民办高校达到764所，比2020年减少9所，占全国高校总数的25.37%。其中，普通本科学校390所，本科层次职业学校22所；高职（专科）学校350所，成人高等学校2所。

依据教育部官方网站最新数据，"截至2023年6月15日，全国高等学校共计3 072所，其中：普通高等学校2 820所，含本科院校1 275所、高职（专科）院校1 545所；成人高等学校252所。"从教育部最新公布的《全国普通高等学校名单》查询可知，截止2023年6月15日，全国民办高校785所，其中民办本科高校413所，民办专科高校372所，可见其增长趋势。①

民办教育是社会主义教育事业的组成部分，关系人民群众切身利益，党中央、国务院对此高度重视。通过对教育部相关统计数据的整理发现，我国民办高等学校发展存在两大特点：一方面，学校数量较大；另一方面，在校生数量稳步增长。民办高等教育作为我国教育系统中的重要组成部分，在我国经济社会中的地位作用日益突出。

（二）发展空间大但挑战多

民办高等教育蓬勃发展的同时，其问题也日益突出。主要表现有：一是社会地位不高。民办高等教育的地位认可度亟待提高、民办学校师生权

---

① 全国高等学校名单.中华人民共和国教育部.http://www.moe.gov.cn/jyb_xxgk/s5743/s5744/A03/202306/t20230619_1064976.html

益有待关注。二是办学资金投入不足。融资渠道单一、扶持力度不够等造成学校运转困难。三是体制机制不畅。《民办教育促进法》为民办教育分类管理从法律层面作出了相应的制度安排，但在实践层面上其体制机制尤其是领导管理体制机制还不够顺畅。

依据智研咨询专家团队编制的《2023—2029年中国民办高等教育行业发展现状调查及前景战略分析报告》表明[①]，伴随着改革开放四十多年的历史进程，"我国民办高等教育的基本政策体系经历了由限制到管扶并举的过程"，大致分为发轫期（1978—1991年）、政策探索期（1992—2001年）、立法建设期（2002—2015年）和法律完善期（2016年至今）四个阶段。从行业发展现状上看，民办高校具有重要的地位，已经取得了巨大的发展成就；从产业发展趋势上看，支持民办高校探索发展研究生教育，引导中西部区地区民办高校高质量提升。该报告在对我国民办高等教育现状的综合分析中，结合美、日私立高等教育发展的启示，对我国民办高等教育的发展趋势和战略前景的研究表明，民办高校蓬勃发展的同时，面临更多的挑战和机遇。

（三）出现新情况和新变化

2018年12月29日修正的《民办教育促进法》对民办学校实施分类管理，明确划分为营利性和非营利性两类，民办学校的举办者可以自主选择设立非营利性或者营利性民办学校。其中规定表明，不得设立实施义务教育的营利性民办学校，但高等教育阶段不受限制。而且，对于高等教育在收费和招生规模上趋于市场化，增加了市场调节、学校资助的更大弹性。

随着民办教育事业的发展，自2021年9月1日起施行的新修订的《民办教育促进法实施条例》（下简称《条例》）以来，出现了一些新情况和新变化。新修订的《条例》主要是对标对表中央精神，细化落实上位法律，按照国家对民办教育积极鼓励、大力支持、正确引导、依法管理的方针，以依法办学、自主管理、提高质量、办出特色为导向，重点作出五个方面

---

① 智研咨询.《2023-2029中国民办高等教育行业研究报告》重磅上线［EB/OL］.https://baijiahao. baidu.com/s?id=1767930108851545330&wfr=spider&for=pc.2023-07-25.

的规定：一是坚持党的全面领导根本要求。民办学校应当坚持中国共产党的领导；学校中的中国共产党基层组织参与学校重大决策并实施监督；学校决策机构组成应当包含党组织负责人，监督机构应当包含党的基层组织代表；学校的章程应当规定学校党组织负责人或者代表进入学校决策机构和监督机构的程序，并明确民办学校将加强党的领导的要求落细落实。二是坚持民办教育公益性基本原则。强调了民办学校落实立德树人根本任务，实施义务教育的公办学校不得举办或参与举办民办学校，也不得转为民办学校等诸多规定。三是坚持支持与规范并重的总体思路。进一步增加和明确了扶持的政策，包括财政扶持、税收优惠、用地保障等，鼓励金融、保险机构为民办学校融资、风险保障等提供服务。同时，加强完善民办学校招生规则，规范利用互联网技术的在线办学行为，完善民办学校收费管理机制，健全民办学校关联交易监管机制等。四是坚持公办民办平等法律地位。强调享有与同级同类公办学校同等的招生权，与公办学校同期招生；规定民办学校及其教师、职员、受教育者申请政府设立的有关科研项目、课题等，享有与同级同类公办学校及其教师、职员、受教育者同等的权利等。五是坚持统一要求和自主管理有机结合。规定省级人民政府可以根据实际情况，制定促进民办教育发展的支持与奖励措施。明确保障民办学校依法办学、自主管理的基本原则，保障民办学校按照国家有关规定自主开展教育教学活动、设置专业、开设课程、开展教师专业技术职务评聘等方面的自主权。

二、新时代中国民办高校建设的改革重点与特色

（一）加强党的领导，完善体制机制

加强党建工作和思想政治教育工作是新时代民办高校健康发展的一大任务，也是新时代民办高校建设的重点聚焦之处。目前，全国各民办高校均强调完善民办学校党组织设置，重视党组织负责人的选配工作及其参与学校重大决策的领导权和话语权，且都提出将民办学校党建工作情况纳入学校注册登记、年度考核等内容中。

当前，民办高校党建工作趋于规范化，但民办高校党组织和董事会、

监事会之间的沟通协商机制不完善，仍是影响民办高校发展的关键问题。除此，民办高校党建工作也存在其他一些问题：其一，党组织并无实质领导权。因与公办学校的经费来源、办学体制、管理体制不同，民办高校并不实行党委领导下的校长负责制，因此，党建的核心工作相对弱化。其二，党员队伍普遍匮乏。其中，政工队伍和从事思想政治教育的一线思政课教师和辅导员，由于其准入制度的要求，党员比例较高外，其他专业的教职工党员数量略显不足。因此，加强党组织和制度建设，包括民办高校全面覆盖、重视负责人选派、加强人员配备、纳入年终考核等具体的实施意见必将促进民办高校党建工作，从而推动民办高校健康有序发展。

（二）突出公益属性，强调社会责任

无论是非营利性民办高校还是营利性民办高校都要始终把社会效益放在首位。这既是对民办高校公益定位和社会责任的要求，也是对民办高校地位尤其是营利性民办高校地位的肯定。随着民办高校拥有更多的办学自主权，对其社会责任的要求将更加严格。前几年，一些民办高校"暴露出的办学质量下降、招生虚假宣传、学历文凭发放混乱等公信力缺失的问题"①，就是社会责任不强的表现。正如我国社会主义性质不因经济类型的不同而有所改变，教育的公益属性也不因办学性质的不同而有所差异。无论是公办学校、非营利性民办学校还是营利性民办学校都应该肩负起社会责任。高等教育是一种具有公共性的产品，具有非排他性和非竞争性，但均表现得不充分，更确切地说，高等教育是一种准公共产品。因此，实现教育的公益性，即面向大众、服务社会是各级各类学校的功能和责任所在。公益属性和社会责任的突显既是对民办教育地位强有力的肯定，也是其发展必须坚守的底线。

（三）进行分类管理，实施差别扶持

法人属性不清、财产归属不明一直是制约我国民办学校发展的瓶颈。2018年新的《民办教育促进法》明确提出，对民办学校实施分类管理：民办学校的举办者可以自主选择设立非营利性或者营利性民办学校。但是，

---

① 王媛媛.基于绩效评估的民办高校问责制研究［D］.青岛：青岛科技大学，2014.

不得设立实施义务教育的营利性民办学校。根据举办者意愿和政策的引导选择登记学校类型，并且各省分别对登记注册制度、收费管理调控等方面作出了相关规定。关于登记注册的分类管理，各省均规定选择成为营利性学校的需到工商行政管理部门办理登记，选择成为非营利性学校的则归口事业单位或民政部门登记管理。关于收费的分类管理，各省基本规定非营利性学校收费实行市场调节价，营利性学校收费自主定价。

关于土地使用，民办学校建设用地按教科用地管理。非营利性民办学校享受公办学校同等政策，按划拨等方式供应土地；而营利性民办学校则可以按出让、租赁等有偿方式供应土地。关于税收优惠，非营利性民办学校与公办学校享有同等待遇，按照税法规定进行免税资格认定后，免征非营利性收入的企业所得税。民办学校用电、用水、用气、用热，执行与公办学校相同的价格政策。而营利性民办学校只享受一部分税收优惠。关于政府扶持，在政府补贴、政府购买服务、基金奖励、捐资激励等方面，政府对非营利性民办学校的扶持更加多样化和大力度。明确分类管理、实行差别扶持是我国民办教育体制机制发展的一次重大突破，这不仅有利于鼓励社会力量积极办学，也能够提升教育领域的竞争活力。

（四）加大投入力度，拓宽筹资渠道

要加大对民办高校的财政投入力度，不断创新投入方式，要求将财政扶持民办教育发展的资金纳入预算之中。对非营利性民办学校的重视和财政支持必然会促进民办教育健康发展，优化教育发展的大环境。根据欧美发达国家的发展经验来看，作为非营利性民办学校的上位组织，其资金来源的主要渠道是政府支持、服务收费以及基金捐赠。由此看来，国家鼓励举办者选择非营利性民办学校的同时，并非将民办教育发展的责任推向社会和民间，而是积极承担政府支持合作和引导监督的角色。政府加大投入的同时，也鼓励民办学校通过多种渠道进行筹资。负面清单的列举使得办学准入条件宽松，各省基本持"非禁即准"的原则，鼓励社会资金进入教育领域举办学校或投入项目。主要包括：开发适合民办学校特点的金融产品；利用融资工具投入学校项目建设；探索抵押、担保、信托等多样化金融服务；建立基金运营机构实现保值增值；鼓励社会捐赠；等等。

办学经费不足是长期困扰民办高校的难题，很多民办高校都是靠"以学养学"模式发展起来的，主要靠学费维持运行。近年来，由于物价上涨、用工成本增加，办学经费问题显得尤其突出。因此，有学者指出，向民办教育注入国家资金，通过资金来影响民办高等教育，从而使民办高等教育更好地为经济、社会的繁荣和发展服务。因此，政府投入的逐步加大以及筹资渠道的不断拓宽将使民办高校资金来源更加稳定且多样化。

（五）彰显民办地位，保障师生权益

民办学校同公办学校应该有同等的法律地位，因为此问题的根源并非办学的公私之别，而主要在于政府扶持的欠缺、公众定位的偏差、监管与规范的缺失。这些问题的存在无法抹杀民办教育不可替代的价值：实现从政府办学的单一主体向社会力量参与办学的多元主体的转变；弥补国家财政支出的不足；增加了教育供给方式的多样化和选择化；促进了教育竞争。即便是营利性学校，也有与非营利性学校共同的职能，主要表现在以下三个方面：一是通过人才培养产生的公益性；二是通过举办教育带来的公益性；三是营利性学校教学效益具有社会外溢性。教育公平保底的同时，也应多元供给，民办教育必然是其中的重要支撑力量。政府肯定民办学校地位的同时，也意味着面向大众、质量优先应是民办学校发展的生命线。

与此同时，强化民办学校师生权益的保障。包括教师资格认定、职称评审、培养培训、评优评先、社会保障等多方面，并且民办学校学生可以与公办学校学生同等享受助学贷款、奖助学金等国家资助政策。一方面，民办高校之间的竞争，民办与公办高校之间的竞争，实质上是教育管理者在教育理念、管理水平方面的竞争，更重要的是师资力量的竞争。而各省实施意见为改善民办教师生存状况、促进民办教师质量提升提供了一定的政策契机。另一方面，教育始终是一项成就人的事业，每一个学生都应该在教育过程中的资源分配时被平等对待。如此，充分保障师生权益，才能切实提高教育质量。

（六）强化协调机制，提高服务水平

民办教育作为我国教育事业的重要组成部分，是构建教育公共服务体

系过程中不可忽视的重要力量，需要进行整体规划和管理。要将发展民办教育纳入经济社会发展和教育事业整体规划，加强制度建设、标准制定、政策实施、统筹协调等工作，积极推进民办教育改革发展。在总体布局上，各级主管部门要积极协调解决民办教育发展中的重点难点问题，不断完善制度政策，优化民办教育发展环境。各级政府要不断强化自身的服务角色，加强各个部门间的统筹协调、相互配合。这必将有利于改进管理方式，提高管理服务水平，促进民办教育发展，优化公共服务建设。

第二节　新时代民办高校思想政治理论课建设概况

开展新时代民办高校思想政治理论课建设研究，首先要对目前民办高校思想政治理论课的状况有一个准确的研判，并以此为根据展开研究。

一、新时代民办高校思想政治理论课建设的基本经验

新时代民办高校思政课建设在实践中不断探索、创新、发展，积累了丰富的理论和实践经验，需要在发展中进一步继承、丰富和创新。

（一）坚持党对民办高校思政课建设的领导

坚持党对民办高校思政课建设的领导，是民办高校思政课建设的根本要求，是推进民办高校思政课建设的关键，是加强和改进民办高校思政课的根本保障。党对民办高校思政课建设的领导，直接关系到民办高校思政课在坚持社会主义办学方向、巩固主流意识形态、促进学生全面发展中作用的发挥。2016年12月9日，习近平在全国高校思想政治工作会议上指出："高校党委对学校工作实行全面领导，承担管党治党、办学治校主体责任，把方向、管大局、作决策、保落实。"[①] "办好我国高等教育，必须坚持党的领导，牢牢掌握党对高校工作的领导权，使高校成为坚持党的领导的坚强阵地。"2019年3月18日，习近平主持召开学校思想政治理论

---

① 习近平在全国高校思想政治工作会议上发表重要讲话［J］.人民日报，2016-12-09（01）.

课教师座谈会，强调"办好中国的事情，关键在党。各级党委要把思政课建设摆上重要议程，抓住制约思政课建设的突出问题，在工作格局、队伍建设、支持保障等方面采取有效措施。要建立党委统一领导、党政齐抓共管、有关部门各负其责、全社会协同配合的工作格局，推动形成全党全社会努力办好思政课、教师认真讲好思政课、学生积极学好思政课的良好氛围"①。

历史表明，凡是坚持和巩固党的领导，高校思政课就会不断得到加强和改进；凡是动摇和削弱党的领导，高校思政课就会遭受严重干扰和挫折。党的领导是民办高校思政课不断得到加强和改进的有力保障和定海神针。

（二）坚持以立德树人为根本任务

立德树人是高等学校的根本任务，也是民办高校思政课的根本任务。民办高校思政课是大学生思想政治教育的主渠道，是铸魂育人的核心课程，承担着培育社会主义建设者和接班人的历史重任。着力培育能够担当民族复兴大任的有理想、有本领、有担当的时代新人，是新时代高校教育教学的目标所在。民办高校思政课建设始终坚持以立德树人为根本任务，善于处理好课程与育人的关系；坚持以学生为中心，以问题为导向，自觉服从和服务于学生的成长和发展；处理好知识传授和价值引领的关系，寓价值引领于知识传授过程中，运用丰富知识支撑价值引领，把育德与育智、立德与树人结合起来，不断提升大学生的思想水平、政治觉悟、道德品质和文化素养，促进大学生德智体美劳全面发展；处理好思政课程与课程思政的关系，加强思政课程与课程思政的协同建设，坚持思政课对哲学社会科学的引领，推进思政课与哲学社会科学和自然科学课程协同育人，更好凝聚全员育人、全程育人、全方位育人的合力。实践证明，坚持以立德树人为根本任务，兼顾课程建设与立德树人，融合知识传授与价值引领、协调思政课程与课程思政，才能不断提高民办高校思政课立德树人的实效。

---

① 习近平主持召开学校思想政治理论课教师座谈会［N］.人民日报，2019-3-18.

（三）坚持理论与实践的紧密结合

坚持理论与实践相结合，是提升民办高校思政课建设质量和效果的根本要求，也是民办高校思政课建设的基本经验。民办高校思政课建设在坚持理论与实践结合方面，进行了积极而深入的探索，积累了重要经验。

一是联系实际开展理论教育。思政课充分重视联系中国革命、建设和改革的实际，联系中华民族和中国人民站起来、富起来到强起来的历史成就，联系不同年代青年学生的生活环境、成长经历、发展需要和思想实际，深入开展马克思主义理论教育、中国化马克思主义理论教育和大学生思想道德教育，引导大学生联系实际，深入学习马克思主义基本原理和中国化马克思主义理论创新成果，掌握马克思主义立场、观点和方法，加深对自然界和人类社会发展普遍规律、中国特色社会主义建设规律、人的全面发展规律的认识，使民办高校思政课更加贴近实际、贴近生活、贴近学生，真正入耳、入脑、入心。

二是运用理论指导社会实践。引导学生深入社会实践，注重运用马克思主义的立场、观点、方法分析和解决社会实践中的现实问题，提高分析和解决现实问题的能力，指导和推动社会实践的发展，并通过社会实践来检验理论，加深青年学生对马克思主义理论特别是中国化马克思主义理论的理解，进一步丰富和发展马克思主义理论。

三是深化社会实践教育。加强和深化民办高校思政课实践教育环节，采取多种方式，通过组织学生参加生产劳动实践、社会考察、对口支援、智力扶贫、挂职锻炼、志愿服务、科学实验、毕业实习等，引导学生深入开展社会实践活动，促使学生深入实践、深入社会、深入群众，更好地了解国情、体察生活、感悟现实，在实践中受教育、长才干、作贡献，在与社会实践、与人民群众相结合的过程中，更好更快地发展与成长。坚持理论与实践紧密结合，既能加深学生对马克思主义中国化的深刻理解，又能运用理论指导和推进社会实践，还能提高分析、解决实际问题的能力，这是民办高校思政课建设的一条重要经验。

（四）坚持教学与科研的相互促进

教学是思政课的基本途径，科研是思政课的重要支撑。教学与科研密不可分，坚持教学与科研的相互促进。一方面，坚持以教学实践带动科学研究。高校思政课承担着为学生传道、授业、解惑，帮助学生确立正确的世界观、人生观和价值观，扣好人生第一粒扣子，把好人生总开关的重任。为了回答学生在思想认知、政治认同、价值取向、人生发展等方面的问题，澄清学生的思想困惑，民办高校注重组织思政课教师开展科学研究，把教学的热点、难点、重点问题转化为科学研究的重要课题，把个人智慧和集体智慧结合起来，加强集体攻关，深入剖析问题的实质和根源，揭示事物发展的客观规律和趋势，形成了一批高质量的科研成果，增强了教师实事求是、独立思考、勇于创新的科研能力。另一方面，坚持以科学研究服务教学实践。民办高校思政课教师的科学研究始终围绕和服务高校思政课教学，不断总结新实践、新成就、新经验，创造新成果、新思想、新话语，及时将科研成果转化为教学成果，充实教材体系，更新教学内容，创新教学方式，提高释疑解惑、回答和解决学生思想认识问题的能力，进一步增强了思政课的吸引力、感染力和说服力，为青年学生坚持坚定正确的政治方向和价值取向提供了重要的学理支撑。实践表明，正是由于坚持教学与科研的紧密结合，以教学带动科研、促进科研，以科研服务教学、提升教学，实现教学与科研彼此相长，才有力支撑了民办高校思政课的质量提升。

（五）坚持主导与主体的有机统一

教师与学生的双向互动构成思政课教学活动的整个过程，高校思政课离不开教师的教育与引导，也离不开学生主体作用的发挥。一方面，高校思政课充分发挥教师的主导作用。党中央、国务院和各级领导高度重视高校思政课教师队伍建设，加强对高校思政课教师队伍建设的领导和指导，关心、爱护高校思政课教师，高校思政课教师队伍不断充实壮大，内生动力得到有效激发，主导作用得到了更好的发挥。民办高校思政课教师要主动加强对学生的教育引导，发挥思政课的主渠道教育作用，把好学生全面成长成才的方向，加强对思政课教学的整体设计、教学组织和氛围营造，改革教学内容和方法，激发学生学习、钻研马克思主义理论的内在动力，引导学生树立正确的理想信念，弘扬社会主义核心价值观，厚植爱国主义情怀，掌握科学的思维方法，形成正确的世界观、人生观和价值观，奠定了学生全面成长和发展的坚实思想基础。另一方面，高校思政课重视发挥学生的主体作用。教师是高校思政课教学的主体，学生是高校思政课学习的主体，高校思政课教学最终是为了"教学生学"，让学生深入学习、掌握马克思主义理论、中国化马克思主义理论和思想道德理论，做到内化于心、外化于行、同化于群。在这方面，高校思政课教师进行了长期的探索和努力，坚持以学生为中心，推进教育与自我教育的紧密结合，实现主导与主体的有机统一，不断激发学生的积极性、主动性、创造性，引导他们自觉参与思政课教学全过程，加强双向互动，积极主动学习、研究、思考和提出问题，在双向互动中澄清思想困惑，在国际比较中认清发展大势，在自我教育中提升思想觉悟，在社会实践中深化思想认识，把高校思政课科学的内容转化为青年学生正确的思想认知、政治认同、价值取向、道德品行，培养造就了一批批社会主义建设者与接班人。实践表明，教师主导作用与学生主体作用的有机结合是教育与自我教育相结合、内因与外因相结合的过程，是双向互动、教学相长的过程，激发了教育活力，增强了教育合力，进一步活跃了思政课教学，有力提升了思政课教学的实效性。

（六）坚持内容与形式的高度契合

民办高校思政课教学实效的提升，离不开民办高校思政课教学内容创新，也离不开民办高校思政课教学形式创新。一方面，内容决定形式。民办高校思政课建设坚持内容为王，坚持把马克思主义理论体系转化为课程体系，把课程体系转化为教材体系，把教材体系转化为教学体系，构建了马克思主义基本原理为基础、中国化马克思主义理论为核心、人的全面发展理论为重点的思政课的内容体系，并且坚持把马克思主义基本原理、中国化马克思主义理论和人的全面发展理论与中国革命、建设和改革的具体实践以及人才培养实践紧密结合，推进马克思主义中国化、时代化、大众化，坚持用习近平新时代中国特色社会主义思想铸魂育人，不断总结新经验，研究新情况，解决新问题，充实新内容，使民办高校思政课教学内容与时俱进，常教常新，常学常新。另一方面，形式服务内容。民办高校思政课坚持丰富更新教学内容的同时，不断适应时代进步和现代社会信息技术的发展，创新教学形式，充分利用网络时代的新媒体、多媒体、全媒体、自媒体开展教学，创造了远程教学、网络教学、翻转课堂、微课堂等多种形式，并且把课堂教学与网络教学结合起来，线上教学线下指导结合起来，校内教学和校外实践结合起来，知识考核与素质评价结合起来，形成了新媒体、全方位、立体化、多层次的高校思政课教学创新体系，生动而深刻地阐释了高校思政课教学内容，提高了思政课教学的吸引力、感染力和说服力。实践表明，坚持教学内容与形式的高度契合，以内容创新推动形式创新，以形式创新服务内容创新，有力地促进了马克思主义大众化传播和学生个性化需求的满足，更好地实现了民办高校思政课铸魂育人、立德树人的根本价值。

二、新时代民办高校思想政治理论课建设的新局面

思想政治理论课是落实立德树人根本任务的关键课程，党中央历来高度重视思政课建设，习近平总书记更是多次发表重要讲话，为新时代思政课改革创新把关定向。2021年3月6日，在看望参加全国政协十三届四次会议的医药卫生界、教育界委员，并参加联组会时，习近平进一步强调："思政课不仅应该在课堂上讲，也应该在社会生活中来讲"，"'大思政课'我们要善用之，一定要跟现实结合起来。上思政课不能拿着文件宣读，没有生命、干巴巴的。"①习近平的重要讲话为新时代思政课改革创新提出了新课题，指明了发展方向。

（一）民办高校思想政治理论课改革创新的重要方向和着力点

1. 新时代民办高校思政课改革创新的重要方向

党的十八大以来，以习近平同志为核心的党中央站在党和国家事业发展全局的战略高度，对全面深化思政课改革作出了明确要求和顶层设计，"组合拳"政策频频落地，使深化思政课改革创新的"四梁八柱"基本定型。特别是2019年3月18日学校思想政治理论课教师座谈会召开以来，全国民办高校认真学习贯彻习近平在座谈会上的重要讲话精神，全面贯彻党

---

① 杜尚泽."'大思政课'我们要善用之"［N］.人民日报海外版，2021-03-07（001）.

的教育方针，紧紧围绕立德树人根本任务，不断推动思政课守正创新，在课程建设、内容改革、队伍建设等诸方面取得的成效更加明显。教师乐教善教、潜心育人，教师队伍规模和素质稳步提升，大中小学思政课一体化建设初显成效。全党全社会形成了努力办好思政课的良好氛围，青年学生对思政课的获得感和满意度大幅提升，民办高校思政课改革创新取得阶段性成就。

同时，面对中国特色社会主义进入新时代，我国开启全面建设社会主义现代化国家新征程对人才的需要，面对我国"建设高质量教育体系"，建成文化强国、教育强国、人才强国的战略任务，思政课教学模式、内容和手段、教师能力等还不完全适应需要，改革需要进一步深化，建设需要进一步加强。这要求我们紧紧围绕培养德智体美劳全面发展的社会主义建设者和接班人的根本任务，进一步把握新时代思政课改革的方向和着力点，增强思政课的针对性和实效性，更好地满足时代与实践发展的需求和青年学生对成长发展的期待。

习近平关于善用"大思政课"的重要讲话，为我们进一步办好思政课、继续深化思政课改革创新指明了方向。"大思政课"，是科学理论与时代特征、社会实践结合的思政课，是学校课堂与社会课堂结合的思政课。强调"大思政课"，旨在让社会现实生活成为思政课的源头活水，用社会实践的大平台为思政课的改革创新持续注入活力，赋予思政课以生动有力的实践支撑，使抽象理论回归现实世界，使思政课不仅仅是书本上的理论，更是能够直抵人心、激活希望、培根铸魂、点燃激情的鲜活思想。善用"大思政课"，要求我们用好时代和社会生活这个思政大课堂以及社会实践这部思政大教材，在思政课教学中，聚焦实践、讲述实践，从丰富的社会实践中总结经验，创新理论，并以科学的理论指导实践和进一步发展实践。其根本目的是，使思政课教学接地气、扬正气、聚人气，提升学生对思政课教学的认同感、接受度和践行力，在理论和实践的结合中，在讲好时代和中国故事的过程中，帮助学生充分认识思想之光、实践之果，增强运用科学理论分析问题解决问题的能力，"教育引导学生把人生抱负落实到脚踏实地的实际行动中来，把学习奋斗的具体目标同民族复兴的伟大目标结合起来，立鸿鹄志，做奋斗者"①。

中国特色社会主义进入新时代，我国进入全面建设社会主义现代化国家的新阶段，民办高校思政课改革创新要以"大思政课"为重要方向，以高质量发展为主线，以培养社会主义建设者和接班人为根本出发点和落脚点，着力转变教育观念和人才培养模式，深化教材内容和教材改革，探索行之有效的"大思政课"教学模式，切实提升思政课教学的亲和力和有效性，构建"大思政课"新格局，提高学生对思政课的获得感，更好发挥思政课在立德树人、培根铸魂中的重要作用。

2. 新时代民办高校思政课改革创新的着力点

坚持"大思政课"改革方向，善用"大思政课"，要深化思政课体制机制改革，以提供体制机制的保障。

首先，要深化改革，构建有利于"大思政课"的体制机制。领导机关要出台支持办好"大思政课"的具体政策，同时建立制度，既调动民办高校教师积极性，充分发挥民办高校思政课的作用，又提供人力、物力、财力保证，动员社会力量支持、参与办好"大思政课"。

其次，深化思政课评价机制改革。评价是导向，是指挥棒，科学的思政课评价体系是思政课高质量发展的重要保障。坚持"大思政课"改革，善用"大思政课"，要深化思政课评价机制改革，明确促进思政课教学质量提升的评价目的，秉持多元一体综合评价理念，要引入社会评价机制，让毕业生用人单位、学生实践单位对"大思政课"进行评价。实行社会评价、领导专家评价、教师同行评价与学生评价相结合的教学质量综合测评体系，围绕实践过程、教学过程、组织管理、教学效果等科学设计评价指标，主要考察教师的教学态度和把教材体系转化为教学体系的程度，对讲授内容学习把握的深度和广度，联系实际的能力和水平，教学方法的运用，与学生交流的水平和实际的教学效果等。评价教师在教学中是否以及多大程度上帮助学生提高了素养、达到了教学目标。对思政课教学质量和实效性的评价，归根结底取决于学生认同感的增强、获得感的增加以及

---

① 思政课是落实立德树人根本任务的关键课程［N］.光明日报，2020-09-01.

是否可以在日常生活中运用所学理论和方法分析问题、认识问题并解决问题。要实行短期评价与长期评价相结合，学校评价与社会评价相结合。思政课的效果如何，不仅要看短期，看在校学生的表现和对思政课的意见，也要看长期，看学生毕业后的表现和对思政课的意见；要看学校考试的成绩，也要看社会实践的成绩。要探索建立毕业生长期反馈、评价机制。

再次，加强党对思政课建设的领导。推动构建"大思政课"格局，要加强党对思政课建设的全面领导，以确保目标始终如一、方向正确和政策举措的落地生根、开花结果。加强党对思政课建设的领导，要深化思想认识。各级党委要从政治高度和大局出发，把思政课改革和质量提升摆在重要位置，做好思政课改革的顶层设计，强化政策供给，抓住解决制约思政课建设的突出问题，在工作格局、队伍建设、支持保障等方面采取有效措施。加强党对思政课建设的领导，要进一步建立完善党委统一领导、党政齐抓共管、有关部门各负其责、全社会协同配合的工作格局。把党委对思政课建设全局的主体责任落实到各个环节。要配齐建强思政课专职教师队伍，明确学校党委在研究成果评价、思政课教师来源和教师专业技术职务（职称）评聘等方面的职责任务，从经费、办公条件、职称晋升、评优等方面予以充分保障。强化党委对思政课社会实践、评奖评优、理论宣传、对外合作等校内外两种资源的统筹推进，实现思政工作在体制上的融合、资源上的整合、工作上的配合。建立完善的各级党组织领导思政课建设的考核标准，并将之纳入对学校主要领导考核的核心指标，定期或不定期进行巡查和督查。学校党委书记、校长要带头走进思政课堂，带头推进思政课建设，学校各职能部门要履职尽责、形成育人合力。

（二）民办高校思想政治理论课改革创新的实现形式

1. 着力推动了人才培养模式创新

思政课进一步改革创新，观念先行。要转变思政课教育教学观念和人才培养模式，树立学校与社会紧密结合培养人才的观念，探索学校教学与社会实践结合的人才培养模式。需要明确的是，培养社会主义建设者和接班人是学校的根本任务，但社会主义建设者和接班人同时又是学校和社会共同培养的结晶。学校在青年成长最关键的时期对其进行思想道德教育、专业知识教育、文化素质教育、身体心理素质教育等，为青年学生成才打好基础，但青年人要真正成为国之栋梁还要经过社会实践的磨炼和社会大课堂各种复杂斗争的考验。学校与社会结合培养人才可有两种模式：一种是青年学生在学校同时接受学校课堂教育和社会课堂教育；一种是青年学生先接受学校教育，而后走向社会再接受社会课堂教育。在青年处于"拔节孕穗"的关键时期，尽可能把学校教育与社会实践教育结合起来，使思政课在青年成长成才中发挥更重要的作用，收到更好的效果。

实事求是地说，当前民办高校的思政课教学，尽管学校和教师做了很多努力，收到了很大成效，但仍然存在学校课堂教学与社会现实结合不够充分、与时代联系不够紧密的问题，学校课堂教学的有效性仍存在较大的提升空间。坚持"大思政课"的改革方向，就要进一步深化课堂教学方式的改革和创新、教材内容创新以及教师队伍建设的创新，而这一切，前提是要转变教育观念，着力人才培养模式的创新。

2. 着力实现了教学内容的创新

自中国共产党成立100多年来，新中国成立70多年，特别是改革开放40多年以来，党团结带领全国人民艰苦奋斗，不断深化对中国革命规律、共产党执政规律、社会主义建设规律、人类社会发展规律的认识和把握，创造了人民解放、经济持续增长和社会长期稳定发展的世界奇迹，中国特色社会主义取得了举世瞩目的成就，开辟了中国特色社会主义理论和实践发展新境界。中国特色社会主义进入新时代，创立了习近平新时代中国特色社会主义思想。习近平新时代中国特色社会主义思想是中国特色社会主义理论体系的最新成果，是21世纪马克思主义的最新成果，开辟了当代中国马克思主义新境界、21世纪马克思主义新境界。坚持"大思政课"改革方向，善用"大思政课"，就要进一充分反映中国特色社会主义的生动实践和当代中国马克思主义最新成果、21世纪马克思主义最新成果。把中国共产党团结带领全国人民创造的实践成果和理论成果，作为思政课的丰富内容给青年学生讲够讲透，特别要抓实习近平新时代中国特色社会主义思想进思政课堂、进老师和青年学生头脑，用习近平新时代中国特色社会主义思想聚魂育人。要紧密结合党中央治国理政的生动实践和精彩事例，聚焦我国发生的历史性变革、取得的开创性成就等鲜活素材，深入阐释习近平新时代中国特色社会主义思想的科学内涵、理论品格、核心要义、精神实质及重大意义。帮助学生更好地理解和掌握马克思主义中国化的最新成果，让学生体会到党的创新理论的实践价值，增强青年学生对新时代党的创新理论的政治认同、思想认同、情感认同，并转化为奋力建设社会主义现代化国家，实现中华民族伟大复兴的行动力量。

　　坚持"大思政课"改革方向，善用"大思政课"，还要密切关注和反映世界和时代的变化，跟上时代前进的步伐。当前要特别反映世界百年未有之大变局和中华民族伟大复兴战略全局所提出的时代课题对我国的机遇和挑战，回应青年学生的关切。要把握时代发展脉搏、倾听时代声音，在对时代的深切感知和回应中保持教学内容的时代性、前瞻性和先进性，使思政课成为常讲常新的时代大课。要讲清时代最新思想成果，讲明时代发展大势，阐释时代发展提出的新课题，激活学生对时代的感知、对时代责任和历史使命的认识，培养他们树立起共产主义的远大理想和崇高信念。要特别讲清当前我国正处于实现"两个一百年"奋斗目标的历史交汇期，全面建设社会主义现代化国家新征程已经开启，中国日益走近世界舞台中央，讲好"中国之治"和全球治理的"中国方案"及其伟大实践，教育引导学生把握"两个一百年"奋斗目标实现的时代大势，紧扣新发展阶段、学习新发展理念、体悟新发展格局。认清世界现代化进程和经济全球化进程不断深入的世界发展大势，正确认识中国特色和国际比较，增强对中国特色社会主义道路认同、理论认同、情感认同，深化对构建人类命运共同体思想的政治认同、情感认同、价值认同。由此，培养学生成为具有"家国情怀""天下情怀""民族情怀""人类情怀"，具有世界眼光和国际视野的时代新人。

　　3.深化了思政课教材改革创新

　　教材是教学内容的重要载体。民办高校思政课教材是民办高校实施马克思主义理论研究和建设工程、落实立德树人根本任务的教学基础。思政课教材集科学性、规范性、权威性于一体，在思政课教学和人才培养中发挥了重要作用，受到了广大师生的欢迎。教材编写，要用中国特色社会主义实践的丰富成果、中国特色社会主义理论体系的最新成果、21世纪马克思主义中国化的最新成果、世界和时代发展的最新成果，及时充实完善教材的内容。同时，在现有教材的基础上，支持鼓励编写反映中国特色社会主义理论和实践创新的最新成果和时代发展中的重大问题的教学辅助用书。例如：结合党的二十大精神，编纂修订"习近平新时代中国特色社会主义思想概论"等教材，或者融入改革开放的典型经验、模范人物的先进事迹、历史进程中的重大事件、世界大变局中的世界格局变化等，以弥补现有教材因篇幅限制、内容过简或观点滞后带来的不鲜活、针对性、可读性、实效性较差等问题。

应充分运用社会生活这个思政大课堂和社会发展这部思政课大教材，在教学中以鲜活的社会生活素材为案例讲解理论和知识点，用可感可知的故事讲述深刻道理，让抽象理论变成生动道理，使学生愿意听、听得进、听了信，使学生在丰富感性认识的同时，深化对所学理论的掌握和运用。关注社会现实、坚持问题导向、强调理论与实践的统一，这既是新时代思政课改革创新的本质要求，也是马克思主义鲜明的理论品格。以"马克思主义基本原理"课教学为例，在阐释事物矛盾运动的基本原理时，紧密联系我国加快转变经济发展方式、调整经济结构、化解产能过剩、加强生态文明建设等实际，让学生领悟承认矛盾的普遍性、客观性，优先解决主要矛盾和矛盾的主要方面，以此带动其他矛盾的解决的重要性。在讲授辩证唯物主义基本原理中，紧密联系协调推进全面深化改革、全面依法治国、全面从严治党，实现"两个一百年"奋斗目标的实际，让学生理解自觉地坚持和运用辩证唯物主义世界观和方法论，对于增强辩证思维、战略思维能力，努力提高解决我国改革发展基本问题的本领具有的重要意义。由此达成课程目标、实现价值内化。

4.进一步深化了课堂教学方式改革

一方面，要深化学校课堂教学方式、方法的改革与创新。改变单纯由教师讲解、学生被动听的传统授课方式，强化自主学习、合作学习、互动学习的新理念，着力推进案例式、探究式、互动式、议题式、情境式等教学新模式，加强课堂互动环节设计，充分调动学生的主动性，激发学生独立思考，激活学生的理论渴求，促进其学以致用。在教学手段上，充分运用网络资源、多媒体技术等先进教学手段和教学工具，诸如慕课、微课、微博、微信、微电影等新技术手段，让教育内容更加直观、形象、生动地呈现出来，以立体性、可视化教学使思政课活起来，增强时代感和吸引力。创新话语体系，把学理化、抽象化的理论阐述与故事化、情景化的叙述结合起来，把真实、具体、形象、凝练的中国故事融入教学课堂，以促进话语内容的具象化、话语方式的感性化，更好地激发学生的思想共鸣，增强学生对所学理论的兴趣和理解。

另一方面，也是更重要的方面，要推进学校课堂与社会大课堂的紧密结合，要善于运用社会大课堂丰厚的实践资源。中国共产党成立以来领导中国人民进行革命建设改革发展使中华民族发生了翻天覆地的变化，新中国成立以来取得的经济快速发展和社会长期稳定的奇迹，中国特色社会主义取得举世瞩目的成就，特别是党的十八大以来的历史性成就和历史性变革，这些都为思政课提供了充分的实践资源。善用"大思政课"，可以结合庆祝中国共产党成立100周年，围绕"壮阔70年"的主题，解密"两大奇迹"，破译"中国之治"背后的制度的密码，加深学生对历史方位和初心使命的认知，对中国共产党为什么"能"、马克思主义为什么"行"、中国特色社会主义为什么"好"的认识，进一步增强"四个意识"、坚定"四个自信"，激发起追梦新时代、奋进新征程的行动自觉。善用"大思政课"，还可以讲述那些成就辉煌中国的杰出劳动者的故事，通过观看视频，感受工匠们出神入化的卓越技能和精益求精的职业追求，再由专题导学阐释劳动的内涵与价值，诠释劳动光荣、创造伟大的理念，诠释"以劳动托起中国梦"的民族复兴的伟大追求。激发青年学生通过诚实劳动、创造劳动实现人生梦想、展示人生价值的劳动热情，教育引导学生树立正确的劳动观，厚植劳动情怀，形成思政教育和劳动教育协同效应。

推进学校课堂与社会大课堂的紧密结合，还要善于运用社会大课堂丰富的现实素材。"全面建成小康社会""美丽中国建设""两个一百年""脱贫攻坚全面胜利""庆祝建党百年"这些鲜活故事都为思政课教学提供了生动丰富的现实素材。善用"大思政课"，就要讲好以"决胜脱贫攻坚""两个一百年"等为主题的研讨课，采用观看视频资料、专题导学、师生互动研讨交流相结合的模式，讲清楚党在扶贫攻坚等伟大斗争中彰显的初心使命和以人民为中心的执政理念，讲清楚党的领导和中国特色社会主义制度的显著优势，引导学生深刻理解"国"的意义，学会"爱"的方式，培养青年学生的使命担当，进一步坚定把"小我融入大我"的人生选择。善用"大思政课"，在庆祝建党百年华诞的重大时刻、"两个一百年"奋斗目标历史交汇的关键节点，讲好党史这部"最生动、最有说服力的教科书"，讲清楚中国共产党百年奋斗进程中推进马克思主义中国化形成的重大理论成果、长期奋斗铸就的伟大精神、积累的丰富经验，引导学生坚信新时代党的创新理论的理论逻辑、历史逻辑、实践逻辑，自觉学习、深刻领会、努力践行这一理论。党的百年历程是我们的坚定理想信念、厚植家国情怀、砥砺奋进新征程的精神血脉。在讲述历史的同时感知当下，教育学生树立与时代主题同心同向的理想信念，主动担当、积极作为，把人生理想融入国家发展与民族复兴。

在学校课堂与社会课堂结合的过程中，应加大社会实践的比重，让学生有更多的机会深入改革开放与现代化建设的实际，与工人农民相结合，与中国特色社会主义建设者相结合，在对社会生活和时代发展的深切感受与情感共鸣中，深化对马克思主义、中国特色社会主义科学性、真理性的认识与认同，激活学生对时代使命和责任的认知，树立起与时代同心同向的远大理想和崇高信仰，从而增强思政课的亲和力和感染力。

5. 建设高水平专兼职教师队伍

办好思政课关键在教师。要建设一支专职为主、专兼结合、数量充足、素质优良的思政课教师队伍。首先是努力打造一支理论素质高、善于联系实际、结构合理的专业化教师队伍。思政课既涉及理论又涉及实践，既要有历史感，又要有现实感，既涉及政治、经济、文化、社会、生态文明等，又涉及世情、国情、党情、民情等，再加上需要回答学生提出的一些尖锐敏感的问题，这就要求广大教师坚持潜心问道与关注时代发展和社会现实相统一，扎实理论功底，善于联系实际、讲好中国故事，努力把思政课讲透、讲活、讲出彩。为此，要加强教师的培训，健全思政课教师队伍培养培训机制建设、用好高校思政课教师研修基地，支持教师参与广泛深入的社会实践、开展社会调查、到基层挂职锻炼，并给予其必要的条件保证。深入实施高校思政课教师队伍后备人才培养专项支持计划，加大马克思主义理论学科本硕一体化人才培养力度，不断优化专职教师队伍的年龄结构、学历结构、职称结构，特别是人才结构。经过近些年的努力，思政课专职教师队伍在数量上有了长足的发展，基本可以满足学校课堂教学的需要，今后主要任务是提高这支队伍的综合素质和水平，特别是要采取得力措施使教师有更多机会参加社会实践，增强教师对社会生活的深入了解。

思政课教师队伍的建设还需要建立思政课特聘教师制度，有针对性地从社会各条战线遴选一批优秀人物，建设一支社会化的兼职教师队伍，形成专兼结合、相互协同的育人合力，以适应"大思政课"教学内容的丰富性、实践性和广泛性要求。在兼职教师队伍的遴选中，既要防止把不适合做思政课教师的人选进教师队伍，也要破除唯学历、唯资历等陈规，把确实可以做青年学生引路人的先进模范人物吸收到思政课教师队伍中，使他们发挥优长，成为教师队伍的生力军。

三、新时代民办高校思想政治理论课建设的新挑战

在充分认识新时代民办高校思想政治理论课取得的成绩的同时，我们需要研判面临的新问题与新挑战，精准查找存在的新困难和新矛盾，从而为思想政治理论课的进一步加强和完善找到新的切入点。早在2016年11月中央宣传部、教育部关于印发《普通高校思想政治理论课建设体系的创新计划》的通知就明确指出：目前，"思想政治理论课建设自身也还存在许多困难和不足；一些地方和高校对思想政治理论课仍然重视不够，政策条件保障尚未落实到位，思想政治课在高校考核评价体系中的地位和作用不够突出；统筹推进教材修订完善、教师队伍建设，教学方法改革的意识不强，思想政治理论课建设体系尚未完全形成；教师队伍建设不适应思想政治理论课改革发展需求，整体素质亟待提升；改革创新的手段不多，制约

思想政治理论课针对性实效性的瓶颈亟待突破"。^①

（一）教育环境发生了重大变化

教育环境发生重大变化，给民办高校思想政治理论课带来空间格局上的新挑战。教育环境变化的压力使民办高校思想政治理论课程在某种程度上存在着被弱化的风险。民办高校思想政治理论课程被弱化是由民办高校思想政治理论课程在当前社会多元文化大格局中的地位和作为导致的，其中既有国际大环境的因素影响、国内社会转型的深刻变动，也有教育对象学情的巨大变化，这些都降低了社会主流价值观的主导地位和优势地位，增加了思想政治理论课程教学的不确定性和难度。

从国际上看，世界多极化和经济全球化在曲折中发展，科技革命日新月异，各国综合国力竞争日趋激烈。世界范围内各种思想文化相互激荡，有效抵制西方价值观是新形势对民办高校思想政治理论课教育教学提出的新挑战和新要求。

从国内环境看，随着中国社会的现代转型，以及社会主义市场经济体制的建立、经济建设的社会中心地位的确立，偏重经济发展带来的务实、功利，世俗化倾向，客观上导致一部分大学生仅对实用专业课程高度重视。无论在社会中，还是在大学生的心目中，民办高校思想政治理论课程的实际生存空间都在萎缩。概而言之，伴随着中国的社会转型出现的种种矛盾正集中以思想方式在高校呈现，客观上形成对民办高校思想政治理论课程的不利局面，民办高校思想政治理论课程客观上存在被弱化和淡化的风险。

伴随我国改革开放的进一步深入，社会经济成分、组织形式、就业方式、利益关系和分配方式日益多样化。互联网、意识形态安全问题、个体化过程导致的社会文化分化等将全面构成对思想政治理论课程的挑战。总体上看，经济全球化的大格局对思想政治理论课程提出了更高的要求，使得其应对的环境更加复杂。思想政治理论课程必须认真研究解决的深层

---

① 中央宣传部教育部关于印发《普通高校思想政治理论课建设体系创新计划》的通知［J］. 中华人民共和国教育部公报，2015（09）：22-28.

次、重大而紧迫的课题主要包括：如何引导大学生正确认识当今世界错综复杂的形势，把握国际局势的发展变化和人类社会的发展趋势；如何引导大学生正确认识国情和中国特色社会主义建设的客观规律，增强在中国共产党领导下实现伟大复兴的中国梦、加快推进社会主义现代化强国建设的自觉性和坚定性；如何引导大学生正确认识其肩负的历史使命，努力成为德智体美劳全面发展的新时代中国特色社会主义事业建设者和接班人；如何在多元中求主导。

新时代民办高校思想政治理论课面临的压力还有来自教育对象方面的。"90后""00后"大学生独立性、自主性更强，更自我，而社会环境中的某种功利化务实化价值偏好对大学生产生了不可低估的影响。大学生更关心与自己切身相关的事情，而思想政治理论课从实质上来说是要宣传国家的意识形态，二者的主要关注点不同。坚持马克思主义的指导地位，体现党和国家在人才培养方面的政治要求，这是思想政治理论课程的灵魂和存在根据。思想政治理论课主要讲国家、社会层面的宏观问题，目的在于涵养公共品质、培育公共精神，其政治性实质是人类社会的公共性和公共利益，这让更多基于自我立场的大学生产生国家的大政治与个人的小生活没有关联，公共精神和好的社会生活与维护个人权利相冲突的误解。又由于缺乏与课程相关的知识理论基础，前知识储备与思想政治理论课程对接困难，大学生对课程缺乏内在兴趣。

从社会大背景来看，现在的社会高度开放，受西方的影响，社会主义国家的社会制度以及发展道路面临严峻的考验；从社会崇尚的价值观来看，功利化倾向明显，家庭教育以及中小学教育对大学生的影响是非常明显的，他们对于大学专业的选择更加注重眼前的、实用的效益；从大学生的年龄来看，他们处于青年时期，在人生的阅历、自身的修养、理论的基础等多个方面都处于感性的、初步的阶段，他们大多较难从理性角度理解思想政治理论课高深的理论。目前的思想政治理论课从内容到形式还不能很好地适应大学生的需要，包括不能与他们的接受方式有效对接。

概而言之，世界范围内各种思想文化交流交融交锋更加频繁，如何适应变化了的客观环境需要，如何发挥正能量、抓住事物的根本，阐释彻底的理论，增强对重大理论问题和现实问题的阐释力与引导力、在多元中确立主导，是当前摆在高校思想政治理论课程面前的十分艰巨的任务。我们必须理性地认识社会思想意识更加多元多样多变的环境和条件，面对各种思潮和复杂的社会现象，运用马克思主义的立场观点方法在多样中求得共识。这既给思想政治理论课带来了挑战，也对其提出了新的更高的要求。

（二）"互联网+"拓展新空间

一个时代有一个时代的特征，而对于我们当下的"互联网+"时代，网络思想政治理论课无疑极具代表性，思想政治理论课走进网络无疑将成为思想政治理论课时代化的象征。"互联网+"是以互联网为主的一整套信息技术（包括移动互联网、云计算、人工智能、大数据技术等）在社会各部门跨界融合并不断创造出新业务与新模式的过程。"互联网+"时代与网络化、全媒体、大数据、信息化时代交叉重叠，对现有思想政治理论课的整个教学形态形成了巨大挑战。

首先，信息来源的多样化对思想政治理论课程追求的思想统一性形成挑战。在过去，信息的获得渠道单纯、来源单向、种类单一，且信息可控制，经过教育大学生的思想认识容易达成一致。现在互联网上信息主体多元、社会思潮迅速传播、信息来源多样繁杂，在大量无序的信息冲击下，大学生的思想容易产生混乱。

其次，网络成为大学生接受知识和信息的重要渠道。生活在"互联网+"时代，绝大部分大学生是互联网深度用户，网络化学习是大学生偏重的常态学习方式。随着互联网的广泛传播，越来越多的知识呈现网络化传播特点，"90后""00后"大学生体现了典型的网络化生存特征，他们对现代教育具有的便利化、自主化优势十分青睐。那么对思想政治理论课这种纯文本式的课程来讲，积极适应"互联网+"的时代潮流，推动课程的现代创新与变革，利用互联网以超越时空方式汇集优质教学资源，构建一个涵盖视觉、听觉与文本的"思"与"想"相融通的，内容丰富多彩、形式灵活多样的立体化教学新形态势在必行。毫无疑问，思想政治理论课走向网络空间，互联网与思想政治理论课深度融合必将是在"互联网+"时代条件下对现有思想政治理论课进一步改进的方向。"互联网+"提供的虚实融合的生成空间、线上线下的融合业态，可以为师生提供多样化的教学资源，满足大学生对现代学习方式的需要。线上线下融合将带来大量传统思想政治教育无法提供的新形态教育服务。或许未来的思想政治理论课将打破学校、班级建制，教师不仅属于学校，也属于社会，还属于网络；学生学习不仅在课堂上，也在家里、在路上，还在网络上。

"互联网+"对现有的民办高校思想政治理论课已经形成挑战，这既是对思想政治理论课教师已有工作习惯的冲击，也是对其现代教学素养的巨大挑战。许多思想政治理论课教师会面临"本领恐慌"。

（三）教育对象心理情绪的变化

民办高校思想政治理论课教学的主要问题是缺乏科学性、针对性与亲和力。近年来民办高校思想政治理论课的整体状况虽得到一定改善，但是民办高校思想政治理论课进一步改进的空间仍然很大。

首先，思想政治理论课教学整体上没有达到学科的应有高度。学科视域下的思想政治理论课应该具有科学化的水平，而不是停留在经验层次。学科教学的实质是要求思想政治理论课教学遵循思想政治工作规律，遵循教书育人规律，遵循学生成长规律。教师要懂得教育教学的一般原理，懂得思想政治教育的特殊规律，研究教材、研究对象、研究教法，以不断提高教学能力和教学水平，实现"政治诉求的科学表达和学理支撑"，走出空洞说教和简单政治宣传"照本宣科"的老路，避免走主观任性甚至背离思想政治理论课性质的"改革"邪路。目前，以经验从事思想政治理论课程教学的教师不占少数，应景式的教学还不同程度地存在，学科支撑思想政治理论课程的专业化水平还不高，教学缺少吸引力是一个显性问题。

其次，教学缺乏针对性与亲和力。现在的思想政治理论课与大学生之间是有距离的，这具体体现在如下两个方面。

第一，不少大学生感觉不到思想政治理论课程是"有用的"，他们在课堂上没有"获得感"。高校思想政治理论课程自开设以来，其发展变化与新中国成立以来不同的社会发展阶段相一致，其由此形成的惯力和模式既是历史经验的结果也往往是继续前行的压力。对很多教师而言，一切似乎已经自然而然，反思的意识和能力正在弱化。我们要把追问当作一种常态，经常反思如下问题：思想政治理论课应当对大学生承担怎样的"化育"责任？我们的课程到底给了大学生的精神世界多少滋养？毫无疑问，高校思想政治理论课程承载的内核是"大德"，体现的是国家意志，其意义在于使国家之德转化为大学生之德，通过教学中介找到两者之间的契合点。就思想政治理论课的主要任务是培育大学生的马克思主义世界观这一点而言，思想政治理论课就是要通过马克思主义理论的熏陶和引导，培育大学生的世界观，从而促进大学生的精神成长，这是马克思主义的理性方面。但是，马克思主义的真理性需要通过其价值性来巩固和彰显，也就是说，马克思主义就大学生成长而言其作用如何体现更为关键，这关系到马克思主义能否走进大学生心中。

思想政治理论课针对的是大学生的思想和精神世界，所要解决的问题包括思想问题、道德问题、心理问题等，有力量的思想政治理论课应当是这样的：深入大学生的心灵，充盈大学生的头脑，延伸大学生的精神，有利于大学生的成长成才。这就需要思想政治理论课教师研究大学生的思想和心理状况，研究人的精神成长和发展规律，实现教学内容与大学生思想需求的有效对接，理论联系大学生思想实际。现在"90后""00后"大学生综合素质高，但抗压能力弱，心智不成熟的情况较为普遍。这要求民办高校思想政治理论课以关照大学生成长成才的立场，以思想政治理论课特有的方式，遵循习近平"因事而化、因时而进、因势而新"的方法论，以丰富的文化意蕴关怀大学生的精神世界，真实回应大学生的各种疑惑，缓冲和减轻大学生的生存压力，提升大学生的精神力量。思想政治理论课应当坚持正面引导与问题解决并重，把马克思主义在认识世界基础上改造世界达成美好生活的一面展现出来，以其应有的"温度"凸显其价值。

面对民办高校大学生思想的深刻变化和强烈需求，其思想政治理论课有时还缺少生活的切入点，找不到学生的关注点、教学的聚焦点。无的放矢，自说自话，无关痛痒，教学缺乏针对性，"配方"比较陈旧和不对症，这些问题的存在，降低了思想政治理论课的信度和效度。如何塑造内涵深厚、价值丰满的思想政治理论新形象，努力使思想政治理论课做到"有虚有实、有棱有角、有情有义、有滋有味"，是当前思想政治理论课建设必须解决的时代课题。

　　第二，不少大学生感觉不到思想政治理论课程的"可爱"。不可爱，缺乏亲和力，大学生自然不喜爱。思想政治理论课从根本上说是做大学生的思想工作，必须围绕学生、热爱学生、关照学生、服务学生，理应关怀学生、爱学生、对学生具有亲和力，努力实现国家意志与大学生成长需要的统一。然而，本是基于学生、为了学生的思想政治理论课，为什么让大学生爱不起来呢？坚信真理在手的思想政治理论课教师，课堂上的慷慨激昂可以感动天、感动地、感动自己，却为什么感动不了大学生呢？"工艺"比较粗糙、"包装"不那么时尚的思想政治理论课，其整体形象不佳是重要原因之一。让大学生爱上思想政治理论课，使思想政治理论课可信又可爱，是来自教育对象的挑战。

（四）思政教师适应性面临压力

　　面对新情况，民办高校思想政治理论课教育教学还存在亟待解决的诸多问题，包括软硬件的问题都有。办好思想政治理论课的关键在于教师。教师是思想政治理论课教学过程中最具有能动性的主体力量。一些民办学校的教师队伍比较薄弱，缺乏优秀中青年学术带头人，专业水平不高，解读教材能力参差不齐，教学方式方法比较单一，教学的针对性、实效性不强。教师队伍建设不适应思想政治理论课的改革发展需求，教师整体素质亟待提升，思想政治理论课程针对性实效性的瓶颈亟待突破。

　　毫无疑问，思想政治理论课程是对大学生进行思想政治教育的主渠道。思想政治理论课程的根本目标是立德树人，要在教学过程中围绕立德树人下足功夫。在教学原则上，必须突出以人为本，聚焦人的需求、人的价值、人的心理、人的全面发展等，把大学生的身心健康发展放在最突出的位置；在教学内容上，必须突出"传道"，而不仅仅是"授业"，要让大学生在对先进文化发展方向和人类历史发展规律充分认识的基础上，树立正确的世界观、价值观和人生观；在教学着力点上，必须突出"德"的教育，既包括政治立场、政治观点、政治素质等方面，也包括人伦道德、修身养性、人格完善等内容。高校设置思想政治理论课程的初衷与教学中现实存在状态之间的矛盾说明，高校思想政治理论课程还不能强有力地解决大学生人生层面的问题，也不能有效消除他们精神世界的疑惑和烦恼，这都会削弱高校思想政治理论课建设持续健康发展的基础。漠视高校思想政治理论课与社会生活的广泛联系，漠视高校思想政治理论课程与大学生成长成才的关系，其后果是，对大学生而言，思想政治理论课难以"入耳、入脑、入心"，思想政治理论课的成效必然不能落到实处。这是新时代民办高校思想政治理论课在现代遇到的最大挑战。

第三节　新时代民办高校思想政治理论课建设政策法规解读

2002年《民办教育促进法》颁布以来，我国民办教育发展迅速，有效增加了教育服务供给，满足了人民群众的多样化教育需求，为创新和完善教育体制机制、推动教育现代化以及促进经济社会发展作出了积极贡献。党的十八大以来，以习近平同志为核心的党中央，着眼统筹推进"五位一体"总体布局、协调推进"四个全面"战略布局，对教育工作作出了一系列重大决策部署，民办教育作为其中的重要方面，其改革发展进入了"快车道"。进入新时代，我国民办教育的发展又站到了一个新的高度、新的起点。

一、新时代民办教育改革发展的制度体系

党的十八大以来，中央多次明确"鼓励社会力量兴办教育"，国务院及有关部门、地方政府相继颁布了一系列相关的法律法规和政策文件，构筑了从中央到地方的民办教育新制度体系，加快推进民办教育的改革发展。

（一）国家层面的民办教育法律与政策

近年来民办教育的改革发展，首先体现在从国家层面实现了促进民办教育发展的法律突破，并以此为基础进行了民办教育的政策制度创新和顶层设计，开启了民办教育新法新政的新时代。这些制度设计又可分为专门性的民办教育法律与政策，以及体现民办教育新法新政的其他政策文件。

1.专门性的民办教育法律与政策

2016年11月7日，第十二届全国人大常委会第24次会议审议通过了

《关于修改〈中华人民共和国民办教育促进法〉的决定》，为深化民办教育改革发展确定了依据和方向，推动民办教育立法有了重大的突破。随后，为贯彻落实新修订的《民办教育促进法》，国务院、教育部等部门颁发了若干项配套政策文件。2016年12月29日，国务院印发《关于鼓励社会力量兴办教育促进民办教育健康发展的若干意见》，全面部署了民办教育改革发展的各项政策措施，对民办教育进行了形势新判断、发展新定位、制度新安排，推动民办教育在新的历史起点上健康长足发展。

2016年12月29日，中共中央办公厅印发《关于加强民办学校党的建设工作的意见（试行）》，指出了加强民办学校党建工作的重要性、紧迫性，强调在民办学校中加强党的建设，通过加强党的建设保障民办学校健康发展。2016年12月30日，教育部等五部委联合印发《民办学校分类登记实施细则》，规定了民办学校设立审批、分类登记、变更注销登记等方面的内容，为稳妥推进民办学校分类管理改革提供了操作指引；教育部等三部委联合印发《营利性民办学校监督管理实施细则》，对营利性民办学校的设立、教育教学、财务资产、信息公开、监督与处罚等内容做出制度安排，着力建立完善营利性民办学校的监督管理机制。

2017年7月7日，教育部等十四部门印发了《中央有关部门贯彻实施〈国务院关于鼓励社会力量兴办教育促进民办教育健康发展的若干意见〉任务分工方案》，对促进民办教育健康发展事宜进行了工作分工和任务分配，要求各部门协同配合，确保民办教育的改革发展任务目标如期实现。2017年8月31日，工商总局、教育部发布了《关于营利性民办学校名称登记管理有关工作的通知》，对做好营利性民办学校名称登记管理工作提出了若干项具体性、细节性的要求。2018年2月7日，财政部、税务总局颁发了《关于非营利组织免税资格认定管理有关问题的通知》，为非营利性民办学校享受免税待遇提供了较为细致的界定依据。2018年6月5日，教育部等13部门印发了《民办教育工作部际联席会议2018年工作要点》，从完善配套措施、推动质量提升、加快构建监管和服务体系等方面，提出了推动分类管理改革平稳有序进行的工作要点，并明确落实责任。

2. 体现民办教育新法新政的其他政策文件

2017年3月24日，教育部等四部委印发了《高中阶段教育普及攻坚计划（2017—2020年）》，要求"要落实土地、税收、信贷等方面优惠政策和社保政策，支持高中阶段民办学校发展，积极支持各类办学主体通过独资、合资、合作等多种形式举办民办职业教育"，以及"完善政府、行业、企业及其他社会力量依法筹集经费的中等职业教育投入机制"。

2017年4月13日，教育部等四部委发布了《关于实施第三期学前教育行动计划的意见》，要求"公办民办并举，进一步提高公办幼儿园提供普惠性学前教育服务的能力，积极引导和扶持民办幼儿园提供普惠性服务"，"通过购买服务、综合奖补、减免租金、派驻公办教师、培训教师、教研指导等方式，支持普惠性民办幼儿园发展"。

2017年10月，党的十九大报告关于"支持和规范社会力量兴办教育"的阐述，在继续大力支持民办教育事业的同时，也提出要规范民办教育的发展。这一支持与规范并重的新要求、在近期颁发的政策文件中也有所体现。2018年1月20日，中共中央、国务院印发《关于全面深化新时代教师队伍建设改革的意见》，其中强调从签订合同、支付工资、缴纳社会保险和公积金等方面，保障民办学校教师福利待遇，维护其合法权益，落实民办学校教师在业务培训、职务聘任等方面与公办学校教师享有同等权利。这一系列相关政策的新举措、新动向，昭示着我国民办教育将进入高质量、规范化发展的新阶段。自2021年9月1日起施行的《中华人民共和国民办教育促进法实施条例》强调"民办学校应当坚持中国共产党的领导，坚持社会主义办学方向，坚持教育公益性，对受教育者加强社会主义核心价值观教育，落实立德树人根本任务"，明确了其设立、组织活动等内容。

（二）地方层面的民办教育政策

2017年以来，为推进实施民办教育的新法新政、各省市先后出台或正在酝酿出台关于贯彻落实新《民办教育促进法》的实施意见，以及规范民办教育某一领域发展的专门性文件。

2017年9月30日，辽宁省在全国率先发布了民办教育新法新政的地方实施意见。之后相继有安徽、甘肃、天津、云南、湖北、上海、浙江、河北、内蒙古、陕西、河南、海南、江苏、青海、广东、宁夏、山东、重庆共19个省（自治区、直辖市）先后出台了落实民办教育新法新政的实施意见。这显示出越来越多的省市积极地将落实民办教育新规提上政策议程，付诸政策实践。从中央到地方全方位、立体化的民办教育新制度体系日渐完善，民办教育改革发展的制度环境越来越优良。

各地方省份出台的政策文件，秉持新《民办教育促进法》的精神要义，与国务院、教育部等中央部门发布的民办教育政策文件具有内在的衔接性和一致性，主要内容涵盖了加强党对民办学校的领导、创新体制机制、完善扶持制度、加快现代学校制度建设、提高教育质量、提高管理服务水平等多个方面，旨在通过全面深化改革构建起科学合理的民办教育体系。

此外，一些省份（自治区、直辖市）在出台民办教育新法新政的实施意见之外，还制定了针对民办教育某一领域、更为详细具体的政策文件。如2017年7月24日，河南省教育厅发布了《关于进一步规范民办学校办学行为促进民办教育健康发展的通知》，针对一些民办学校管理松弛、个别民办学校法治观念淡薄等问题，要求强化规范民办学校办学行为。2017年12月29日，上海市人民政府办公厅发布了《关于转发市教委等四部门制订的〈上海市民办培训机构设置标准〉〈上海市营利性民办培训机构管理办法上海市非营利性民办培训机构管理办法〉的通知》，被称作规范民办培训机构的"一标准、两办法"，对民办培训机构设置标准，以及营利性和非营利性两类培训机构的管理办法进行了较为详细的规定。

从中央到地方逐步构筑形成的民办教育改革发展新制度体系，是贯彻落实国家教育改革战略部署的重要行动，是一项具有全局性、系统性的重大制度安排。具体体现在三个方面：一是遵循了重大改革必须有法律依据的原则。根据中央决策，先修订《教育法》，再修订《民办教育促进法》，明确了允许兴办营利性民办学校、实行分类管理的改革方向。二是形成了统筹谋划、系统推进的改革路径和实施策略。通过修订相关法律，党中央、国务院和教育部等部门颁发相关文件，以及地方省份制定实施意见的方式，使得有关法律、党中央和国务院文件、部门配套政策和地方贯彻执行政策上下一体、相互衔接，构建了趋于完备和成熟的民办教育分类管理改革制度和实施体系。三是注重了原则性与灵活性的统一。在确立分类管理改革原则与制度框架的前提下，有关法律为国务院、教育部等部门文件的制定，以及中央政府为地方政府贯彻执行文件的出台，都留下了必要合理、利于创新的制度空间，从而在坚持原则性的同时注重灵活性、可操作性，便于从实际出发检验、调适分类管理制度，平稳推进民办教育的改革发展。

二、新时代民办高校思想政治理论课制度规范

2012年至今，是民办高校思政课深化创新阶段。这一时期，中国特色社会主义进入新时代，高校思政课建设的主要任务是创新发展，更好为培养担当民族复兴大任的时代新人服务。党中央、国务院更加重视高校思政课建设，把高校思政课作为立德树人的关键课程，以提高质量为主题，以教师队伍建设为根本，以落实意识形态责任制为抓手，在协同中推进，在改革中深化，在创新中发展，有力地促进了高校思政课建设。

2015年7月27日，中共中央宣传部、教育部印发《普通高校思想政治理论课建设体系创新计划》（下简称《创新计划》），明确指出，思政课是核心课程，要把思政课立体化教材体系、教学人才体系、课堂教学体系、第二课堂教学体系、学科支撑体系、科学评价体系、综合保障体系七个方面作为创新建设的重点内容，推进思政课建设的综合发展。《创新计划》按照系统规划、积极稳妥、敢于创新、重点突破的思路，紧紧围绕提升思想政治理论课课堂教学效果，推进思想政治理论课建设体系创新。主要突出三个方面的考虑：一是顶层设计、系统规划。立足于巩固马克思主义在意识形态领域的指导地位，巩固全党全国人民团结奋斗的共同思想基础，落实立德树人的根本任务，从教材、教师和教学三方面设计总体结构和布局，同时通过一系列具体举措使思想政治理论课建设的各个方面构成相互衔接、彼此支撑、整体推进的建设体系。二是积极稳妥、改革创新。既尊重以往工作基础、取得的成绩和总结的经验，也根据新形势新任务新要求，力求思路创新、体系创新和政策举措创新。既面向校内，也面向全社会，力求构建思想政治理论课建设新格局。三是狠抓落实、突破重点。

紧紧抓住突出矛盾和问题，重点围绕教师队伍建设、教学方法改革、马克思主义学院建设等，将中央的要求与一线师生的期待结合起来，对准焦点，突破重点，力争目标量化可检测。这是关于思想政治理论课程继续深化改革和建设方面的研究应遵循的基本原则和基本思路。

2016年12月9日，习近平在全国高校思想政治工作会议上指出，高校思想政治工作涉及培养什么人、怎样培养人、为谁培养人的根本问题，高校思政课要坚持在改进中加强，提升亲和力和针对性，把立德树人贯穿到教育教学全过程。

2017年12月4日，中共教育部党组颁发《高校思想政治工作质量提升工程实施纲要》，明确提出了课程育人、科研育人、实践育人、文化育人、网络育人、心理育人、管理育人、服务育人、资助育人、组织育人的"十大"育人体系，把课程育人置于高校思想政治工作质量提升工程之首，并把2017年定为高校思政课建设质量年，开展了广泛的调查研究，总结了建设经验，提出了加强改进的措施，强调把"思政课程"与"课程思政"紧密结合起来，协同推进。

2018年4月12日，教育部印发《新时代高校思想政治理论课教学工作基本要求》，强调抓住思政课教学前、中、后全过程，在操作层面加强衔接和落实。

2019年3月18日，习近平主持召开学校思想政治理论课教师座谈会，强调要贯彻党的教育方针，落实立德树人根本任务，按照"政治要强、情怀要深、思维要新、视野要广、自律要严、人格要正"的要求，建设一支德才兼备的教师队伍，遵循思政课建设的规律，坚持政治性和学理性相统一、坚持价值性和知识性相统一、坚持建设性和批判性相统一、坚持统一性和多样性相统一、坚持主导性和主体性相统一、坚持灌输性和启发性相统一、坚持显性教育和隐性教育相统一、坚持理论性和实践性相统一，深入推动思政课改革创新，不断增强思政课的思想性、理论性和亲和力、针对性。

2019年8月14日，中共中央办公厅、国务院办公厅印发《关于深化新时代学校思想政治理论课改革创新的若干意见》，强调推进大中小学思政课一体化建设，注重大中小学思政课的循序渐进，不断提高学校、家庭和社会思政课建设的合力。

2020年4月22日，《教育部等八部门关于加快构建高校思想政治工作体系的意见》对于深入贯彻落实习近平新时代中国特色社会主义思想，进一步发挥思想政治工作在整个高校人才培养体系中的贯通和牵引功能具有划时代意义，也使我国思想政治工作体系建设正式进入"快车道"。其中强调，高校思想政治工作体系建设质量将成为"双一流建设成效评估、学科专业质量评价、人才项目评审、教学科研成果评比的重要指标"。

2020年10月，中共中央、国务院印发《深化新时代教育评价改革总体方案》，重点强调"教育评价事关教育发展方向……把思想政治工作作为学校各项工作的生命线紧紧抓在手上，贯穿学校教育管理全过程。"该方案作为新中国第一个关于教育评价系统性改革的重要文件，对高校思想政治工作体系建设质量评价提出了新时代要求。

2020年12月18日，中央宣传部、教育部联合印发《新时代学校思想政治理论课改革创新实施方案》的通知，针对深入落实中共中央办公厅、国务院办公厅《关于深化新时代学校思想政治理论课改革创新的若干意见》精神，围绕充分发挥思想政治理论课在立德树人中的关键课程作用，循序渐进、螺旋上升地开设好大中小学思政课，就新时代学校思政课课程教材改革创新，从"基本要求、课程目标体系、课程体系、课程内容、教材体系内容建设"等方面提出了完整的实施方案，为新时代思政课课程教材改革创新提供了科学指导。

党中央、国务院立足新时代培养担当民族复兴大任的时代新人的需要，加强高校思政课建设的战略谋划，提出了改革创新的整体思路，推出了一系列重大举措；尤其是习近平总书记教育重要论述，为强化高校教育教学、加强思想政治理论课建设，为深入推进高校思政课的创新发展，开创新时代高校思政课建设的新局面，指明了方向，增强了动力。

第二章　新时代民办高校思想政治理论课 建设现状分析

　　2019年8月，中共中央办公厅、国务院办公厅联合印发《关于深化新时代学校思想政治理论课改革创新的若干意见》指出，"有的地方和学校对思政课重要性认识还不够到位，课堂教学效果还需提升，教材内容不够鲜活，教师选配和培养工作存在短板，体制机制有待完善，评价和支持体系有待健全，大中小学思政课一体化建设需要深化，民办学校、中外合作办学思政课建设相对薄弱，各类课程同思政课建设的协同效应有待增强，学校、家庭、社会协同推动思政课建设的合力没有完全形成，全党全社会关心支持思政课建设的氛围不够浓厚。"[①]

　　党的十八大以来，以习近平同志为核心的党中央高度重视思政课建设，作出一系列重大决策部署，各地区各部门和各级各类学校采取有力措施认真贯彻落实，思政课建设取得显著成效。那么，为什么还会出现以上的问题呢？主要是面对新形势新任务新挑战，思政课的改革创新还不够深入，一些民办高校思政课建设的质量还不高，学校、家庭、社会还没有形成推动思政课建设的协调效应，思政课的教学体系、教学方法、师资队伍建设还存在的薄弱环节。这就需要在加强党对思政课的领导、完善课程教材体系、建设素质过硬的思政课教师队伍等方面，尤其是要在不断增强思政课的思想性、理论性和亲和力、针对性上下功夫。

[①]　中共中央办公厅　国务院办公厅印发《关于深化新时代学校思想政治理论课改革创新的若干意见》［ J ］. 中华人民共和国教育部公报，2019（09）：2-7.

第一节　民办高校思政课教学的现实困境

从调研和访谈情况来看，民办高校思政课教学面对的挑战有三个方面：一是来自教学对象的挑战，其中尤以"00后"大学生群体研究及其教学对策研究还存在不足；二是来自课堂教学的挑战，尤其是教学内容与方法、教学互动与组织等领域的发展变化迅速；三是环境和时代的变化挑战，尤其是不能满足政治教育高质量发展要求、经济全球化进程要求、适应"大思政"建设格局要求、数字思政发展要求等。面对这些正在发生的变化和挑战，民办高校思政课教学出现了不容忽视的新问题，必须给予关注和解决。

通过研究发现，造成上述困境和挑战的成因是多方面的，包括教学对象研究滞后于学生发展、教学实践发展滞后于教学理论进步、师资建设落后于时代需要这三个方面。上述三个方面的变化与挑战是民办高校思政课必须面对和解决的问题，只有以面向未来的审视与远见精准分析教学对象特点及其需求、精准回应内外部环境和时代变化要求、精准补强师资队伍建设，才有可能较好地应对思政课教学的系列变化，进而推动思政课教学改革，贯彻落实立德树人根本任务，为培养德智体美劳全面发展的社会主义合格建设者和可靠接班人筑牢阵地。

一、教学对象研究滞后于学生群体发展

透过思政课教学质量的影响因素分析，结合思政课教学所面临的一系列新的挑战，本书认为，对民办高校思政课教学质量造成重大影响的领域主要集中在三个层面：一是教学领域，二是对象领域，三是动力领域。

（一）教学领域影响占主导

1. 教学主体动力因素

思政课教学活动中，教师是施教主体，是课堂教学活动的主导者；学生是学习主体，是学习活动的行为人，这是教学基础，未来不会出现太大

变化。师生参与思政课教学活动的动力是影响教学效果的主要因素之一。过去，教师动力不足主要表现在职业倦怠感有所增强、职业价值感有所下降，教学效果好坏既不能为其带来成就感，也不能给其带去挫败感，教学成为谋生的手段，而不是追求理想、实现价值的路径。学生动力不足主要表现在学习积极性不高、创造性不佳，不重视学习成效和获得感，认为思政课是副课，实用性不强。未来要加强师生动力研究，加强激励引导，增强教学动力，为新时代民办高校思政课的教学质量提升奠定基础。

2. 教学技术创新因素

技术与方法具有强关联性，技术进步对于方法创新具有重要的推动作用，在未来技术与方法的结合将会有更大的空间。以往教育技术创新不够，对教学方法创新和灵活运用会造成极大的影响。具体表现为新技术教学运用不够和教学技术创新不足两个方面。以即时答题互动设备等为代表的新技术在思政课教学中运用有限、以智慧教室代表的教学技术在思政课教学中建设不足等，凸显出思政课教学方法创新不力、教学互动路径匮乏、教学组织形式呆板等系列问题。未来，民办高校应该加强技术引进、技术运用，为教学插上技术的翅膀，提高教学效率的同时支撑教学质量的建设发展。

3. 教学管理水平因素

推进改革必须以管理改革为先行。教学管理涉及思政课教学制度建设、队伍管理、教学组织、教学过程管控等各个方面，对思政课教学质量影响显著。制度建设是加强教学管理规范、提高教学服务水平的基础条件；师资队伍管理，尤其是教学纪律、绩效考核是规范教师行为、转变教师作风的重要法宝；教学组织与实施的管控是维护课堂秩序、提升教学效果的前提保障；教学过程管控是维护和保障教学顺利完成的主要举措。在以往思政课教学中，制度成摆设、教风不积极、课堂低头族无人管、教学过程无序等现象屡见不鲜，极大地制约了思政课教学效果的提升。未来，要加强民办高校思政课教学管理体系建设，使其成为质量保障体系的重要组成部分，为提高思政课教学质量打牢制度基础。

4. 教学条件保障不力

教学保障条件包括直接条件和间接条件。直接条件包括教学经费投入、教学基础设施建设、教学基地建设等方面，间接条件包括教学政策、社会思潮及社会参与等方面。直接条件是开展教学的先决条件，教学经费、基础设施和实践基地是思政课教学开展的前提保障，经费投入多寡直接影响教学运行进展、师资队伍建设水平、教学科研联动质量，基础设施好坏直接影响教学运行形式、教学方法创新质量，供给需求结构平衡，教学基地有无直接决定教学运行路径。间接条件是提高教学实效的重要支撑，教学政策是保障和激发师生动力的基础，社会参与是教学资源的方式。保障是桶底，没有桶底，筑再高的桶终究还是存不上水。由此可见，教学条件保障与教育主管部门及其他利益相关者关系密切，经费投入、设施建设、基地建设离不开主管部门的支持，政策、社会思潮与社会参与离不开其他利益相关者的参与。未来，加强教学条件保障要推动利益相关者参与其中，加强保障，为思政课教学提供物质基础。

教学主体动力不足、教学技术创新不够、教学管理水平不高和教学条件保障不力共同限制了思政课教学质量的建设发展，共同导致了民办高校思政课教学质量的徘徊不前。要改变这一现状，就必须充分考虑思政课教学的环境变化，坚持理论与实践相结合，通过教学设计、教学方法、教学互动、教学组织和教学条件的发展和改革来推动民办高校思政课教学的整体改革，以改革促发展，以发展提质量，以高质量的思政课教学来推动高质量的人才培养。

（二）教学对象研究是关键

1. 学生研究应更深刻

"00后"进入大学校园，极大地改变了高校学生的整体结构、课堂对象结构，给新时代思政课教学提出了新要求。

第一，针对教学对象研究。"00后"大学生身上有许多鲜明的时代印记、个性特征和群体特点，是信息社会"生活在网上"的一代，应按照"因事而化、因时而进、因势而新"的原则因势利导。当前关于"00后"大学生的研究成果较少，不能满足教育发展的要求。加强教学对象研究，一要关注"00后"大学生心理特征。要密切关注大学生心理健康状况、心理成熟度、心理成长路径等，要知道心理健康与其成长发展息息相关，心理成熟度与其认知、理解问题息息相关，心理成长路径与大学生教学建构、设计息息相关。因此，思政课应该关照和呼应日常生活，响应心理发展需求。二要关注"00后"大学生思想行为特征。思想行为是知行合一的关键，了解他们思想行为的发展情况，就是要为他们构建理想信念做准备，便于开展针对性的教育引导、思辨启发、内化外延等工作。三要关注"00后"大学生的价值取向。从当前情况看，不少"00后"大学生更加以自我为中心，他们是"421"家庭结构的当事人，从小受到6位家长的关爱，成为家庭中心。"421"家庭结构普遍影响了"00后"大学生的价值体系建构，一定程度上出现了先己后人、拈轻怕重、先易后难的价值取向。正因为心理、思想行为和价值取向等研究上的短板，导致实践层面上问题频出。

第二，把握教学供需均衡。"00后"大学生普遍个性张扬、颇具主见、敢于表达，对于课程有明确的关注、诉求和期望，如无法得到满足，会放弃课程，从"学习者"成为一名"旁观者"。"00后"大学生的需求多元，有形式认可需求者，即需要在课堂上下获得表达和展示机会；有内容认可需求者，即需要表达自己的观点，要在辩论中寻找答案，而不需要教师给予的现成结论；有尊重需求者，即需要关注、需要尊重、需要被重视，愿与教师加强互动，有主观能动性；有解惑需求者，即需要解决学习生活实践中的困惑问题，期望得到教师的响应、指导。教师必须关注和呼应"00后"大学生的主体需求，以针对性的教学供给来实现教学双主体之间的供需匹配均衡。

2.评价实践应更精准

理论与实践之间的差距在教学评价领域体现得尤为显著：在课程评价理论发展迅速，但在实践层面却显著滞后。未来应该在评价实践领域加强投入、推进，以实现理论上的教学诊断与改进。

第一，优化评价实践模式。研究发现，绝大多数民办高校的教学评价模式基本一样，都由学生评教、同行评教、督导评教、领导评教等方面构成。学生主要以答题卡式的问卷评教为主，评价大体分为两个部分：一是对教师教学满意度打分，二是对教学建议进行评价打分。同行评教主要指课程教师之间的相互听课、相互建议、相互评价。督导评教主要是指学校、学院聘任专门的教学督导人员进班听课、评价。领导评教主要指校领导、中层干部等进班听课、评价。上述四个方面的评价基本都是针对教师教态、教学法运用、教学内容输出、教学互动、课堂组织实施等情况，目标是评价教师课堂教学，提出改进意见，借以提高教学质量。

各校有所不同的，一是评教的占比各有不同，主要是学生评教高低不同，在50%~70%间居多，剩余部分为同行评教、督导评教、领导评教。学生评教具有一定的主观性、情绪化，占比太高容易造成教师过于顾忌学生评教，导致教师教学主导权、话语权消解，占比太低容易造成教师忽略学生感受。二是评教结果用途不同，大部分民办高校评教结果的主要目的是为了鉴定、诊断、改进，是为了帮助教师提高教学能力和质量，但是由于缺乏相应的激励措施，导致这种评教的实际作用难以发挥，不能引起教师重视。于是，不少民办高校开始推进绩效工资，将评教结果与绩效工资挂钩，评教好坏直接影响工资收入，这就提高了教师对教学的重视程度。不过因为评教结果有一定的主观性，故在实际的实施过程中，各校都会遇到一定的阻力，教师的接受度不高。主要原因，一是学生评教公正性最难实现。虽然有研究认为学生评价的最终结果能对教师的教学能力和教学效果做出比较客观和公正的评价，但实际中做到非常之难。教师教学要求严格容易遭到学生的反感，评教成绩难以提高，教学要求宽松短期内会受到学生欢迎，评教成绩也会比较高。二是同行评教人情难免。评教会倾向于打高分、说好话、做好人，使得评教真实性存疑。三是督导评教易偏。由于督导听课范围广，各种专业课程都要兼顾听课，表面上看上去能够掌握教学的普遍情况，但实际上这些评教偏于教态、教学法、教学互动等形式上的东西，对于教学的专业知识进程及其讲解程度理解并不深刻，并不能确定教师教学的核心内容是否精准、高效。四是领导评教频次低。部分民办高校会制定干部听课制度，一般每人每学期必须听2节课以上，由于干部偏少，总计听课量也不会太多，这个课时量对于全校的总课时量而言微不足道，所能听到并给予一定专业评价的概率就很低，对于教学整体改进而言，效果甚微。

上述评价模式在既往实践中所展现出来的问题与不足，必须在未来的评价实践中给予优化。具体在思政课评价领域，一要加强思政课教学的针对性评价体系的建设，二要优化思政课教学评价的实践环节，尽可能避免上述问题的反复，三是要解决思政课教学评价的反馈与使用问题，真正发挥评价的改进功能。

第二，提高教学经费投入。以往民办高校思政课教学经费投入普遍不足，主要体现在以下几个方面问题：一是教师薪资收入普遍偏低。思政课教师收入偏低的主要原因有两方面：一方面是学校绩效分配因素，专业学院绩效水平普遍高于马克思主义学院，另一方面是教师科研经费偏低，思政课教师的科研课题数量、经费水平、科研收入普遍低于理工经管等学科教师。这需要民办高校加大投入，提高思政课教师收入，以激励思政课教师的教学积极性和创造性。二是能力培养经费投入不足。思政课教师参加国内外访学、攻读更高学历、参加专业培训、出席学术会议，以及各种沙龙、拓展活动等方面的经费支持显著不足，不能满足教师成长发展的基本需求。其中尤以教师参加国内外访学和攻读更高学历方面的资金支持力度不够，主要原因有两个：一方面经费总量限制，满足率比较低；另一方面师资数量本就紧张，大大限制了出访深造的人数空间。不少学校实施的绩效工资政策限制了教师的工作总量，即便超工作量，收入也不会同比增加，极大地影响了在职教师的积极性。外出学习受到限制，内部学习活动同样受限，教学沙龙、学术沙龙等方面的活动组织开展也频繁受到经费限制，极大地降低了教师主动成长的积极性。三是教学经费投入不足。思政课经费投入不够极大地限制了教学创新，使得实践教学活动区域多被限制在校内，活动主题多以第二课堂为主，活动形式多以调研或者公益活动为主，无法真正发挥实践教学的关键作用，民办高校要推动学生走上社会，提高课程体验感，增强学习获得感。不少民办高校将思政课第一课堂与第二课堂相融合，开展一些寓教于乐的文艺汇演活动，小部分人组织设计会演，大部分人作为观众。虽然会演这种形式是一种创新，但终究受到经费投入的限制，没法开展普遍的、广泛的社会实践。大量的统计数据非常具体地显示了从总体上看学校经费投入与建设成效间的正比关系。投入越少，则成效越不显著。

可见，未来提高思政课教学投入，必须在思政课教师收入、能力培养经费、教学经费等三方面予以改善。提高教师收入是保障教师基本权利、调动教师工作积极性的主要方式，增加能力培养经费是提高教师工作水平、拓展教师综合能力的重要方式，增加教学经费是丰富教学形式、发展教学内容的关键支撑。有教学经费的持续投入，才能更好地保障思政课教学高效有序开展。

（三）教学动力激发是重点

1. 呼应学生认知建构发展

一方面，学生认知结构发生巨大变化，认知背景和认知基础等，其中高考改革是主要诱因之一，新高考改革背景下的高考模式使得很多高中学生难以选择考试科目。从原先的文理科区分，变为是否选考政治课。另一方面，学生认知建构路径发生显著变化。高中阶段的学习认知路径是听说读写练，进入大学后学生更加喜欢体验式、互动式的学习方式，认知建构的路径、方式发生显著变化。按照思想政治教育的"知情意行"基本规律、当学生认知建构基础和方式发生变化时，思政课的教育教学方式也应该做适当的调整。未来，民办高校思政课教学要更加关注和呼应教学对象的认知结构变化与发展，开展针对性的教学调整。

2. 更新课程教学建构理念

思政课的课程建构，尤其是教学建构和学生认知建构之间存在巨大沟壑。思政课教学建构理念陈旧，过于强调课程本位，要求以课程为中心建构教学法、教学组织、教师团队、教学评价体系，这与新时代"以本为本""以学生为中心"的教育理念不相符合。课程建构偏离学生中心，容易出现为课程而教学、为任务而教学的情况，学生需求得不到关注、学习积极性被压制。以学生为中心的教育教学理念实施多年，但还停留在口号层面，未来民办高校必须以学生为中心建构教学体系，根据学生的认知基础、取向和特征设计课程教学，以引导学生建构知识体系，并通过知识体系的建构加强信仰体系的建设。

3. 协同课程需求供给匹配

课程供给与需求不匹配是造成课程均衡价值难以实现的主要因素之一。课程均衡价值是在师生供给与需求得以平衡的基础上实现的，开展课程教学供给必须先研究教学对象的需求，重点参考教学对象的认知背景、取向和发展需求来设计思政课教学供给。当前，教学对象研究不够是普遍现象，课程供给与需求不匹配，学生的主体性未得到充分体现，教师课程供给无法满足学生成长发展需求，无法解答学习生活的困惑，无法巩固理想信念。未来思政课教学必须协同需求供给匹配，引导和支撑学生从接收到接受、理解到相信、相信到信仰、信仰到行动，进而实现课程均衡价值。

总体看来，思政课教学质量提升必须坚持"以学生为中心"的教育理念，着力研究学生认知基础、建构方式，提升课程建构的针对性，推动教学供给与学生需求之间的精准对接。同时加强和改进教学设计、课程价值认知与目标、教学内容与方法、教学互动与组织、学习投入与支持、学习成效与评价等，使之成为促进思政课教学质量提升的重要支撑力量，为建设思政课"金课"奠定基础。

二、教学实践发展迟缓于教学理论进步

"理想很丰满，现实很骨感"，思政课教学处于一种矛盾状态。从目前的情况来看，民办高校思政课教学的理论与实践差距表现在两个方面：一是理论发展与实践推进的差距，二是点上创新与面上普及的差距。

（一）理论发展与实践推进差距显著

理论和理念的发展领先与实践的推进与变革，这是一个普遍的现象。不同的是，在思政课教学领域，教学设计理念、教学改革理论、课程评价理论发展迅速，不断有学者提出新思想、新理论、新方法，也有在一定范围内试行的，但新的理论、理念被广大教育工作者理解、消化、接受过程缓慢，实践推进就会迟慢更多。

1. 思政课教学设计理论发展超前

有学者研究传统的教学设计内容和步骤包括七个方面，具体为确立教学目标、分析学生特征、确定教学内容、确定教学起点、制订教学策略、设计教学媒体、进行教学评价，并认为教学设计已发展成为具有较完整、严密的理论方法体系和很强可操作性的独立学科。新的建构主义教学设计坚持以学生为中心，注重自主学习，其设计原则强调创设教学情境、强化协作学习、优化学习环境、利用信息资源等方面，其内容和步骤包括教学目标分析、情境创设、信息资源设计、自主学习设计、协作学习环境设计、学习效果评价设计、强化练习设计这七个环节。新的教学设计理念应该从"教"中心转向到"学"中心，强调"情境"教学，强调"协作学习"，强调学习环境设计，强调学习信息支撑，强调目的的意义建构。虽然"教"中心转向"学"中心的理念逐渐深入人心，但实践中教师满堂讲、学生低头听的现象依然普遍存在，教学互动频率和形式依旧不足，教学实践改革进程相当缓慢。再如"协作学习"形式上似乎有些进步，思政课教师开始分组、分项目推进实践教学，并设置教学班长指导，推进各个教学实践项目组长加强项目学习实践，但受到大班额和组织管理水平的影响，协作学习收效甚微。这是建构主义教学和学习设计的理念，还有其他的一些学习理念、理论均有此类问题。

2. 教学改革理论探索成效显著

教学改革理论是指导教学改革实践的基础。随着时代的发展，教学改革理论发展出了多元智力（智能）理论、教学结构理论、学习共同体理论、建构主义理论、需求分析理论、人本主义理论等多种教学改革理论。不同教学改革理论的主张和侧重点不同，但主要目的都是为了解决传统教学的一些弊病，即按照不同的理论，从不同的视角、运用不同的方法来设计教学改革。多元智力理论是由美国学者霍华德·加德纳（Howard Gardner）提出的，他认为人的智力主要包括语言智力、数理逻辑智力、空间智力、人际交往智力等八种不同的类型。按照多元智力理论的建议，教学改革应该充分发展不同类型智力的专题教学，指导学生利用自己的优势智力开展学习，将多元智力当作更广阔的教学路径，这样可以发挥不同学生各自智力优势开展学习，提升教学实效。建构主义学习理论强调以学生为中心，认为学生是认知的主体，是知识意义的主动建构者。这就要求教学实践由教师中心转向学生中心，由侧重教师教学主体转向学生认知主体。建构主义理论认为要提高学生的知识建构能力，以达到更好的学习效果。需求分析则是为了更好地实现某一目标，对其要满足的条件进行分析，弄清问题或目标的具体要求，制订切实可行的实施计划。需求分析理论认为教学改革必须充分研究学生学习需求和社会需求，凸显学生的学习主体地位，要求教师关注、呼应、满足学生学习需求，这对于提高思政课教学质量作用显著。具体是指在教学中要对学生学习需求和社会需求进行分析，获取有效数据，在此基础上设定教学目标、采取教学策略、实施教学活动，最终满足学生需求，提高教学效能。

上述多种教学理论的发展，对于思政课教学实践的改革具有重要的指导意义，其中需求分析理论就与需求供给理论有极为相近之处，即坚持学生中心、突出学生主体地位、重视学生需求满足。不同理论拥有不同价值导向和实践方法论，思政课教学可以在实际教学中灵活使用不同理论指导教学实践，追求实践效益最大化。

3.教学改革实践进程缓慢

以教学评价改革为代表的改革实践推进缓慢，落后于理论发展是常态。在实践层面上，高校教学评价改革阻力重重，首先表现在教师心理上的排斥，他们中的一些人认为教学评价是一种监控，认为评价公正性不够、主观性太强。其次表现在实施部门的排斥，他们中的一些人认为教学评价工作量巨大，实际收效并不显著，评价工作的口碑不佳，容易引起矛盾，因而造成了不少组织实施部门工作人员的排斥。再次是学生的排斥，学生评教的主要方式就是填写答题卡式问卷表，统一格式、统一内容、个性化不足，不能满足以"00后"为代表的新学生群体表达自我、客观评教的要求。同时，学生评教带有极大的随意性、主观性、不稳定性。最后是经济、技术阻力，经济阻力主要是指评价经费的支撑上，需要加强投入，技术阻力主要是指实现评价的技术及其配套设备发展缓慢，成本高昂。总之，教学主要利益相关者均对评价有一定程度的排斥，导致了推进课程评价改革的工作屡屡搁浅。此外，教学设计与教学改革在理论探索上各有成果，在实践推进中均遭遇了不同程度的阻力。在一些教师的传统观念中，使用教案已经深入人心，他们认为开展教学设计徒增工作量；习惯于从上到下的教学改革，从下到上的"自我变革"动力不强。因此教学设计、教学改革、教学评价等多个方面均存在着理论与实践相脱节的现象，民办高校要在后续改革推进中加强各方面教学改革，优化评价方式方法，从而进一步深化教学改革。

（二）教学方法点上创新多、面上创新难

思政课教学是一个使命重大、涉及面广、教育人多、影响深远的教育教学活动，高校大学生都要接受思政课教育。因此，各级组织和部门以及高校都非常重视，在教学理念研究、教学方法创新、教学组织实施创新、实践教学创新等各个部分都有新探索，有些领域已经取得了一些成绩。但是受到量大面广、师资短缺、投入限制等方面的原因，点上创新在面上的普及力度还不够。

1.教学方法点上创新多，面上普及难

教学方法创新是思政课教学实践创新的关键环节，优秀教学方法会极大改善师生关系、推动师生互动、提高教学质量、提高教师成就感。近年来涌现出一些新的教学法如MOOC、翻转课堂、对分课堂等，在点上产生了一些示范性、典型性案例。比如，对分课堂教学法，该教学法包括讲授、内化吸收、讨论三个环节，教师让出部分课堂时间，交给学生掌控、主导，形成师生"对分"课堂的格局。讲授环节，教师不穷尽教材内容，只需把握基本框架和重难点。内化吸收环节，学生根据自己的个人特点和具体情况，完成内化吸收。讨论环节,内化吸收之后，学生再回到课堂交流，与全班师生深入互动。讲授强调充分而不过分的引导，精讲留白；内化吸收强调独立思考、个人理解、形成见解；讨论强调小组化，解决低层次问题，凝练高层次问题，与教师对话解决高层次问题。这种教学法从时间分配、谈论讲授、教法学法、输入输出、主动被动、传承创新等多个方面强调对分，让思政课为学生所用、为学生服务。对分课堂提出以来，逐渐发挥其简单易用的优势，在部分高校内引起反响。部分民办高校思政课教师开始在课堂上使用对分课堂教学法，课堂活跃度和学生参与度明显提升。

不过，因为新教学方法在面上推广难度大、速度慢，加上各种教学方法都存在一定使用范围和短板，导致新教学方法的普及率低。例如对分课堂法，一是受限于班额，小班额效果比较好，大班额效果相对差一些，而思政课多数为大班额；二是受限于课堂时间，教师精讲留白、学生讨论互动看似很合理，但两方面的时间都很局促，没办法充分展开，也会反作用于教学质量；三是受限于课堂组织，大课堂、小团队、选代表是基本组织形式，课堂层级多了，容易出现效应递减，发言的学生代表积极踊跃，不发言的学生表现相对懈怠，对比显著。

2.教学组织实施短期易、长效难

教学组织形式是影响教学质量、教学互动、学习投入的重要因素，主要有课堂教学、实践教学两种，在课堂教学里面有大班额、中班额、小班额、小组化教学，还有团队化、课题化组织形式等；在实践教学里面有项目化、小分队等实践形式，在教学推进方面有分层分类的情况，即省市、高校、学院等不同层级对教学组织形式的创新。当前的教学组织实施创新也存在一些问题，短期、机动特征明显，长期、高频、持续性不够。比如名师进课堂多以活动式、间歇式推进，并不能形成常态，且深度和专业度不够；学生上讲台多以代表式、互动式、活动式推进，教学系统性、客观性不够，需要教师加强教学指导。此外，课堂组织随网络技术的发展产生变化，虚拟组织得以出现，并对教学产生越来越大的影响，应该得到教师的积极关注和引导。

3.实践教学形式创新易、实效难

实践教学是思政课教学的重要组成部分，也是学生学习自由度最大、体验感最好、互动性最强的思政课教学形式。实践教学中出现了许多值得借鉴的案例，比如某民办高校采用期末会演的方式，展示实践教学成果。这其中舞台设计、剧本创作、演出排练等各个环节由学生分工协作、组织，思政课教师全程指导，不少节目是一个学期的实践调研项目的总结性会演，以歌曲、舞蹈、小品、话剧等多种形式呈现。这种实践模式激发了学生的参与热情，增强了学生的主体体验感，一定程度上提升了实践教学的整体质量。还有一些民办高校充分挖掘本地区、本校的实践资源，通过参观科普教育基地、爱国主义教育基地等社会实践基地，引导学生深入社会，了解民情、社情、国情，将课程理论与实践相结合，改变思考问题的角度，拓宽看待问题的视野，增强相关问题的理解力。此外，还有一些民办高校充分运用寒暑假，将课程实践带入日常生活，开展生活化的思想政治活动实践，诸如志愿者活动、社会调查活动、人物访谈活动、传统节日纪念活动，等等，使得活动内容丰富多元，学生学习实效显著。

不过，实践教学还存在如下一些不足：一是经费保障不足。部分民办高校连20元的生均思政课教学经费都保障不了，可用于实践环节的就更加少，学生活动的交通、宣传、道具、设备等各类项目需要的费用很难一一满足，给学生组织活动带来诸多不便。二是实践教学系统性不够。实践教学的主题、内容、环节等方面的系统性不够，与理论知识的连接不够紧密，使得实践教学过度偏于活动组织与实施、形式与感受，忽略了与课程本身的联动、联系和联合，导致整个实践教学部分的系统性不足。三是实践教学的针对性不强。主要体现在不同课程的实践教学安排往往具有很强的同质性，没有设计针对性的实践安排。比如"原理"课的实践教学方面，应该关照"原理"课教学目标、内容等方面的特殊性，针对课程抽象化、理解难度高的特点，设计一些诸如"读书会十答辩会"、辩论会、兴趣沙龙等形式的实践活动，以更加精准地契合"原理"课的特殊性，提高学生的理论理解能力。

三、师资队伍建设落伍于时代环境需要

教师与教学质量休戚相关，与学生成长休戚相关。回望过去，高校思政课教学质量不佳，师资队伍建设滞后于时代发展需要是关键因素之一，展望未来，民办高校应该高度重视思政课教师团队建设，扭转滞后格局。

（一）教师团队建设力度有待加强

百年大计，教育为本；教育大计，教师为本。努力培养造就一大批一流教师，不断提高教师队伍整体素质，是新时代我国教育事业发展的紧迫

任务。国家高度重视教师队伍建设，将其视为"我国教育事业发展的紧迫任务"的表态也足以说明加强教师队伍建设的重要性和迫切性。

1. 师资队伍数量有待增加

随着我国高等教育进入大众化阶段，学校规模扩张和学生数量增长显著，民办高校不断招揽人才以便增加师资数量，总体呈现比较快速的增长态势。但师资增量被内化到马克思主义学院的不多，数量增加有限。通过对全国20余所民办高校的访谈中了解到，各校都存在着思政课教师队伍数量不足的情况，不少民办高校生师比超过350∶1的标准值，有些民办高校超过了500∶1。这导致三个现象普遍：一是课堂班额大，以100～150人中大型课堂居多；二是课堂教学粗放，限于课堂条件，粗放式教学情况普遍，严重影响教学质量；三是兼职师资队伍多，不少思政教师是非专业教师转聘或兼职。

2. 教师团队结构有待优化

思政课教师构成相对复杂，专业非专业并存、新老并存，学科建设不足、教师经历参差不齐、队伍有时被边缘化。现有教师群体中，老教师群体上课经验丰富、上课实效性整体较好，但部分老教师长期浸淫在教学之中，处于舒适区，进取心和动力已经不足，求稳心态占据主导地位。新进教师一般学历较高，绝大部分都拥有博士学历，研究能力普遍较强，但新进教师普遍是从课堂到课堂、从学校到学校，教学实践经验相对贫乏，整体教学效果欠佳。转聘教师专业素养、教学能力相对偏弱。教学团队与结构领域也存在一些问题：一是团队建设多限于集体备课方面，教学研究和协作机制不够；二是传帮带制度不健全，老带新、传帮带的压力较大：新进教师教学经验不足直接影响思政课教学质量；三是转聘教师进步空间小，教学动力不足：四是教师结构比例有待进一步优化，使之能够成为教学改革的重要支撑力量。

（二）师资队伍发展滞后于需求

教师是课堂的主导者，是教学质量的主要保障者，是推进教育教学发展变革的主要力量。当前师资队伍建设发展存在着许多与现实需求不相适应的地方，亟待改变。

1. 师资教学研究水平有待提升

师资水平，即师资教学能力、研究能力以及两者结合的创新能力。民办高校思政课缺少领军人物、专家和优秀教师，培养力度有限，教师发展缓慢。究其原因，一是教师教学能力不强。教学能力不强，非专业出身是重要原因之一。据调研，某民办高校马克思主义学院30余位教师中属于马克思主义学科出身的仅有10位，其他都是管理类等非专业领域的教师。二是教师研究能力偏弱。调查显示，思政课教师开展科研工作的人少，主持省部级以上教研教改课题的人数更少，教师研究能力和研究动力都不强，使得教师研究能力水平整体不高。三是教师结构分布不合理。教师年龄梯队两头大、中间小，中青年骨干教师数量少，流转教师较多、新进博士较多。有高校正高职称比例局限在7%以内，在职高级职称人员更新缓慢，使得大批教师停在中级、副高职称，向上通道狭窄，严重影响思政课教师的主动性和积极性。

2. 教师责任感有待加强

教学是一个互动过程，教学质量受教师、学生双重影响：一是教学对象更有挑战性。"00后"大学生进入大学校园，意味着思政课教学对象的思想、行为、观念，以及学习态度、逻辑、方法等都已发生巨大变化，尤其是"00后"大学生个性更强、更加敢于发言，教师要有深厚的知识积淀，做好充分的准备，才能在课堂上应对自如、引领得当，反之很容易引起学生的不满，从而进入一种怠学状态，教师的成就感会受到直接影响，责任感随之下降。二是教师激励政策不到位。教师开展教学改革需要投入大量的时间、精力来设计、实验、实施教学改革方案，但学生的响应度不高，教师受到的关注、支撑并不显著，因而许多教师开始懈怠，停留在教学舒适区，不再思考教学变革与发展事宜，造成责任感缺失。三是向上空间被限制。高级职称比例限制极大地损伤了教师的积极性，教师失去晋升、发展的动力，教学处于疲于应付、完成基本工作量的状态。还有一些民办高校存在着生师比严重失调的情况，教师每日苦于应付教学，根本无暇顾及科研，开展教学质量、教学创新的积极性很弱。这些问题堆积逐渐消解了教师的责任感。

　　总体而言，以往思政课教学质量欠佳，教学活动陷入困境是多重因素造成的。研究认为，必须改变教学对象研究滞后于学生群体发展、教学实践发展滞后于教学理论进步、师资建设落后于时代需要的现状，为思政课教学改革赢得空间。面向未来，民办高校要进一步巩固思政课育人主渠道、主阵地的地位，逐步解决学生发展需求问题、教学实践发展问题、师资队伍建设问题，从需求供给分析着手，运用课程评价技术，遵循教学改革的基本原则、要求和思路的基础，就一定能推动思政课教学改革，提升思政课教学质量。

第二节　民办高校思政课问题成因与假设

　　民办高校思政课教学出现一些现象级问题，受到各教学利益相关者的高度重视。从目前的情况来看，上至国家、省市主管部门，下到民办高校领导、中层干部和思政课教师等实践人群都在探讨、研究和尝试解决上述问题。

一、影响民办高校思政课教学质量因素

　　为更加聚焦关键问题、提升民办高校思政课教学改革的针对性，本书将问题进一步提炼、凝聚，重组为教学设计、教学互动、教学方法、教学评价、教学团队、教学条件六个方面，后续研究也将按照这六个方面来推进。具体而言：

（一）教学设计

　　教学设计是影响思政课教学质量的重要因素，民办高校需要根据学生的基本认知背景、学习需求来设计思政课教学，即要通过教学设计引导教师教学供给与学生学习需求的均衡实现来激发学生学习动力，解决学生怠学问题，进而提高思政课教学质量。

（二）教学互动

　　教学互动与组织是思政课教学质量的重要影响因素之一。大班额教学

并非思政课所独有，亦非国内教学所独有，发达国家解决大班额教学的实践经验值得借鉴：他们借用组织形式和技术创新来解决大班额教学质量问题，足见大班额不是导致思政课教学质量不佳的关键原因，核心在于组织创新不力。要通过教学组织创新来推动教学互动变革，进而提高思政课教学质量。

（三）教学方法

教学方法是影响思政课教学质量的重要影响因素之一。传统教学方法、新式教学方法均有其存在价值和可用之处，而导致思政课教学方法评价不高的主要原因并非方法本身没有价值，而是方法运用不当导致的。因此要通过方法的灵活运用来推动教学方法革新，进而提升思政课教学质量。

（四）教学评价

学习成效与评价、学习投入与支持是思政课教学质量的重要影响因素。教师可以通过客观和及时评价激励和支持学生积极投入学习，进而提升思政课教学质量。现状是学生学习评价并没有发挥应有的激励和支持作用，导致学生学习成效不彰。因此要通过学习成效与评价来鼎新教学评价，进而提升思政课教学质量。

（五）教学团队

思政课师资队伍数量、结构、比例等存在严重的失调，使得超高的生师比、大班额和高强度的教学压力普遍存在，导致教师精神压力大、心理消耗大、价值认可度低、职业倦怠感增强。因此要通过培训提升能力来加强思政课教师团队建设，进面提升思政课教学质量。

（六）教学条件

思政课教学条件保障非常关键，教室结构、硬件设施、教学科研的经费投入、政策支持等都是民办高校支持思政课教学的重要路径和条件保障，没有基本条件保障，思政课教学质量就难以得到保证。因此要通过服务和保障建设，加强和改善思政课教学条件，进而提高思政课教学质量。

综合上述，影响民办高校思政课教学质量的因素既有教育因素也有非教育因素。教育因素主要包含价值认知与目标、教学内容与方法、教学互动与组织、学习投入与支持、学习成效与评价。非教育因素包含性别、学校属性、专业、年级、家庭经济条件、家庭居住地、个人学习成绩等人口统计因素。对民办高校思政课教学质量影响因素的分析和探讨是为了探索思政课教学改革的对策，进而推动民办高校思政课教学质量的提升。研究认为价值认知与目标、教学内容与方法、教学互动与组织、学习投入与支持、学习成效与评价等五个因素是民办高校思政课教学质量的主要影响因素，据此认为应该通过教学方法、教学互动、教学评价等领域的改革推动思政课教学改革。研究认为，民办高校在大学生思政课教学质量方面存在显著差异，故民办高校和思政课教师应该做好思政课的教学规划和设计，提高思政课教学的针对性，尤其在"00后"大学生逐渐成为思政课教学的主要对象的背景下，推动思政课教学设计改革势在必行。

此外，除上述因素外，教学条件、教学团队也是影响思政课教学改革的重要因素。这是由教育的内外部规律决定的。教育受到师资、学校等教育内部因素和政治、经济、文化等教育外部因素的多重影响，因此思政课教学改革一样会受到教育因素的影响和制约。上述结论中所提到的教学条件、教学团队受到高校领导、中层干部和思政课教师的普遍关注，他们从实践中深刻认知到上述两项因素对于教学的极端重要性，学生也从自己的喜好、选择中表达了同样的观点。这对研究和探索思政课教学改革的对策都具有一定的借鉴和指导意义。

二、民办高校思政课问题成因与假设

思政课教学现象级问题标示着教学质量确存隐忧，现象是质量水平的具体表现，造成现象级问题的成因也是导致质量不佳的关键因素。不管是教育实践者，还是理论工作者，都必须正视并尝试解决这些问题。正是基于这样的现实问题，促使笔者试图通过理论研究，梳理、分析、解决种种问题。为更好开展针对性研究，笔者结合多年实践工作经验和相关学术成果梳理，试图析解纷繁复杂的问题，分别提出以下研究假设，并将在后续研究中寻求检验。

（一）供需不匹配是导致学生怠学的主要原因

学生怠学是普遍现象，为深入探知其中原因，通过开展质性的课程评价，即运用访谈诊断该问题，发现有两类情况值得关注：一是大部分学生认为课堂教学没有自己需要和喜欢的内容，"老师讲的都比较空，感觉离我们实际需求有点远"，所以他们不愿意投入学习，进而陷入怠学境地；二是还有一小部分学生在认真听讲，访谈发现这一部分学生能够在课程中找到一些自己需要的东西，如对于社会热点问题的困惑解读、法律意识的增强等，"迷茫的时候，听老师讲讲课，自己有一些思考，顿时觉得开悟了"。可见教学设计是否到位、需求是否被满足成为学生学习是否投入的关键因素。经济学领域中，商品价值与价格受到需求供给曲线的影响，供给大于需求价格低于价值，供给小于需求价格高于价值，供需协同价格价值实现均衡。供给需求理论一样可以解释思政课教学矛盾，尤其是学生怠学问题，即教师教学供给与学生学习需求不均衡、不匹配，导致学生需求得不到针对性的供给满足，进而导致学生怠学现象普遍存在。由此，提出研究假设之一——供需不匹配是导致学生怠学的主要原因。

（二）组织创新不力是导致教学互动不佳的主要原因

大班额教学是思政课堂最普遍的现象之一，也是令思政课教师最为头疼的问题之一。不少研究认为思政课教学互动不佳主要是大班额问题导致的，认为小班化教学可以改变这一现状。本研究发现，大班额的确是原因之一，但并不是关键原因。大班额教学在欧美发达国家也很普遍，但其教学互动并未受到影响。他们所采用的是大班额教学、小组式讨论研究的教学模式：由一名教授、多名助教以及多名学生助理组成教学团队，单门课程教学团队人员可多达20人以上，同时教师讲授内容是建构在小组讨论、课下学习和资料学习基础上的，学生看得到、学得懂的基本不讲，教师把重点放在难懂、不懂的问题上。欧美发达国家的大班额教学的组织形式非常有活力，课程有教学团队，由师生联合组成：学生有学习分组，根据不同问题或者学习兴趣组建。他们充分运用和发挥各类教学组织形式的优势，集中破解了大班额教学互动问题。借鉴组织行为学相关理论分析，这一教学组织创新模式对于组织成员行为引导、激励、消除倦怠都起到了一定的效果。可见，大班额教学互动问题并非不可解决，也并不完全是超高的生师比造成，更不是仅有一条小班额教学之路才能解决。由此，提出研究假设之二——组织创新不力是导致教学互动不佳的主要原因。

（三）运用不灵活是导致教学方法效果不佳的主要原因

教学方法是教学研究和实践领域最为焦点的问题之一，关于教学方法改革、研究和实践拓展的成果很多，而且教学方法具有一定的普适性，许多方法是在各门课之间通用的，诸如讲授法、案例分析法、苏格拉底"产婆术"等都常被运用于思政课教学之中。与此同时，不同历史和科技发展阶段，产生了许多更新的方法，诸如PPT教学法、慕课教学法、对分课堂教学法等。按照方法论的观点，有什么样的世界观就应运用什么样的方法论，思政课隶属于马克思主义，理应运用马克思主义世界观和方法论来指导教学方法改革。辩证法很关键，即凡事有长短，关键在于匹配，即内容与方法要匹配，针对什么样的内容使用什么样的方法，教学方法与教学内容要匹配。这些足以说明：一是思政课教学有足够多的教学方法可以使用；二是如何使用教学方法是教师开展思政课教学必须思考的问题；三是新旧教学法都有其可用之处、长短之别，关键是要做到不同教学方法在不同教学内容和阶段的灵活运用。由此，提出研究假设之三——运用不灵活是导致教学方法效果不佳的主要原因。

（四）评价举措不力是导致学习成效不佳的主要原因

评价的主要功能历经四个主要阶段发展，形成了测试、选拔、诊断、改进四项主要功能，虽然诊断和改进功能已经形成和发展几十年，但是当前思政课教学的评价功能依旧徘徊在测试和选拔领域，即测试学生学习成效，通俗地说就是判定学生的成绩。当前思政课学习成效主要通过出勤率、课堂表现和期末考试成绩综合而成，一般而言，占比分别为10%、30%、60%。固定的评价范式和内容缺少对学生主体的关注和激励，具体表现在课堂激励和成绩激励。评价激励的方式有很多种，从认识论上看，传统的评价追求的是引导和提升认知兴趣，尤其在课堂激励方面对于激发学生的学习积极性有很大帮助，成绩激励则有利于提高学生对思政课学习的积极性，进而更加愿意投入其他思政课程的学习。毕竟思政课是一个课程群，各门课之间既有共性又有不同，评价激励得当则彼此互为基础、互为助力，评价激励不当则可能互相消解。根据课程评价论，诊断和改进功能应该成为当前思政课教学的主要功能，诊断可以发现学生实际需求、找到学生关注焦点，改进可以促进教学发展、提高教学针对性，诊断和改进成为评价功能发挥的重要举措，成为以评价提升学习成效的关键。由此，提出研究假设之四——评价举措不力是导致学习成效不佳的主要原因。

（五）教师数量不足是导致师资队伍建设不力的主要原因

教师数量不足是当前思政课教学队伍建设中存在的最为显著的现状之一。在思政课教学领域，师资队伍数量不足是核心问题，绝大部分民办高校生师比远高于350∶1，这就造成了师均课时量巨大、小班额教学无法普及；师资队伍结构，尤其是学历、年龄、专业和职称等分布不均，造成了教学工作量分配无法科学合理、教学效益无法最大化、教师成就感低，导致教师职业倦怠现象普遍而严重。整体而言总工作量、总师资数以及教师年龄、学历、职称结构等师资队伍建设乏力问题，造成了思政课教学出现超强度工作量、低水平研究等实际情况。根据心理学的相关理论，职业倦怠主要是由超强的工作压力导致的心理枯竭现象，既有表面的肉体的劳累，又有心理层面的疲惫、殆尽的感受，具体工作表现为工作热情降低、态度消极、职业价值认同感降低等情况。个体职业倦怠影响整体职业状态，整体职业倦怠势必影响整体师资队伍建设，进而影响思政课教学质量。由此，提出研究假设之五——教师数量不足是导致师资队伍建设不力的主因。

（六）条件不足是导致教学保障乏力的主要原因

教学保障是支撑教学高效运行的重要基础，教学保障的内容涉及教学的方方面面，设备保障是教学的基础条件，涉及教室规模、形式、设施等，制度保障是教学的重要条件，涉及教学管理、评价、考核等，经费保障是教学的关键条件，涉及教学能力培养、科研水平提升、实践教学拓展等。设备、制度和经费都是教学保障的重要内容和条件，保障条件不足会导致教学运行混乱、质量低效。有关研究表明，教学保障不是学生关注的核心，原因可能是教学基础条件保障已经能够满足基础教学需要，如阶梯教室满足大班额教学空间需要、多媒体设施满足课堂展示需要等。不过这并不能说明提高思政课教学保障条件不重要，相反在满足基本需求的情况下，这限制了思政课教学条件的进一步提升。根据教育技术相关理论，先进的教育教学技术发展和适用将极大地促进教学条件的改善，进而促进教学质量的提升。由此，提出研究假设之六——条件不足是导致教学保障乏力的主要原因。

上述六点研究假设是综合现象观察和初步理论分析后构思而成的，主要是思政课教学设计（学生怠学、供需不匹配）、教学互动、教学方法、学习成效（教学评价、学习投入）、教学队伍、教学条件等领域出现的现象级问题的主要成因猜想，正确与否有待研究。总之，从现象级问题所反映的思政课教学质量问题来看，加强教学质量建设迫在眉睫。思政课教学改革，既是一个理论研究问题，涉及教学理念发展、教学内容创新、教学对象研究，又是一个实践探索问题，涉及教学方法改革、教学技术运用、教学评价设计、教学条件支持等；既是一个新命题，涉及新环境、新对象、新时代和新使命，又是一个老大难，包括内容不新、方法不活、师怠学怨等。这既说明思政课教学改革迫在眉睫，又说明相关改革研究与实践任重道远。思政课教学改革是一个整体的、系统的问题，必须通过各个领域的协同推进，才能实现思政课教学质量的整体改善。

第三节 民办高校思政课教学的变化研判

面向未来，民办高校应在现有基础上持续提高思政课教学质量，必须对思政课教学所面临的未来挑战有所准备，对可能或者已经发生的教学变化进行研究判断。因此，研究在对过去的事实判断、质性研究和实证分析的基础上，加强对未来的教学变化的研究，为应对可能出现的变化挑战做出趋势判断，指引教学改革。在访谈中，不少老师认为民办高校思政课教学正在发生一系列重大变化，包括学习主体的变化、课堂教学的变化、时代环境的变化。学习主体主要是指教学对象的代际更迭，标示着教学对象的学习需求、目标和价值导向正在发生显著变化，他们对于教学的内容、方法、互动、评价、条件等方面的要求越来越高、越来越体现代际特色。课堂教学的变化主要指教学设计，内容组织、方法运用、评价反馈等领域出现了一些跟不上实际需求变化的情况。时代环境的变化是指思政课教学所处的时代环境发生了重大变化。在上述三大领域发生重大变化之际，民办高校应该及早准备，运用课程评价技术，来准确研判这些变化及其给思政课教学带来的综合影响，为开展民办高校思政课教学改革奠定基础。

一、教学对象变化研判

思政课的学习主体是学生，课程实施的满意度也基于学生，学生应该是评价思政课教学的主体。没有大学生的接受，就不存在思想政治教育的实效性。因此，研究思政课教学的变化与挑战，首先要就是研究学生群体的变化。现实情况是思政课教学实践存在着忽视学生群体变化的现象，特别是对民办高校大学生的心理特点、学习规律、思想发展研究不够。面向未来，学生代际更迭、时代奔涌向前，思政课教学理念必须随之发生变化，才能因势利导，使民办高校的思政课教学具有针对性、实效性和科学性。

（一）教学对象研究

新时代大学生的心理特点、性格特征、价值取向、兴趣爱好、思考方式等主体特征都将成为影响教学的重要因素，需要思政课教师仔细观察、认真研究。教师只有充分研究和掌握教学对象，开展有针对性的教学设计，思政课教学才能做到有的放矢，避免课堂上思政课教师的"自话自说"和"无病呻吟"，进而保障教学质量、培养可靠人才。

一要注重对大学生性格特点的研究。新时代的大学生思想奔放，具有鲜明的个性特征；其不同的生活背景，包括家庭经济因素、文化因素、社会经济发展和时代背景等，决定了大学生的群体特征与价值共识。

二要注重对大学生认知建构的研究。随着高等教育大众化的深入，升学门槛越来越低，民办高校生源质量有所下滑。为此，要充分关注大学生的学习基础、学习习惯、学习能力和综合素养。对于思政课教学而言，尤其要关注大学生的学科背景，将其作为思政课分层分类教学的重要参照。此外，大学生的恋爱观、就业观、文化观、价值观、消费观、生活方式以及学习动力机制等都需要重点关注，这对开展针对性的教学设计尤为重要。

三要注重对大学生价值取向的引导。随着文化多样化的日益交融，大学生成长受到多元价值观的影响日渐增强。其是非观、政治观、世界观、人生观、价值观的形成和巩固，需要通过思想政治教育和思想政治理论课加以正确的引导。开展新时代的民办高校思政课教学，必须深入研究大学生的思想行为特点，在研究其思想行为、情绪控制、网络原住民等特质之外，认真研究其潜藏着的其他特征。

（二）教学针对性研究

学生是学习的主体，是思政课教学目标和质量的体现。加强教学对象研究，是提高思政课教学质量的关键所在和重要路径。思想政治理论课如何教学生，就是要解决教学针对性的问题。民办高校要根据大学生的性格特征、学习认知基础、价值判断等要素，及其对思政课的目标追求、需要、期待和评价来开展针对性的思政课教学实践。

一方面，要加强对大学生思维模式的研究。思维模式关系学习接受模式，进而要求匹配教学模式。研究大学生的思维模式，主要有三个方面：一是研究大学生是如何思考的。即搞清楚他们的思维逻辑是什么，有什么优势和缺憾，针对优势加以促发，针对缺憾加以教育引导。二是研究大学生思维是如何转变的，转变模式是什么。从而能够有的放矢，开展更加高质量的教学。三是研究大学生思维是如何稳固的。培养正确的世界观、人生观、价值观，引导践行社会主义核心价值观，是思政课的重要任务。培育形成是一个阶段，形成之后的稳固是另一个进程，需要思政课教师设计一定的教学活动强化他们的思想观念，以有效引导其形成正确的观念。

另一方面，要加强对大学生学习需求的研究。供给与需求匹配不够是造成教学矛盾的主因之一。脱离实际需求的教学，等于放弃了教学主动权，进入被动状态。思政课教师要深入研究大学生的实际需求，例如内容上他们更喜欢案例、还是理论，文化观是从众的、还是批判的，生活困惑主要集中在物质还是精神领域，社交有无障碍，对于社会问题的认知是否成熟，等等。这就要求广大思政课教师开展广泛而又深入的调研、分析，弄清楚大学生的真实需求，并在教学中予以回应、指导。

二、课堂教学变化研判

研究表明，民办高校思政课教学质量受到课程价值认知与目标、教学内容与方法、教学互动与组织、学习投入与支持、学习成效与评价这五个方面的实际影响，主要差异体现在性别、年级、学科专业、家庭经济情况等七个方面。同时，思政课教学质量还受到教学对象变化、教学团队建设、教学条件保障等方面因素的影响，尤其在师资数量、结构、梯队、领军人才等方面存在着显著不足。思政课教学规划设计、组织管理、教学评价等领域也存在诸多问题，迫切需要改革。思政课教学方法、互动教学、组织实施、学生学习成效评价等领域创新乏力，导致思政课教学质量不佳。上述问题的堆积成为制约和阻碍思政课教学改革发展的关键因素，迫切需要厘清、解决。面向未来，思政课教学依旧会面临教学设计、教学方法、教学组织、教学评价以及教学内容等领域的问题，既有以往问题的延续，也会有新环境下产生的新问题，要开展思政课教学改革，必须对未来可能面临的教学问题给予充分关照。

（一）教学规划设计科学性有待加强

思政课教师在规划设计课程教学时要充分考虑思政课的政治性、阶级性、时效性和社会性等特殊性，不能被西方势力和错误思潮所左右；要注意课程教学与现实问题和需求的对接，使两者能够融通、融进、融合。建构主义学习环境下的教学设计要求加强以学生为中心，激发学生的主动性，发挥首创精神，将知识外化和实现自我反馈等。从建构主义视角来看，既往思政课教学设计存在诸多问题：一是教学设计未以学生为中心，未充分考虑大学生的实际需求；二是教学设计未考虑思政课的课程特征；三是教学设计未充分考虑思政课的系统性建构。未来一定要针对上述问题进行针对性研究、设计，予以补强。

1. 教学设计须充分呼应大学生的需求

面对新时代大学生，开展思政课教学一定要更加关注学生需求、更加关注师生角色调整。具体包括以下方面。

一是更加关注学生的主体性需求。学生是学习主体，且在不断变化发展，如思政课教师对学生的需求和变化研究不够，教学的针对性必然受到影响。当前教学更多偏重于课程内容的推进、理论逻辑的推理和教学任务的完成，对于教学是否符合学生特点、是否符合学生需要、是否能够激发学生学习动力等方面考虑和设计明显不足。

二是更加关注课程教案的灵活设计。一直以来，思政课教材、教学大纲和教案是课程教学的主要依据，基本上每门课程均按照教材、教学大纲和教案来开展教学，但是上述教学要素强调的是逻辑系统性，时效性、针对性相对较弱。面向信息时代，资讯爆炸、即时传播、无中心化特征显著，教学设计必须更加灵活，更加强调时效性和针对性。

三是师生角色调整。新时代大学生思想更加开放多元，喜爱交际、乐于表达，也更善于从不同视角看待问题，实际教学不应局限于传统的师生关系和教学课堂。但当下的课堂还是以教师讲学生听的传统教学为主，无疑满足不了学生的实际需求，必须加以调整。

2. 教学设计须充分考虑课程本体特征

思政课各门课程内容和教学组织实施形式均有所不同。比如，"毛泽东思想和中国特色社会主义理论体系概论"以马克思主义中国化为主线，以中国特色社会主义建设为重点，旨在培养大学生运用马克思主义理论分析和解决实际问题的能力。"思想道德与法治"是进行社会主义思想道德和法制教育，帮助学生增强社会主义法治观念，提高思想道德素质，解决成长成才过程中遇到的实际问题。"马克思主义基本原理"和"中国近现代史纲要"内容也各有侧重，发挥不同教育功能。不少民办高校在制订思政课教学大纲时并未充分考虑不同课程的具体情况。为此，适应思政课本体特征，要做到三个方面。

一是理论课要适度强调政治性。虽然政治性是思政课的基本属性，应当予以重视并加以落实。但在教学设计阶段，应该重点考虑如何将政治性落地、推进到实践中去，要将政治性、逻辑性与教育性融合，不应一味只强调政治性。

二是实践教学要注重问题导向。部分民办高校和教师还存在着大而全的思想，实践教学案例设计偏大、远离学生生活实际，对社会和时代发展中的问题解读、分析不够，弱化了实践选修的问题导向功能。

三是要加强思政课教学的整体设计。部分民办高校马克思主义学院主体作用发挥不佳，学科领军人才、课程团队的协作性不佳，导致各门课程之间常有"打架"之事，导致案例同质、方法重样、实践同台，课程教学区分度不高。

3. 教学设计须充分考虑课程系统性构建

课程的系统性构建是指教学设计、沙盘推演、教学预案的整体设计，提高教学的可控性。当前民办高校思政课教学中还存在一些建构问题，主要有三个方面。

一是课程教学照本宣科。大学生具有良好的政治理论知识和素养，欠缺的是系统化的引领和点上深度的解读。不少思政课教师惰于创新，在设计阶段基本没有前期的沙盘推演，没有预设好课程重点和难点以及精讲和简略的部分，随性发挥成分较浓。

二是课程教学预案不足。不同课程在不同阶段都会出现各种各样的突发问题和挑战，比如学生的疑问如何解答、教学设备故障如何避免、实践环节如何更具体验感等，这些都需要在课程设计中加以考虑，提前预判做好预案。

三是课程设计系统化思维不足。教师教学按照教材章节循序渐进，整体没问题，但在课程设计阶段就应该深入挖掘章节之间的逻辑关系，研究整个课程体系，适当结合学生特点、教学条件、时代背景进行微调，以更加契合现实情况，即将教材体系转化为鲜活的教学体系和认同的价值体系。可见，改变教学模式、加强教学预案、预先设计教学是思政课教学系统性建构必须解决的关键问题。

（二）教学方法创新力有待加强

教学内容与方法至关重要，部分民办高校为提升课堂教学效果，认可教师结合所授课程特点和学生特点、学习重点、社会热点，探索并实施的微视频、课堂讨论、参观交流、情景创设等教学方法，大大增加了学生的参与度和获得感。这种创新揭示了既往教学内容与方法的协同问题。

1. 教学内容与方法的匹配运用不当

根据调研情况，思政课教学方法多，如传统的讲授法、多媒体教学法，新式的翻转课堂、慕课等，但仍在内容与方法的匹配、灵活运用方面存在不足。比如多媒体教学变相照本宣科、实践教学止步于面子工程。

2. 创新动力不足

创新设计一种新的教学方法需要花费很多的精力、时间，还要团队合作，共同在实践中运用检验并最终成型。由于思政课教师整体创新能力不够，加上主观能动性不足、激励政策措施不够等问题，造成教师开展教学方法创新的动力不足。

3. 新教学方法实施困难

一种新的教学方法要在一定范围内推开，需要得到任课教师、主管学院、教学主管部门以及学校领导的大力支持和学生的普遍接受，否则难以推进实施。所有环节都要打通、协同，这需要有强大的人力、物力、财力作支撑。如向外推广则更耗时力、可见新的教学方法实施不易。面向未来，思政课教学方法创新必须加强，必须更加关注内容与方法的协同，制订各种政策激励教学团队创新教学方法并推动实践运用，从而将方法效力最大化。

（三）教学组织实施有待加强

教学组织实施是推进整个教学向前发展的关键，思政课教学应该优化教学组织。当前教师教学组织与实施形式陈旧，适应不了新时代大学生的需要，主要表现在四个方面。

一是课堂以大班额教学为主。多数民办高校思政课班额均在80～100人，一部分民办高校班额在100～150人，极个别民办高校班额超过150人，个别课堂次采用报告式，规模会达到500人左右，如此规模的课堂，教学质量势必堪忧。造成大班额教学成为普遍现象的原因有很多，思政课教学的生师比高是主要原因之一。

二是不能及时创新方式方法。对于学生来说，思政课不是一门"新"课，如果组织形式没有新鲜感，即便老师付出再多心血，学生也难领情。

而创新则会改变这一局面。只有不断推进思想政治理论课的理论和实践教学的改革创新，才能不断提升教学实效。

三是课程体系的系统支撑不够健全。民办高校要优化课程考核评价工作的组织与实施形式，增加教师教学培训机会，提高教师组织管理经验，借以夯实思政课教学质量基础。思想政治理论课包含的历史逻辑、理论逻辑和实践逻辑是彼此连贯的，这客观上需要加强课程体系建设。

四是课堂教学师生互动不足。教师教学组织引导不够、课程内容单调乏味、教学方法运用不当，教学设备更新不足等是造成以往思政课教学互动不足的主要原因。无论线上教学还是线下教学，未来都要加强调整组织、内容与方法体现，加强师生在教学中的互动。

（四）教学评价与反馈有待加强

优秀的思想政治理论课教师应是信仰坚定的马克思主义者、学养丰厚的专家、言行一致的楷模、诲人不倦的良师益友。提高教学质量是每位优秀的思政课教师的必然追求，但教学质量如何评价却是一个充满困惑的问题，需从以下几方面加强。

一是评价诊断功能落实要到位。当前课程教学评价主要有领导听课、同行评价、督导评价、学生评价等多种方式，但是真正落到实处、能够起到督促作用的少之又少，多数是走形式、浮于表面，没有深入到教学问题的深处，寻找教学问题的关键和根源。

二是要以评价推动实践发展。随着评价科学的不断发展，评价理念、评价方法越来越多，要改变理念在前面跑、实践在原地踏步或后退的情况，应发挥理念的牵引力，推动实践发展。

三是加强评价反馈，及时改进落实。大部分的评价结果多以分数量化的形式发给教师，反馈教学问题及不足的报告少，面对面评价反馈沟通几乎没有，针对评价反馈的督促整改有待加强。

（五）教学内容创新有待加强

内容是事物一切内在要素的总和，是事物存在的基础。思想政治理论课能否发挥育人作用关键在于教学内容。教材是思政课教学的基础和标准，教材的内容体系、逻辑思路是思政课教师开展教学实践的主要参照。

不过在实际的课程教学中，往往存在照本宣科、案例远离生活实际等问题，究其原因主要有以下几个方面。

一是教材内容时代感不够强。教材内容相对抽象，更新缓慢。一些核心内容相对不变，不容易讲好，这增加了教材体系向教学体系转化的难度。不同教师对教材内容掌握程度的不同，不可避免地出现随意删减教材内容的问题、教条主义的问题。

二是教学案例选择不够恰当。多数案例远离学生生活实际，有些看似"高大全"，实际上没有教学意义。此外，案例教学信息挖掘不全面、不客观，导致案例分析教学不严谨、不科学，容易造成理解误差、教学误差。

三是理论讲解深入浅出不够。理论不能浅尝辄止，讲解不能浅入浅出。现在的大学生基本具备了一定的政治理论素养，教师可以从点上讲深讲透，但在实际教学时停留在皮毛层面的多，缺失了理论应有的美丽，吸引力不足。

四是实践教学的主题选择不新颖。民办高校实践教学创新不够，多选择调研类、观读类、竞赛类项目，还有一些民办高校整合周边的教育资源作为实践教学基地。应该说实践路径相对丰富，但在主题设计方面新意不足，不同科目之间甚至出现重复安排，使得学生产生乏味感、倦怠感。

总之，从问卷评价和访谈评价两方面结果来看，思政课教学团队、课程价值认知与目标、教学内容与方法、教学互动与组织、学习投入与支持、学习成效与评价教学条件等领域存在一些实践性问题，未来这些问题可能继续存在，也可能发展出新的问题。思政课教学变化将更加复杂，必须加强前瞻性研究，为制定民办高校思政课教学改革方案打下坚实基础。

三、时代环境变化研判

环境育人是人才培养的重要路径和方式。当教育环境发生变化时，民办高校要根据教育环境变化的情况，开展有针对性的教育教学改革，以适应环境变化要求，保障人才培养目标实现。鉴于思政课的政治性、阶级性和实效性以及社会性、民族性和专业性等特殊性，政治环境、经济环境、文化环境、网络环境等因素对思政课教学影响显著。同时随着全球化的深入、新时代的发展、网络技术的进步以及多元文化的激荡交互，思政课教学环境面临巨大变化。要在复杂多元的价值传播战中赢得大学生信任、坚定大学生信仰、引领大学生发展，就必须加强学生思想引领工作的针对性和时效性。思政课教学尤其应该关注时代环境变化带来的多元价值传播影响。

（一）新时代政治教育新要求

中国特色社会主义进入新时代，需要中国高等教育为新时代的意识形态建设做出更大、更全面的贡献。思想政治教育是社会主流意识形态建构、维护与发展的特殊政治实践活动，贯穿和推动法治建设的始终。因此，社会主义法治国家建设对思想政治教育功能提出了更高的要求。思政课是推动这一功能实现的主要渠道。

2018年6月5日，新时代全国高等学校本科教育工作会议精神为：坚持"以本为本"，推进"四个回归"，加快建设高水平本科教育、全面提高人才培养能力，造就堪当民族复兴大任的时代新人。这既是对高等教育本科教学的要求，也是对高校思政课教学的基础要求。

坚持"以本为本"，推进"四个回归"，是当前落实本科教育工作、推进本科教学改革、提高人才培养能力、建设高水平本科的重要法宝。坚持"以本为本"是对本科教育教学的价值再定位，要求本科教学回归常识、回归本分、回归初心、回归梦想。"回归常识"是指要围绕学生刻苦读书来办教育，引导学生求真学问、练真本领，对大学生要合理"增负"，真正把内涵建设、质量提升体现在每一个学生的学习成果上。"回归本分"是要引导教师热爱教学、倾心教学、研究教学，潜心教书育人，坚持以师德师风作为教师素质评价的第一标准，在教师专业技术职务晋升中实行本科教学工作考评一票否决制。"回归初心"是要坚持正确政治方向，促进专业知识教育与思想政治教育相结合，用知识体系教、价值体系育、创新体系做，倾心培养建设者和接班人。"回归梦想"是要推动办学理念创新、组织创新、管理创新和制度创新，倾力实现教育报国、教育强国梦。

培养社会主义建设者和接班人必须提高政治站位，要深刻认识到培养社会主义建设者和接班人是对教育工作提出新的更高要求；必须扎根中国大地，坚持马克思主义指导地位、加强和改进思想政治工作、传承和弘扬优秀传统文化；必须把握时代要求，把握好理想信念这一核心要求、把握好家国情怀这一不竭动力、把握好过硬本领这一基本前提、把握好顽强奋斗这一精神状态；必须提升育人能力，完善教育体系、健全人才培养体制、改善育人条件、深化教师队伍建设改革；必须加强党的领导，要把党的政治建设摆在首位，教育引导广大干部师生坚决维护习近平总书记党中央的核心、全党的核心地位，坚决维护党中央权威和集中统一领导，自觉在思想上、政治上、行动上同以习近平同志为核心的党中央保持高度一致。这些为思政课标定了坐标，即思政课的第一属性是政治属性。新时代对思政课的要求更高，体现在更加强调思政课的政治属性，更加强调培养建设者和接班人，更加坚持立德树人，把思想政治工作贯穿教育教学的全过程。

（二）全球化进程提出新要求

全球化本质是经济的全球化，政治、文化的全球化是由经济全球化发展、延伸而来的。全球化推动了各地经济往来，推动了世界一体，形成了你中有我、我中有你的世界局面，不再是各个国家之间绝对独立的状态，各国经济、政治、文化、社会、意识形态等都充分交融，使得全球化对所有人、所有国家的影响都越来越大。

1.高等教育要支撑经济全球化发展

全球化以经济为第一表现方式，推动了全球经济贸易的快速发展，使各国经济相互融合、协同发展，极大地促进了科技、文化、教育的全面发展。作为基础，经济的发展带动和支撑了高等教育的快速发展，尤其是改革开放以来，我国高等教育快速发展，高校规模、教师规模、学生规模都得到空前发展，人才培养数量、质量也在不断发展。与经济发展促进高等教育持续发展相比，高等教育发展支撑经济全球化发展力度显著不够。高等教育的人才培养质量、数量以及学科专业方向，与经济社会发展需求存在一定的错位，未能形成最佳的支撑形态，这成为思政课教育乃至整个高等教育必须面对和解决的问题。

2. 思政课要适应经济全球化发展

经济全球化，因其经济活动形式的转变和界限的打破，使得其形式衍生发展到贸易全球化、投资全球化、金融全球化、生产全球化、技术和信息全球化以及人力资本的全球化。这六大领域的全球化发展和变化使得高校思政课教学环境由封闭走向开放、由可控性转向复杂性。经济全球化直接促成了高校校园环境的发展，校园环境的变化会带来更深层次的价值观念的变化。如经济全球化下如何爱国，思政课教师要讲清楚。因此，思政课教学队伍是否有全球视野，是否了解国际经济发展趋势，是否能够认识到国际交流的重要意义，是否能够对国际经济生活中的热点事件进行客观解读和正确引导，成为影响思政课教学质量的关键。

3. 思政课要应对政治多极化冲击

政治多极化主要表现在两个方面：一是区域性、国际间的政治组织越来越多，使全球政治格局由单极转向多极，传统的政治平衡不断被打破、重组、再平衡；另一个方面是西方发达国家的价值观念也在世界范围内传播，使众多国家的传统价值体系受到挑战。在我国，政治多极化及其携带的价值体系不断对马克思主义的指导地位和传统道德价值体系带来冲击。越来越多的西方民主政治思想、极端宗教思想渗入大学生生活之中、论于课堂之上，对一部分大学生思想产生冲击。这些冲击隐藏在复杂、多变、矛盾的国际政治环境中，要求民办高校对思政课教学内容体系进行优化、完善、重构、发展。其中，如何认知全球化政治立场冲突，如何理解政治多极化现实矛盾，如何审视和判断全球化价值体系等应是发展思政课教学内容体系的重要方面。

（三）网络信息技术高速发展

1. 信息化加速了信息流动

网络具有即时性、广泛性和蔓延性等特点，信息一经发布便可即时在网络上传播，任何人群都可以看到，再通过人群间的传播加速蔓延。这使得学生信息渠道更加多元、获取更加迅速、来源更加开放，不再单纯依靠课堂来获得知识。这就要求思政课教师储备更多的知识和资讯，为大学生提供更加完善、准确和及时的指导，帮助他们建立科学、客观和辩证的价值判断体系，以更好引领成长，使之树立正确的世界观、人生观、价值观。

2. 信息化消解了权威

首先是消解了教师的权威，学生可以从网络上找到更加权威的资讯与教师互动，甚至是挑战教师；其次是消解了教师的话语权，网络新媒体的去中心化，使得交流更加均权、平等，不再以教师为中心；再次就是消解了教学组织形式，网络平台可以组建不同群体，不再是传统的班团建制，也不是选课式的班级制，可以通过微博、微信群、QQ群等社交类APP群的交流方式，甚至是游戏团队，都可以成为他们互动学习的平台。这就要求民办高校推进思政课教学变革，载体不应局限于课堂、形式不应局限于讲授、角色不应拘泥于师生、内容不应困守于教材，即思政课教师要加大教学变革力度、丰富教学内容、创新教学方法、破解信息化带来的各类冲击。

3. 信息化搭建了桥梁

信息化在一定领域内发挥了消解的作用，但在另一部分领域内则起到了构建桥梁的作用。首先，信息化丰富了交流渠道。信息化可以将老师和学生24小时无缝连接起来，搭建更为畅通、便捷的教学互动平台。其次，信息化丰富了教学方式。信息化推动了多媒体、翻转课堂、慕课等教学方式方法的广泛运用，使得思政课教学形式更加多样。此外，信息化加快了知识更新。信息化可以将前沿资讯、知识更快地传递到师生之间，师生可以运用最新的知识开展教学互动，以达到更好的教学效果，提升思政课教学的实效性。

总而言之，信息技术的发展对思政课教学既带来了机遇，也带来了挑战，形成一种双刃剑模式。如不能很好地迎接这些挑战，教师课堂主导权、话语权就会被信息化消解，沟通力、有效率也未能借信息化实现提升，这将使得思政课教学呈现颓势。

（四）多元文化激荡的新要求

全球化加速了世界各洲、各国、各地区之间的文化交流，加强了区域之间的文化互动交融，提高了文化互动的频率，使得多元文化频繁交互成为常态。

1. 流行文化导向泛娱乐化

文化交融的一个显著特征就是流行文化的迅速发展，好莱坞、宝莱坞等电影走进世界各个角落，流行音乐通过网络散播到全球各地，流行文化成为全球范围内各国人民的娱乐内容，深刻影响着在校大学生。大学生语言能力普遍较强，具备以英语为代表的多语种娱乐文化项目的参与能力，他们可以选择全球范围内的、自己喜爱的、内涵和形式多样的流行文化成为他们日常文化娱乐生活的主要元素，这些文化对其成长发展将产生很大的影响。

2. 文化价值观相互激荡

全球化进程中文化价值观也在随着经济、文化等内容传播到世界各地，使其与本土文化价值观发生交融、激荡甚至是冲突，成为引发社会动荡、军事冲突的关键因素。尤其是极端宗教文化的传播在世界多地造成严重后果，恐怖主义盛行；以西方普世价值观为代表的全球传播与发展中国家信仰和价值体系出现冲突。近年来，西方普世价值观的传入，极大地冲击了我国马克思主义指导地位、中国优秀传统文化生活主导地位，使得部分大学生理想信念模糊、价值取向扭曲、社会责任感缺乏。我国正处于价值冲突剧烈的社会转型时期，面对文化竞争，我们必须弘扬优秀民族传统文化，确立社会主义核心价值体系，汇聚民族精神，不断增强民族文化认同。

3. 科技文化相互叠加

以高校为代表的科技、教育、文化领域的国际交流，使得国际科研合作越来越多、顶尖科研进展越来越迅速、管理和运行机制的相互借鉴越来越深入，师生间的互动交流越来越频繁，产生了国际间的联合科研实验室、联合发表顶科研成果、联合办学、联合推进交流项目等。随着民办高校的国际化，越来越多的大学生走出国门、走向世界、他们从"2+2""3+1"等各种模式的合作办学平台，走出国门获得双学历、双学位。通过寒暑假短期游学，体验国外高校教育教学内涵，通过参加国际竞赛，与世界各国大学生展开科技竞争。这些项目以学历教育、游学、科技竞赛等为交流载体，推动师生、学校之间教育科技文化互动。

4.节日文化影响深入生活

改革开放以来，国外节日文化传入我国并产生深远影响，比如情人节、圣诞节、感恩节等，不少节日都带有浓厚的宗教属性，但却在国内获得广泛响应。大学生们曾一度热衷于这些节日，从生活上、心理上都在不断接受这些节日以及这些节日所传递的价值观，这对思政课教育教学产生过非常大的冲击和影响。但我们也欣喜地看到，近些年这些"洋节"在青年学生中也越来越没有市场，绝大多数学生都能理性对待。这里离不开思政课的正确引导，更多的是青年学生对于中国传统文化的认可。

5.消费文化矛盾日渐凸显

发达国家信用卡式的透支消费文化逐渐传入我国，使得透支消费成为一种普遍现象。尤其值得注意的是，一些大学生已经改变了其父辈还留有的储蓄习惯，接受并开始实践透支消费文化，一时之间校园贷、裸贷等问题迭出、影响深远。这就需要广大思政课教师针对性地开展案例教学，引导广大青年大学生树立正确的消费观，提高自我保护意识、谨慎消费，避免出现过度消费、透支消费的情况。众多文化内涵的冲突、文化形式的激荡和文化载体的叠加，使得思政课教学面临的文化挑战越来越强、越来越深，泛娱乐化使得部分学生对政治漠不关心，文化价值观的冲突使得部分学生对传统文化和马克思主义文化将信将疑，科技文化相互叠加使得科学主义占据主导地位，普世民主制度泛化使得部分学生盲目听从，宗教节日将宗教价值观送入学生内心深处，使得部分学生迷信宗教，高消费等各种享乐主义盛行。如此种种，多元文化激荡冲击影响越来越显著，高校思政课必须予以干预并加以应对。

当前，民办高校思政课教学面临对象之变、课堂之变和时代环境之变，涉及学生及其需求、教学要素和全球化、信息化、多元文化等方面因素的影响。从某种意义上来说，变化是挑战，也是机遇，只要善加研究、合理应对，思政课教学的未来必然值得期待。

四、推动民办高校思想政治理论课改革创新

进入新时代，肩负培育担当民族复兴大任时代新人的高校思政课，面

临建设的新情况、实践的新要求、学生的新期待，需要立足时代前沿，回应发展期待，把握民办高校思政课发展大势，深刻理解、统筹把握中华民族伟大复兴战略全局和世界百年未有之大变局，不断推进新时代民办高校思政课的改革创新。

（一）加强教学改革针对性

新时代民办高校思政课的改革创新，要始终坚持以学生为中心，围绕学生，关爱学生，服务学生，从学生的思想实际和成长需要出发，加强针对性，有的放矢地推进供给侧改革，全面提高创新创造的供给能力，更好地满足学生思想道德素质提升和全面发展的需要。

1.注重学生成长的代际性

每个年代的大学生，他们生活的环境、成长的特点、自身的需要不同，接受马克思主义理论教育的规律也不相同，呈现出明显的代际差异。进入新时代以来，高校学生群体的主力军是"95后""00后"，这一代青年成长于改革开放和社会主义市场经济深入发展的阶段，成长于国家富强、民族振兴、国民经济快速发展时期，生活环境和物质条件较之前有了很大改善，他们既享受着相对丰富的物质生活和精神生活，也面临着巨大的就业压力和竞争压力。同时，这一代青年也是网络环境下成长起来的一代，无人不网，无时不网、无处不网，是"网络原住民"。网络深刻影响和改变了青年学生的学习方式、思想方式、生活方式和行为方式，网络上各种社会思潮和思想观点也渗透到青年学生之中，影响青年学生的思想观念和价值取向。他们强调个性发展，喜欢接受挑战，热衷突破自我，是注重追求自我价值的一代；他们善于独立思考，积极表达观点，注重人生选择与成长发展，能够意识到自己的社会角色，希望能产生影响力，是务实的一代。因此，面对这一代青年学生的差异和特点，民办高校思政课要有针对性地进行改革创新，把大众化传播与分众化、差异化传播方式结合起来，把满足学生的个性化发展和共同性成长需要结合起来，选择符合当代学生特点的教学内容与教学方式，更好地满足学生成长成才的需要。

2.注重学生学科的差异性

不同学科、专业的学生，因学科的性质、特点不同，知识结构不同，学习研究方法不同，马克思主义理论功底不同，对马克思主义理论同本学科专业结合的理解不同，因而学习马克思主义理论的需要、特点和接受规律都不相同。民办高校思政课教学除了要从整体上把握学生的一般特点外，还要依据不同学科、不同专业、不同知识结构学生的具体特点，进一步强化教学针对性，紧密结合学生的学科专业开展马克思主义理论教育，把学习马克思主义理论与学习学科专业知识紧密结合起来，因地制宜，因材施教，不断提高思政课的吸引力、亲和力和引导力。

3. 注重学生发展的层次性

民办高校思政课教学对象，有专科生、本科生和硕士生，具有不同的层次。不同层次的学生，发展起点不同、理论基础不同、学习能力不同、研究兴趣不同、思维方式不同、成长心态不同，具有不同的特点和明显的差异。民办高校思政课的改革创新，也要根据教学对象的层次性，体现教学目标、内容和要求的层次性，更好地满足学生不同层次的需要。

（二）增强改革时代性

进入新时代，中国特色社会主义理论与实践取得了创造性发展，国内外形势发生了重大变化，随着互联网、大数据、人工智能等技术的飞速发展，其日益深刻地影响着社会生活和青年学生的思想行为。面对时代发展的新形势、新问题、新挑战，民办高校思政课要深化改革创新，增强时代性，着力推进马克思主义时代化，回答和解决时代发展提出的新课题。

1. 要充实新思想

十八大以来，以习近平同志为核心的党中央团结带领全党、全国人民奋力推进中国特色社会主义建设事业，我国经济、政治、文化、社会、生态文明建设等多个领域均取得了全方位、开创性成就。总结实践经验，集中全党、全国人民智慧，形成了马克思主义中国化的最新成果——习近平新时代中国特色社会主义思想。新时代民办高校思政课改革创新，要充分吸收这一最新成果，不断推进习近平新时代中国特色社会主义思想进教材、进课堂、进头脑，与时俱进，坚持用习近平新时代中国特色社会主义思想铸魂育人，把青年学生培养成为拥护党的领导和我国社会主义制度，立志为中国特色社会主义事业奋斗终生的有用人才。

2. 要拓展国际性

随着改革开放和社会主义现代化建设的发展，中国综合国力迅速提升，中国日益走近世界舞台的中央。这就意味着，新时代的中国不仅将更深刻改变自身发展进程，同时也将更深刻影响世界历史发展。正如习近平主席在二〇二三年新年贺词中指出的那样，"今天的中国，是紧密联系世界的中国。"中国的发展离不开世界，世界的繁荣也需要中国。中国开展全方位、宽领域、多层次的对外交流合作，也是适应当今世界百年未有之大变局，顺应世界之变、时代之变、历史之变的必然选择。面对国际发展趋势，中国方案、中国担当、中国智慧必将为世界注入更多稳定性和正能量。新时代民办高校思政课要以更加开阔的国际视野，引导大学生科学分析和判断当前国际形势，正确认识中国和世界发展大势，加强国际比较，认识中国发展道路的特色、优势和成就，深化和强化中国发展道路的认同和自信。"不畏浮云遮望眼"，"咬定青山不放松"，坚定走中国特色社会主义道路的政治信念，厚植爱国主义情怀，把爱国情、强国志、报国行融入建设社会主义现代化强国、实现中华民族伟大复兴的奋斗之中。

3. 要运用新载体

信息时代互联网特别是移动互联网技术的迅猛发展，推动了新媒体、多媒体、融媒体、全媒体、自媒体及其新兴衍生媒体的产生，全时空、无障碍渗透到青年学生的学习生活之中，深刻改变了青年学生获取信息、学习知识、沟通思想、交流情感、开展交往的方式，对青年学生成长发展的影响越来越大。新时代民办高校思政课的改革创新，要适应这一新情况，充分利用新的网络载体，不断创新教学载体和教学方法，加强交互式、立体性、可视化教学，将深刻的理论教学内容以更加生动活泼的方式呈现出来，增强思政课的魅力，拉近思政课与学生的距离，不断提升教学的吸引力和感染力。

（三）提升教学科学性

新时代民办高校思政课的改革创新，要深入探索和自觉遵循课程建设的客观规律，循序渐进地开展教学，避免教学的纵向脱节和横向重复，推进整体优化，不断提升新时代民办高校思政课建设的科学性。

1. 加强衔接性

人的认知能力的形成发展具有规律性，不同年龄、不同学段、不同层次的学生，其认知能力的发展也不同。年龄越小，学段越低，层次越低，学生的认知能力就越低。年龄越大，学段越高，层次越高，学生的认知能力也就不断发展和提高。从小学到中学再到大学，学生的认知能力不断发展，民办高校思政课教学要遵循学生认知能力、理解能力和接受能力不断增强的规律，循序渐进地开展教学，逐步加深教学的深度和难度。小学讲故事，中学讲知识，大学讲理论；小学阶段重在启蒙道德情感，初中阶段重在打牢思想基础，高中阶段重在提升政治素养，大学阶段重在增强使命担当；由感性上升到理性，由初级发展到高级，逐步提升学生思想政治素质和综合素质。要加强和推进大中小学思政课教学一体化，加强大学与中学思政课衔接，防止和克服大学与中学思政课脱节的现象，形成紧密结合、循序渐进、螺旋上升的纵向发展机制。

2. 避免重复性

民办高校思政课建设要加强各门课程之间的相互协调，加强本科生、硕士生思政课程的协调，防止交叉重复。民办高校思政课中的每一门课程都有其设置的科学依据，都有自己的课程定位，都有需要通过这门课程解决的学生特殊的思想认识问题，并且具有这门课程需要培养和赋予学生的思想政治素质核心素养。本科生、硕士生的思政课体现了学士、硕士思想政治理论素质培养的特殊定位和更高要求。因此，要加强民办高校思政课建设的顶层设计和相互协调，在课程设置、教材编写、教师培训、集体备课等方面都要加强沟通，密切合作，协同创新，整体优化，形成合力，更好地发挥思政课不同课程的协同育人作用。

3. 体现规律性

新时代高校思政课建设和改革，要体现规律性，提升科学性。注重探索和遵循民办高校思想政治教育理论体系转化为课程体系的客观规律，不断提升思政课程整体设计的科学性，构建合理的知识结构体系；注重探索和遵循高校思政课程体系转化为教学体系的客观规律，不断优化教师、学生、教材、教法、教学环境等要素构成的教学体系，提高思政课整体的教育教学能力和水平；注重探索和遵循高校思政课教学体系转化为大学生综合素质体系的客观规律，将教师的主导性和学生的主体性有机结合，相互转化，引导学生自觉学习、钻研、掌握和运用马克思主义的立场、观点和方法，提高认识和解决现实问题的能力，并把改造主观世界和改造客观世界结合起来，将学习掌握的马克思主义科学理论知识，内化为自身的思想道德素质，外化为良好的行为习惯，坚持德才兼备，知行统一，内外兼修，从而更好地促进学生的全面发展和健康成长。

第三章　新时代民办高校思想政治理论课建设总体思路

　　青年兴则国兴，青年强则国强。青年大学生担负着中华民族伟大复兴的重要历史重任，影响着中国特色社会主义事业建设的成败。新时代民办高校同样承担着人才培养的重要职能，落实立德树人根本任务的光荣使命，要引导、培养青年大学生投身中国特色社会主义事业建设的伟业中去，就必须促使青年大学生认同中国、认同社会主义。对于民办高校来说，建好思想政治理论课是实现新时代育人目标的基本前提。

　　习近平总书记在学校思想政治理论课教师座谈会上的讲话指出，"办好思政课，最根本的是要全面贯彻党的教育方针，解决好培养什么人、怎样培养人、为谁培养人这个根本问题。""思政课是落实立德树人根本任务的关键课程，思政课作用不可替代，思政课教师队伍责任重大。"[①]

　　民办高校如何办好政治理论课？这更要强调党委重视、协调一致，务求实效的问题。"要用好课堂教学这个主渠道，思想政治理论课要坚持在改进中加强，提升思想政治教育亲和力和针对性，满足学生成长发展需求和期待，其他各门课都要守好一段渠、种好责任田，使各类课程与思想政治理论课同向同行，形成协同效应。"[②]为此，我们要从理论和实践各个层面进行相应的教学改革，否则，思想政治理论课教学就不会取得良好的效果。

---

① 习近平.思政课是落实立德树人根本任务的关键课程［J］.当代广西，2020（17）：4-7.

② 吴晶，胡浩.习近平在全国高校思想政治工作会议上强调把思想政治工作贯穿教育教学全过程 开创我国高等教育事业发展新局面［J］.中国高等教育，2016（24）：6.

习近平总书记还指出了推动思政课改革创新的"八个相统一"。坚持政治性和学理性相统一；坚持价值性和知识性相统一；坚持建设性和批判性相统一；坚持理论性和实践性相统一；坚持统一性和多样性相统一；坚持主导性和主体性相统一；坚持灌输性和启发性相统一；坚持显性教育和隐性教育相统一。

本章将尝试从解决当前民办高校思政课教学问题的角度出发，以健全思政课育人体系为依托，以全过程课程评价为视角，尝试性地提出民办高校思政课教学改革原则、思路和要求。

第一节　新时代民办高校思想政治理论课建设的基本原则

在任何国家，"为谁培养人、培养什么人、怎样培养人"都是高等教育必须面对的根本问题。我国是中国共产党领导的社会主义国家，我国的教育是社会主义的教育，必须全面贯彻党的教育方针，落实立德树人根本任务，用习近平新时代中国特色社会主义思想铸魂育人，引导学生增强中国特色社会主义道路自信、理论自信、制度自信、文化自信，厚植爱国主义情怀，引导学生将人生理想融入坚持和发展中国特色社会主义事业、建设社会主义现代化强国、实现中华民族伟大复兴的奋斗之中，引导学生坚定不移听党话、跟党走，努力成长为堪当民族复兴重任的时代新人。思政课作为落实立德树人根本任务的关键课程，作用不可替代，高校必须旗帜鲜明、理直气壮办好思政课。

民办高校办好思政课需要坚持哪些原则？讲政治、讲情怀、讲奉献，有高度、有深度、有温度，都是加强思政课建设的基本原则。但是，新时代以来，更重要的是推动民办高校思政课教学改革，这是新时代环境发展和教学质量建设的基本要求，它涉及一系列思政课程建设的诸多因素的根本动力，改革创新是思政课建设的源头活水。对照"教师主导、学生主体和教育环境影响"的高等教育教学过程的教学三要素理论，民办高校开展思政课教学改革更要坚持立德树人根本任务，并围绕这些方面开展改革和创新，从而为培养德智体美劳全面发展的社会主义合格建设者和可靠接班人提供强大的精神动力和智力支持。

一、坚持正确的政治方向

要坚持不懈传播马克思主义科学理论，抓好马克思主义理论教育，为学生一生成长奠定科学的思想基础。[1] 民办高校思政课是培养大学生形成正确政治观的主要途径，是培养大学生政治素质的关键平台。民办高校必须始终坚持思政课的政治属性，立足思政课的政治内涵，坚守思政课的政治导向，引导和巩固民办高校大学生坚定的政治立场和政治信仰。

（一）坚持思政课的政治属性

政治性是思政课的第一属性，是思政课的本质所在。教师开展思政课教学，首要目的是传递马克思主义及其世界观、方法论，教育引导大学生学习马克思主义及其中国化的理论成果和实践经验，不断树立正确的世界观、人生观和价值观，学会运用马克思主义的唯物辩证法和方法论去理解和看待当前社会现象和问题。其次是引导大学生正确认知新时代中国特色社会主义。中国特色社会主义是中国人民在中国共产党和几代领导人的领导下，不断努力、奋斗、实践所总结、提炼和发展出来的理论与实践成果，是马克思主义中国化的历史硕果，有必要将这些成果传授给当代大学生，使其能更加清晰地认知今日的中国来之不易，未来的中国更加值得期待。最后，思政课是大学生政治生活的重要内容，思政课要为大学生提供丰富的政治营养、生动的政治案例、深刻的政治理论，丰富其政治生活，助力其政治成长，为党培养新兴政治力量。

（二）丰富思政课的政治内涵

思政课是开展大学生政治教育的主渠道。思政课具有丰富的政治内涵，需要充分挖掘、阐发，供大学生汲取、助大学生成长。社会主义核心价值观是当前和未来思政课的核心内涵，是中国社会价值观的主导价值体

---

[1]　吴晶，胡浩.习近平在全国高校思想政治工作会议上强调把思想政治工作贯穿教育教学全过程 开创我国高等教育事业发展新局面［J］.中国高等教育，2016（24）：5.

系，是中国社会广大人民群众共同认可的价值判断，是大学生未来融入社会、贡献自我的思想和行为的价值基础。民办高校思政课必须将社会主义核心价值观讲授清楚，引导大学生开展具体实践，提高大学生的认知水平、深刻领会其内涵，才能促使大学生真学、真懂、真信、真用。马克思主义是思政课的理论基础和根基所在，马克思主义是世界观、方法论，是引领大学生走向政治成熟的关键。大学生普遍经过高考的洗礼，对马克思主义的经典理论和主要观点谙熟于心，但对于马克思主义的实践运用尚待提高，需要思政课发挥人才培养的重要功能，引导大学生运用马克思主义投身社会实践。"形势与政策"是思政课的发展契机。"形势与政策"是思政课的重要组成，体现了马克思主义在当代中国的最新实践，帮助大学生认清世界局势、中国发展，教育引导大学生全面认识、正确理解党和国家路线、方针、政策，具有非常强的时代性、实践性和综合性。"思想道德与法治"是思政课的社会接口。思政课归根结底要为政治生活和社会生活服务，该门课程就是思政课与社会的接口，是为大学生提供社会生活基本道德标准、守则和法律意识、法治精神的教育阵地，通过此课程大学生可以接受到更为深刻的道德训练和法治教育，从而更好进入社会、融入社会生活。

（三）坚守思政课的政治导向

思政课要培养可靠接班人，是未来接班人的练兵场。这块练兵场，必须政治过硬，必须坚守底线，必须"姓马（马克思主义）、认社（社会主义）、信党（中国共产党）"。思政课是党和国家开展政治教育的主渠道，是高校宣传党和国家重要政治决定的主要平台，是夯实党的执政基石的重要法宝，只有将思政课建设好，大学生才能更加认同社会主义，更好认知党和国家的基本路线、方针和政策，更加认可中国共产党的领导。思政课要为地方发展和稳定夯实基础。

政治引导是思政课的基本功能，以天然的政治导向性根植大学生对国家目标、国家任务的认同，强化立场性认知，自觉为国家使命贡献力量。一是形成国家目标认同。恪守政治认同、遵循政治引导，是思政课改革创新的初心与使命，以坚定的信念支撑、厚实的理论引导、渊博的思想探讨深化大学生的学理认知、政治认知。随着新媒体迅速发展，学生接收的信息体量逐渐加大，信息内容鱼龙混杂。为了保证大学生政治立场的坚定与纯洁，高校思政课要善用马克思主义的立场观点方法来分析、解决现实问题，塑造现代理性，在平等对话中呈现马克思主义科学性魅力，在沉着扬弃中强化马克思主义生命力的公信度，从而在认同马克思主义话语体系的号召中发挥思政课主流意识形态教育的凝聚力。二是形成国家任务动员。只有形成深刻的目标认同，才能更好地进行动员。在实现第一个百年目标之后，在乘势而上开启全面建设社会主义现代化国家新征程、向第二个百年目标进军之际，更应该强调发挥"集中力量办大事"的制度优势，形成广泛的任务动员。充分发挥高校思政课的使命教育功能，将学生个人发展同国家建设方向紧密结合，将自我安身立命、实现人生价值同报效祖国、振兴民族、贡献人类有机统一，根植民族精神教育、贯彻新发展理念，使思想政治教育深入人心。

（四）坚定大学生的政治信仰

有政治立场是前提，立政治信仰是关键。引导和培育大学生坚定政治立场是帮助其树立政治信仰的前提，是支撑其政治信仰从新生、发展到稳固的关键。培养大学生的政治信仰是思政课的主要目标和关键使命。

1. 提供政治信仰

思政课的核心是其政治性，关键是要把政治理论、基本方法、核心价值观传授给大学生，并指导大学生运用这些理论、方法和观点开展实践。马克思主义、毛泽东思想、邓小平理论、"三个代表"重要思想、科学发展观、习近平新时代中国特色社会主义思想等是思政课的核心内涵，是大学生开展政治学习和培育政治信仰的核心养料。思政课要将这些养料深入浅出地传授给大学生，帮助他们理解、吃透、弄懂、会用。

2. 树立政治信仰

为大学生提供政治信仰养料，主要目的还是为了引导大学生树立共产主义信仰。要引导大学生树立政治信仰，就必须在课堂内外密切运用理论与实践经验，指导大学生开展政治思考，提高政治意识，增强政治修养，引导大学生深刻思考马克思主义的核心价值观与方法论，使其成为大学生的思想和行为指导，将马克思主义内化于心、外化于行，真真正正地以马克思主义为其根本信仰。

3. 巩固政治信仰

信仰来而固之，则根深也。有了政治信仰，必须通过行动加以巩固，才能使其成为终身信仰。思政课教学初期需要引导大学生增强使用马克思主义的世界观和方法论来认知和理解世界的能力，之后需要推动大学生开展广泛深入的社会实践，进而增强其对现实世界的认知和领悟，还要加强其实践与理论的互动发展，并最终成为奠定其信仰的基石。有步骤、分阶段是大学生信仰发展的基本规律，新时代民办高校要充分掌握和遵循这一基本规律，针对性地开展各类教育实践活动，帮助大学生巩固政治信仰。

大学生走过少年时的懵懂，进入青年的觉醒时期，个人的世界观、人生观和价值观初步形成，信仰基础逐步形成，具体表现：一是大学生心理基本成熟、进入青年时期，标志着大学生身体发育进入稳定和成熟阶段，心理也随着身体的发育进入基本成熟时期。二是大学生政治价值观逐渐稳定。经过十多年的学校和社会教育，大学生开始拥有比较扎实的政治理论知识和基本的社会实践经验，能够比较深刻地理解政治价值及其意义，比较客观地看待政治生活中的不同状态和问题，能够相对客观和公正地认识和处理政治问题，这体现大学生通过多年的政治生活实践开始形成比较成熟的政治价值观，能够运用政治价值观指导自己的政治生活和信仰建设。三是大学生政治信仰基础扎实。大学生从小接受爱党、爱国、爱社会主义的教育和熏陶，普遍都拥有少先队、共青团的政治经历，对共产主义信仰并不陌生，对社会主义实践也有一定的了解。这一方面说明大学生接受过相当长时期、比较系统的马克思主义的教育熏陶，并在一定程度上接受和认可；另一方面大学生拥有在这条信仰道路上继续前行的条件，未来可以成为马克思主义的信仰者。不少大学生通过几年的努力，经历积极分子、预备党员的历练最终成为一名中共党员，这都说明大学生在前期的政治学习中形成了扎实的政治信仰基础。

（五）思政教师首先政治要强

习近平在2019年3月18日主持召开的学校思想政治理论课教师座谈会

上指出：办好思政课关键在教师，思政课教师政治要强、情怀要深、思维要新、视野要广、自律要严、人格要正[①]。习近平把"政治要强"放在首位，强调"政治要强，让有信仰的人讲信仰，善于从政治上看问题，在大是大非面前保持政治清醒"，这对思政课教师的政治素养提出了明确要求，为新时代思政课教师素养提升指明了核心和重点。思政课教师"政治要强"，就是要坚定政治信仰、增强政治定力、强化政治担当、严守政治纪律，更好地发挥其在办好思政课中的关键作用。其中，坚定政治信仰是"政治要强"的核心要求，增强政治定力是"政治要强"的必要方面，强化政治担当是"政治要强"的重要内容，严守政治纪律是"政治要强"的基本层面。这四个方面的落实，有助于思政课教师更好地担负起培根铸魂的政治使命。

1. 要坚定政治信仰

思政课教师坚定政治信仰，是落实立德树人根本任务的必然要求。每个国家都是按照自己的政治要求来培养人的，我们党着眼于党和国家事业发展全局，始终把培养社会主义建设者和接班人作为教育方针的重要内容。党的十八大以来，习近平从坚持好、发展好中国特色社会主义的战略高度，提出教育的根本任务是立德树人，强调"必须培养一代又一代拥护中国共产党领导和我国社会主义制度、立志为中国特色社会主义事业奋斗终身的有用人才"[②]。思政课是落实立德树人根本任务的关键课程，思政课教师要履行好对大学生进行马克思主义理论教育的重要职责，必须首先明道、信道，确立坚定的政治信仰。"让有信仰的人讲信仰"，才能做到政治立场不动摇、政治方向不偏移，在思想上、政治上、行动上始终与党中央保持一致，从而确保党的教育方针得到全面贯彻、立德树人根本任务得到切实落实。同时，坚定的政治信仰是"政治要强"的核心要求，思政课教师只有具有坚定的政治信仰，才能在错综复杂的社会现象中看清本

---

① 习近平.思政课是落实立德树人根本任务的关键课程［J］.当代广西，2020（17）：5-6.

② ②习近平：培养一代又一代拥护中国共产党领导和我国社会主义制度、立志为中国特色社会主义事业奋斗终身的有用人才［J］.中国人才，2019（04）)：2+1.

质，明确方向，保持强大的政治定力；才能从实现中华民族伟大复兴中国梦的战略高度，深刻认识担负的光荣而艰巨的任务，积极承担起传播马克思主义、培养担当民族复兴大任的时代新人的政治使命；才能深刻理解严格遵守政治纪律的必要性和重要性，自觉严守政治纪律。

首先，思政课教师要深刻理解和把握马克思主义。马克思主义信仰不同于宗教信仰，不是靠神秘的"顿悟"来获得，而是建立在对马克思主义科学性的深刻认知基础之上。"一个马克思主义者的信仰是否坚定，取决于它对马克思主义科学性的态度。越是深入地理解马克思主义的科学性，个人信仰越是坚定。"①因此，要坚定政治信仰就必须加强对马克思主义基本原理的学习和研究，"把读马克思主义经典、悟马克思主义原理当作一种生活习惯、当作一种精神追求"②，不断深化对马克思主义立场观点方法的领会和掌握，努力提升马克思主义理论素养。其次，思政课教师要加强对中国特色社会主义理论体系，尤其是习近平新时代中国特色社会主义思想的学习和研究。只有在深刻理解和把握中国特色社会主义理论体系的基础上，坚持用习近平新时代中国特色社会主义思想武装头脑，才能更好地坚定马克思主义信仰，坚定"四个自信"，坚定在中国共产党领导下坚持和发展中国特色社会主义的信念。

思政课教师要深刻理解和把握中华民族伟大复兴的历史征程。选择马克思主义和中国特色社会主义，是中国人民长期探索的必然结果。近代以来，马克思主义和中国特色社会主义在中国的生动实践，充分彰显了其科学性和真理性，使我们对信仰的力量有了更加深刻的感知。习近平指出："历史和人民选择马克思主义是完全正确的，中国共产党把马克思主义写在自己的旗帜上是完全正确的，坚持马克思主义基本原理同中国具体实际相结合、不断推进马克思主义中国化时代化是完全正确的！"③思政课教师要站在历史的高度，从实现中华民族伟大复兴的历史征程中，深刻理解

---

① 杨耕. 理论思考的痕迹——读《一位"85后"的马克思主义观》〔J〕. 光明日报（理论版），2020-04-18.

② 王伟. 把读经典悟原理当作一种生活习惯和精神追求〔J〕. 中国政协，2019（12）：60.

③ 本报评论员. 继续高扬马克思主义伟大旗帜〔N〕. 经济日报，2018-05-05（1）.

和感悟只有马克思主义才能解决中国的问题，只有社会主义才能救中国，只有中国特色社会主义才能发展中国，从而更加坚定马克思主义信仰和中国特色社会主义信念。

2.要增强政治定力

思政课教师增强政治定力，就是要在面对各种干扰、质疑和困惑时，在思想上政治上能够排除干扰、消除质疑、化解困惑，做到政治信仰不变色、政治立场不动摇、政治方向不偏移。政治定力作为政治信仰的表现形式，是检验政治信仰是否坚定的试金石，是"政治要强"的必然要求。

思政课教师增强政治定力，是应对各种干扰和挑战的迫切要求。当前，思政课教师的政治定力主要面临两个方面的严峻挑战：一是世情国情党情变化提出的挑战。从世情看，霸权主义和强权政治阴魂不散，地区冲突时有发生，贸易保护主义、单边主义、恐怖主义、气候变化等带来的威胁持续蔓延；从国情看，在实现中华民族伟大复兴的征程中，必然还会遇到很多可以预测和不可预测的困难和挑战；从党情看，党面临的执政环境还很复杂，影响党的先进性、纯洁性的因素仍然存在，党在思想上、组织上、作风上存在的一些突出问题尚未得到根本解决。这些变化提出了一系列重大的理论和现实问题：马克思主义如何回答和应对人类社会发展面临的新课题？走中国特色社会主义道路能否战胜民族复兴征程上的各种艰难险阻？新的历史条件下中国共产党还能不能带领中国人民走向民族复兴的光明前景？等等。能否正确认识和回答这些问题，是对思政课教师政治定力的重大考验。二是高校意识形态领域斗争提出的挑战。高校是意识形态领域斗争的前沿阵地。近年来，高校意识形态领域形势不容乐观："普世价值"、宪政民主、新自由主义、历史虚无主义以及质疑改革开放和中国特色社会主义性质的错误思潮，以种种包装在高校散布；境外宗教势力采取隐蔽多样的手段进行思想渗透；别有用心之人或打着马克思主义的旗号反对马克思主义，或提出"苏马非马""以儒反马""以西马释马"等错误观点混淆视听，等等。这些噪声甚嚣尘上，其要害就是"企图让我们丢掉对马克思主义的信仰，丢掉对社会主义、共产主义的信念"①，干扰马克思主义在我国意识形态领域的指导地位，也对思政课教师的政治定力提出了严峻挑战。因此，思政课教师必须不断增强政治定力，从而确保思政课正确的政治方向。

思政课教师要增强政治定力，必须在大是大非面前保持政治清醒。定力是由心而生的内力，思政课教师要把对马克思主义信仰的内在力量外化为应对外部各种干扰的自控力，在各种诱惑和蛊惑面前做到"乱云飞渡仍从容"，就必须在大是大非面前保持政治清醒，增强政治定力。一是在回答时代课题中彰显政治定力。习近平指出："站在历史前进的十字路口，我们应该认清世界大势，把握经济脉动，明确未来方向，解答时代命题。"马克思主义创造性地揭示了人类社会发展的一般规律，今天仍然是我们观察世界、分析问题的有力思想武器。思政课教师要运用马克思主义的立场观点方法，分析和回答时代提出的重大理论和现实问题，把握时代走向，看清人类社会发展的必然趋势，看清资本主义日益走向没落的历史命运，看清中国特色社会主义的强大生命力，看清中国共产党的强大凝聚力、战斗力和号召力，阐明马克思主义为什么"行"、中国特色社会主义为什么"好"、中国共产党为什么"能"等等，在回答时代课题中保持政治清醒，彰显政治定力。二是在反对和抵制各种错误观点中展示政治定力。思政课教师只有努力提高政治站位，善于从政治上看问题，提升政治鉴别力和敏锐性，才能清醒辨识各种错误观点和思潮，不为其迷惑和干扰。

如何增强政治定力？一方面，要科学区分政治原则问题、思想认识问题、学术观点问题，加强对各种错误观点和政治倾向的研究。另一方面，面对各种非难和非马克思主义的歪理邪说，要敢于发声亮剑，善于解疑释惑，作出理性回应。正如习近平指出的，"在大是大非问题、政治原则问题上没有'开明绅士'，一定要有鲜明的态度、坚定的立场，敢于站在风

---

① 习近平.在全国党校工作会议上的讲话［J］.求是，2016-05-01.

口浪尖上进行斗争"①，旗帜鲜明地反对和抵制各种错误观点。

3.要强化政治担当

思政课教师要强化政治担当、要有责任担当，就是要从全面建设社会主义现代化强国的战略高度，深刻认识自身在落实立德树人根本任务中的关键角色和重要作用，自觉肩负起引导大学生深刻感悟马克思主义真理力量、培养担当民族复兴大任的时代新人的光荣使命。强化政治担当是党的教育事业对思政课教师提出的基本要求，是"政治要强"的重要内容。

思政课教师强化政治担当，是坚持社会主义办学方向的客观要求。习近平指出："办好我们的高校，必须坚持以马克思主义为指导，全面贯彻党的教育方针。要坚持不懈传播马克思主义科学理论，抓好马克思主义理论教育，为学生一生成长奠定科学的思想基础。"②思政课教师是对大学生进行马克思主义理论教育、阐释和传播马克思主义及其中国化最新成果的主体力量，必须强化思政课教师政治担当，树立为办好中国特色社会主义大学而奋斗终身的决心和抱负。

首先，就是要将学习研究和宣传马克思主义作为毕生追求。一方面，要坚持"在马信马""在马研马"，把坚持和发展马克思主义视为己任，紧紧围绕新时代党和国家发展面临的重大理论和实践问题，大胆探索、深入研究，为创新发展当代中国马克思主义贡献一己之力。另一方面，还要理直气壮地宣传马克思主义。思政课教师要努力使自己在理论上"强大"起来，"以其理性的思辨能力、较高的理论素养、宽广的视野和胸怀，来赢得学生对马克思主义的信仰。"其次，要努力做好大学生成长成才的指导者和引路人。大学生在面临良好的历史机遇的同时，面对世界的深刻复杂变化，面对信息时代各种思潮的相互激荡，面对纷繁多变、鱼龙混杂、泥沙俱下的社会现象，面对学业、情感、职业选择等多方面的考量也难免会有疑惑、彷徨和失落，迫切需要精心引导和栽培。这就要求思政课教师

---

① 中共中央宣传部.习近平总书记系列重要讲话读本（2016年版）［M］.北京：学习出版社、人民出版社，195.

② 习近平：把思想政治工作贯穿教育教学全过程开创我国高等教育事业发展新局面［J］.人民日报，2016-12-09.

勇于担当起大学生健康成长指导者和引路人的责任：要为大学生解答人生应该在哪用力、对谁用情、如何用心、做什么样的人，引导大学生扣好人生的第一粒扣子；要帮助大学生形成"四个正确认识"，增强"四个自信"，厚植爱国主义情怀，自觉把个人发展融入坚持和发展中国特色社会主义伟大事业之中；要引导大学生掌握正确的思维方法学会辩证地看待问题，培育理性平和的健康心态；等等。

其次，强化政治担当，根本就在于必须增强对思政课政治属性的认识。与其他专业课程相比，思政课除了具有科学性、知识性外，还具有鲜明的政治属性，是落实立德树人根本任务的主干渠道和核心课程。习近平在学校思想政治理论课教师座谈会上，进一步强调了思政课的政治属性，明确指出："办好思政课，最根本的是要全面贯彻党的教育方针，解决好培养什么人、怎样培养人、为谁培养人这个根本问题。"[①]思政课教师只有深刻认识思政课的政治属性特征，才能从政治战略的高度把握思政课的性质和功能，高度认同思政课开设的重大意义，从而自觉担负起为社会主义建设者和接班人培根铸魂的政治使命。思政课教师要坚决摒弃只重视知识教育不重视信仰教育的错误倾向，坚持价值性和知识性相统一，把思想引导和价值观塑造有机融入知识传授之中。

再次，思政课教师要强化政治担当，努力提升讲好思政课的业务能力。思政课是具有很高"学术含金量"的课程，要想上好必须具有精湛的业务能力。这就要求思政课教师，一要加强专业化建设，提升理论素养，这是提升业务能力的基本前提。思政课教师要把马克思主义理论作为自己的专业背景，作为自己的学科，把马克思主义理论作为进行思政课教学的专业基础、学科支撑，遵循专业发展和学科发展的内在要求进行研究和教学。二要加强理论研究，这是提升业务能力的重要基础。思政课教师要坚持马克思主义的基本立场，掌握马克思主义的科学方法，深入系统地研究马克思主义的科学原理和科学精神，研究马克思主义在中国的创新和发展，研究习近平新时代中国特色社会主义思想的理论内涵、精神实质和科

---

① 习近平. 思政课是落实立德树人根本任务的关键课程［J］. 当代广西，2020（17）：5.

学体系，研究意识形态领域出现的新情况新问题，研究大学生关注的热点难点问题，等等。三要加强教学研究，这是提升业务能力不可或缺的方面。思政课教师要深入探讨如何实现助推思政课，实现从教材体系向教学体系、从知识体系向信仰体系的转化，探讨如何把马克思主义的道理讲明白、讲清楚，探讨如何在遵循思想政治工作规律、教书育人规律、学生成长规律的基础上，按照"八个相统一"的要求推动思政课改革创新，等等。只有加强教学研究，提升思政课的亲和力和有效性，才能满足学生成长发展的需求和期待。

4. 要严守政治纪律

严守党的纪律是马克思主义政党增强凝聚力和战斗力、完成党的历史使命的重要保证。严守党的纪律首要的是严守党的政治纪律。习近平总书记强调："政治纪律是最重要、最根本、最关键的纪律，遵守党的政治纪律是遵守党的全部纪律的重要基础。"①思政课教师严守政治纪律，就是要增强"四个意识"、坚定"四个自信"、做到"两个维护"。严守政治纪律是思政课鲜明的意识形态属性的内在要求，是"政治要强"的基本层面。

思政课教师严守政治纪律，是建设思政课教师队伍的内在要求。建设一支让党放心、让学生喜欢，可信、可敬、可靠，乐为、敢为、有为的教师队伍，是办好思政课的关键因素。严守政治纪律是思政课教师政治素质过硬的基本要求，也是可信可敬可靠教师的重要品质。思政课教师只有严守政治纪律，才能确保思政课建设正确的政治方向。一方面，能够保证思政课教学目标不出现偏差，做好党执政的坚定支持者，准确及时地把党的基本理论、基本路线、基本方略传播到大学生中去。另一方面，还能够保证对青年大学生的价值引导不出现偏差，坚持用马克思主义的立场观点方法分析问题，用中国特色社会主义的理论、历史和现实说服引导学生，而不是用教条式的马克思主义或附加在马克思主义名下的错误观点指导学生，更不是把各种错误观点和不良情绪传导给学生。

---

① 严明党的纪律,首要的就是严明政治纪律［J］.中国纪检监察，2016（04）：2.

　　严守政治纪律不是抽象的要求，而是要具体落实在日常教学、科研等各项工作的全过程和各环节，做到学术探索无禁区、课堂讲授有纪律、公开言论守规矩。一是学术研究要坚守政治立场，坚持马克思主义的研究立场和研究方法，以高质量的研究成果坚持和捍卫马克思主义；要敢于从多角度、多层面，对否定、攻击和批判马克思主义的各种声音进行坚决反驳；要坚持学术自由和学术规范相统一，处理好政治立场坚定性和科学探索创新性的关系，既要创新学术活力、张扬学术思维，又不为了追求所谓的学术性而丧失政治性；要正确区分学术问题和政治问题，"不能把探索性的学术问题等同于严肃的政治问题，也不能把严肃的政治问题等同于探索性的学术问题"①。二是课堂讲授要严守政治底线，绝不能为了吸引学生眼球、提高抬头率而歪曲讲解甚至否定马克思主义基本原理；也不能调侃、抹黑甚至诋毁党和国家的形象，把课堂当成个人情绪随意宣泄的舞台，挑刺、发牢骚、说怪话，传播各种不良情绪。三是公开言论要严守政治规矩，对重大的政治和理论问题公开发表观点和看法时，要自觉维护党的权威和形象，决不允许口无遮拦、妄议党和国家的大政方针，也决不允许散布各种攻击诽谤党的领导、抹黑社会主义的言论。

　　思政课教师要严守政治纪律，需要多管齐下，多方发力。具体来说，一是要强化政治纪律意识。通过引导思政课教师学习《中华人民共和国教育法》《中华人民共和国高等教育法》《中华人民共和国教师法》等法律法规，使其明确教师职业行为的基本法律底线；学习《关于加强和改进新形势下高校思想政治工作的意见》《新时代高校思想政治理论课教学工作基本要求》《高等学校思想政治理论课建设标准（2021年版）》等相关文件精神，使其准确把握思政课教师的基本政治要求，提高政治站位。通过加强师德师风建设，引导思政课教师不断增强遵守政治纪律的主动性和自觉性，自觉做到课上课下一致、线上线下一致、言论和行动一致。二是要完善相关规章制度。要做好制度顶层设计，进一步明确和细化思政课教师在学术研究、课堂讲授、社会生活中的政治纪律要求；思政课教师任职资

---

① 陈子季.全面加强党对教育工作的领导［J］.中国教育报，2017-10-04.

格准入制度以及日常监督检查、考核评价等制度，都要突出政治要求，把政治标准作为新聘任思政课教师的首要标准，对违反政治纪律的行为要及时采取纠偏措施，把政治纪律遵守与岗位聘用、年度考核、职务晋升、职称评聘等相挂钩，实行政治纪律一票否决制。三是要严厉惩戒违纪言行。对触犯政治底线的教师，要坚决依法依纪予以严惩，惩罚要坚持零容忍，不能有例外，也不能有下不为例，对严重违反政治纪律的教师要清除出教师队伍，不得从事思政课教学；惩罚要抓早抓小，对违反政治纪律的行为和倾向要适时提醒和批评，避免发展成大错误；惩罚要科学把握尺度，准确划分违纪界限，对不同的违纪行为要区别对待，慎重稳妥处理，实现惩罚与教育的有机结合。

二、坚守立德树人的根本导向

民办高校思政课教师如何更好教书育人，如何立德树人？那就是要讲明思想政治理论课的历史理论逻辑和现实逻辑，真正把革命真理、社会正义和真善美的追求和修养融入大学生心灵之中。2022年4月25日，习近平总书记在中国人民大学考察时发表重要讲话指出："思政课的本质是讲道理，要注重方式方法，把道理讲深、讲透、讲活，老师要用心教，学生要用心悟，达到沟通心灵、启智润心、激扬斗志。"①只有从立德树人的导向出发，才能使思政课教学走深、走实、走进学生心田。

（一）坚决落实立德树人的根本任务

思政课作为高等教育课程体系的基础组成部分，是指导人形成正确思想、行为的科学，其内涵建设始终是对人本身的观照、对德性善美的深析。习近平总书记指出，"思想政治工作从根本上说是做人的工作，必须围绕学生、关照学生、服务学生，不断提高学生思想水平、政治觉悟、道德品质、文化素养，让学生成为德才兼备、全面发展的人才。"②

① 刘建军.论思想政治理论课教育教学的本质特征与基本要求——习近平考察中国人民大学相关重要论述的理论阐释［J］.思想政治课研究，2022（03）：4.
② 习近平.在全国高校思想政治工作会议上强调把思想政治工作贯穿教育教学全过程开创我国高等教育事业发展新局面［N］.人民日报，2016–12–09.

充分强调思政课之于立德树人的关键性，以及立德树人任务之于思政课的基础性，进一步说明立德树人是社会主义教育的落脚点，是党领导下高校建设发展的立身之本。提高人才培养质量、促进人的全面发展已成为高校思政课改革创新的生命线。思政课作为"大学第一大课"，首先回答的是"树"什么人？习近平明确解答，要培养"社会主义建设者和接班人""拥护共产党领导和社会主义制度的人""为社会主义奋斗终身的人"，即具备家国情怀的有"用"、有"德"之人。在开启第二个百年奋斗目标、实现中华民族伟大复兴中国梦的进程中，我们对卓越人才的渴求比任何时候都强烈和迫切，正如习近平总书记所强调："高校立身之本在于立德树人。"①专业教育的本我输出诠释"人何以为才"，思政教育的固有内蕴诠释"人何以为人才"。高校思政课要始终坚持以"树人"为核心、以"立德"为根本，在改进中加强、在加强中创新，擢升育人自信。

（二）旗帜鲜明办好民办高校思政课

习近平总书记指出："当前形势下，办好思政课，要放在世界百年未有之大变局、党和国家事业发展全局中来看待，要从坚持和发展中国特色社会主义、建设社会主义现代化强国、实现中华民族伟大复兴的高度来对待。"这就是思政课建设的政治定位。我们应当以习近平总书记重要论述为思想引领，加强组织领导，紧跟新时代步伐，推动民办高校思政课创新发展。同时，加强民办高校思政课建设，始终是民办高校坚持正确办学方向的客观需要，始终是高校培养合格的社会主义建设者和接班人的关键环节，更是解决好"培养什么人、怎样培养人、为谁培养人"这个根本问题的必然路径。习近平总书记强调指出："思政课是落实立德树人根本任务的关键课程，思政课作用不可替代，思政课教师队伍责任重大。"

要从讲政治的高度，旗帜鲜明、理直气壮地办好民办高校思政课。首先，教育部高等学校教学指导委员会要以身作则，督导民办高校坚持"四个服务"，确保社会主义办学方向，确保思政课建设落地见效。其次，要

---

① 习近平. 在全国高校思想政治工作会议上强调把思想政治工作贯穿教育教学全过程开创我国高等教育事业发展新局面［N］. 人民日报，2016-12-09.

扎实推动习近平新时代中国特色社会主义思想"三进"工作，采取专题培训、编写教辅、课程思政、实践研修、课题研究以及喜迎"二十大"等系列活动，及时跟进学习，强化理论武装。再次，应在建强民办高校思政教师队伍上下功夫，强化素质培训、组织经验交流，激励"教书育人、立德树人"，使之更好地体现思政课本质，把道理讲深、讲透、讲活，更好地引领大学生增强"四个意识"、坚定"四个自信"、做到"两个维护"、拥护"两个确立"。由此，把握政治导向，引领民办高校旗帜鲜明地办好思政课。

习近平总书记强调："要建立党委统一领导、党政齐抓共管、有关部门各负其责、全社会协同配合的工作格局，推动形成全党全社会努力办好思政课、教师认真讲好思政课、学生积极学好思政课的良好氛围。"①这实际上为我们提供了构建"大思政"格局、建好"大思政课"的原则遵循。这就需要我们统揽民办高校思政课建设全局，科学谋划、多措并举、完善机制，切实发挥好政治引领、解决矛盾、统筹协调、优化环境的职责作用，切实推动民办高校思政课建设改革创新。民办高校要研究如何构建"大思政"格局，协调各方共同办好"大思政课"；研究如何发挥好思政课堂这个主渠道，瞄准提升思政课教学质量和育人成效；要协调建好线上线下各类思政课教学基地，比如思政网站、红色纪念馆、党史展馆、合作实践基地等，切实为民办高校思政课建设提供平台支撑。

（三）解决思政课建设方面矛盾问题

就民办高校而言，解决突出的矛盾问题，必须要求民办高校党委发挥作用，根本的就是树立服务意识，及时沟通协调，解决突出矛盾和问题。习近平总书记在"3·18"座谈会上指出："各级党委要把思政课建设摆上重要议程，抓住制约思政课建设的突出问题，在工作格局、队伍建设、支持保障等方面采取有效措施。"作为"民办高校思政课"分教学指导委员会，应该树立问题意识，直面民办高校思政课存在的突出矛盾，积极协调并加以解决。实事求是地讲，民办高校思政课建设还面临不少现实问题，

---

① 中央宣传部. 习近平谈治国理政第三卷［M］.北京：外文出版社，2020：288.

比如领导管理体制不够顺畅、配套机制不够健全、师资队伍不够过硬、考评体系不够完善等，针对这些薄弱环节，我们要在推动创新发展中解决问题。

一方面，要从各方面全面引领建好思政课。在组织管理上，从讲政治的高度强化思政课建设，督导民办高校党委切实履行好主体责任；在健全制度上，督导落实政策要求，不断完善思政课教学、保障、评估、协同等配套制度；在师资队伍上，协调解决师资队伍不稳定、整体素质不强、教学科研水平偏低等问题；在质量评价上，尽快完善思政课建设评价标准，构建全过程科学评价体系。

另一方面，围绕立德树人推动思政课改革创新。要更加明确课程建设对教育质量提升的意义，做到思政课程改革之间的衔接和整合，注重与课程思政相协调，做到同向同行；要强化课堂教学方法的改进，结合新时代信息化教学手段，融合多媒体网络信息建设，让动思政课紧紧围绕立德树人展开，从而启迪思维、净化心灵、引导成长；要把思政课教学改革成果运用于实际教学，使之更好地为落实立德树人根本任务服务。

（四）围绕立德树人推动高质量发展

坚持立德树人，推动民办高校教育高质量发展，这是办好民办高校思政课的内在要求，旨在提升人才培养质量。主要应做到以下"三个坚持"。

一是坚持把立德树人作为民办高校立身之本。坚持立德树人就是确保正确的办学方向。民办高校办学要坚持社会主义办学方向，引导教育广大教职工和青年大学生树立正确的世界观、人生观、价值观，让听党话、跟党走的信念成为自觉追求。同时，能否坚持立德树人根本任务，关系到民办高校办学目标的实现，应当重点培养青年大学生"明大德"，坚定拥护社会主义的正确政治立场；培养青年大学生"守公德"，引导他们遵守社会公共道德准则；培养青年大学生"严私德"，引导他们养成严于律己的品格。由此，引导青年大学生成为德才兼备、全面发展的人才。

二是坚持把立德树人作为民办高校教育教学中心环节。习近平总书记指出："要坚持把立德树人作为中心环节，把思想政治工作贯穿教育教学全过程，实现全程育人、全方位育人，努力开创我国高等教育事业发展新局面。"①只有符合"全员、全程、全方位"即"三全育人"的要求，把思想政治工作贯穿教育教学全过程，才能真正把立德树人落到实处。"全员育人"要求高校广大教职员工树立育人思维，举全员之力、汇全员之智、用全员之情培养担当民族复兴大任的时代新人。"全程育人"要求高校思想政治工作不仅要贯穿教育教学的全过程，而且要贯穿青年大学生思想政治素质形成发展全过程。要发挥思想政治理论课在大学生思想政治素质形成过程中的主渠道和主阵地作用，对大学生进行系统的马克思主义理论教育。"全方位育人"要求高校培养的人才必须德智体美劳全面发展，而不能片面发展，更不能只重视"智育"而忽视"德育"。要注重高校思想政治工作的全面性，特别是要发掘专业知识中的思想道德教育元素。此外，"全方位育人"也要求推动学校教育、家庭教育以及社会教育的全方位广泛联系，推动大中小学思政课一体化建设，建立健全一整套科学系统的学校思想政治工作体系。

三是坚持把立德树人各项任务与民办高校思想政治工作体系紧密结合。民办高校做好思想政治工作，必须坚持以马克思主义为指导，以社会主义核心价值观为引领，全面贯彻党的教育方针，全面落实习近平总书记关于教育的一系列重要论述。民办高校思想政治工作，要将党建工作、学生社团、第二课堂、文体活动、志愿服务等工作有机融合起来，在引导学生树立远大理想的同时，要瞄准解决大学生对现实问题的关切，积极做好日常思想引导和管理教育工作；在引导学生正确认识世界和中国发展大势、增强"四个自信"的同时，激励其将个人前途与党和人民的事业同频共振，从而积极奋斗进取，更好地成人、成才、成功。

三、坚定全面育人的目标指向

办好民办高校思政课，在坚持立德树人根本任务的基础上，做到"五育并举""三全育人"，不断坚定全面育人的目标指向。

---

① 本报评论员.坚持把立德树人作为中心环节［N］.光明日报，2016-12-09（1）.

（一）着力提升思政课育人成效

思政课是落实立德树人根本任务的关键课程，能否为学生真心喜爱、终身受益，真正发挥好其关键性、不可替代性作用，归根到底要看思政课的教育教学能否实现高质量发展。进入新时代以来，我国民办高校全面贯彻党的教育方针，紧紧围绕立德树人这一根本任务，不断推动思政课守正创新，课程质量和水平稳步提升，大中小学德育一体化格局逐步形成，思政课建设进入高质量发展阶段。为此，我们要以思政课的高质量发展推动育人成效，引领民办高校思政课建设的各个要素、各个环节和各个方面。

思政课质量关系育人成效。主要应做到：一是要深刻认识我国社会主要矛盾变化带来的新特征新要求，深刻认识错综复杂的国际环境带来的新矛盾新挑战，深入分析新发展阶段下高校思政课教育教学环境面临的深刻复杂变化，针对推进思政课高质量发展亟待解决的问题，自觉增强机遇意识和风险意识，善于在危机中育先机，于变局中开新局。二是要深化习近平新时代中国特色社会主义思想原创性、学理化、学科化研究阐释，深刻认识习近平新时代中国特色社会主义思想的真理力量和实践伟力，深入推进党的创新理论"三进"，坚持不懈用习近平新时代中国特色社会主义思想铸魂育人。要践行"两个维护"，把党的领导全面贯彻落实到思政课建设全过程。三是要深入贯彻落实习近平总书记关于教育的重要论述，特别是"3·18"重要讲话精神，按照"八个相统一"要求，加强顶层设计和精准施策，建立完善全员、全程、全方位育人体制机制，抓住教师队伍"主力军"、课程建设"主战场"、课堂教学"主渠道"，巩固拓展全党全社会办好思政课、教师讲好思政课、学生学好思政课的良好格局。

（二）着力引导大学生成长成才

育才功能是高校思政课的根本关注点。民办高校为我国建设与发展培育了无数优秀的各方面人才。作为大学生成长成才"关键一课"，民办高校思政课更应关注理论能力与实践能力的统一，引导大学生成为有用的人，以自身成长的合规律性与全面性怀揣爱国心、践行报国志。

办好思政课对于引导大学生健康发展、成长成才具有不可替代的作用。一是理论与实际相结合促进人更好地社会化。从个体人到社会人、从接受社会文化到被社会接纳，需要充分发挥思政课的入世引导功能。大学生要学好思政课、用好思想政治理论知识，如果不懂社会规则，就无法参与、融入社会政治生活，不利于个体身心健康成长以及潜能充分发挥，也会给社会带来损害。思政课内容有理论知识、社会知识，并与治国理政相对接，以透彻、深刻、鲜活的呈现方式引导学生，促进科学知识的内化以及行为能力、身心素养的社会性转化。二是思政课能促进人社会化的适应性。大学生在课程实践中深入社会，用马克思主义理论分析问题、解决问题，缩短了解社会、适应社会的时间，减少社会化的个人成本，既符合人才成长规律，也符合个体全面发展要求。从马斯洛需求层次理论来看，社会适应性成长，是人求知欲的延续与有效衔接，可以达成价值追求的终极目标——自我实现，同理，高校思政课育人功能的全面发挥，需要观照学生内心深处的追寻、向往与渴求，形成成长成才内驱力，从社会悦纳、他我悦纳的内省范畴完成自我悦纳。

习近平总书记指出："人才培养一定是育人和育才相统一的过程，而育人是本。"①育人不是简单的"流水线"作业，要及时了解新时代大学生的特点，明白学生所思、所想、所求，不能"一本教案走天下"，要摒弃"千人一面"的教育模式。一方面，在现在的教育模式和体系下，师生之间的接触更加多样化，除了课堂授课，更有座谈研讨以及社会服务、社会实践等线上线下、多种多样的教育模式，要在充分利用这些模式的基础上进一步了解学生的自身需求，根据学生自身性格兴趣爱好以及特长灵活施策，有针对性地重点培养；另一方面，由于学生在一定成长阶段存在一些知识和认知上的局限，要在想学生所想基础上做到想学生所未想，紧跟国家战略调整以及经济社会形势变化提前帮助学生做好学业和职业规划，不仅要给学生提供有针对性的意见建议，更要为之提供有效的实现路径。

（三）坚持"五育并举"办好思政课

中国共产党第十九届中央委员会第六次全体会议全面总结党的百年奋斗重大成就和历史经验，审议通过的《中共中央关于党的百年奋斗重大成

---

① 习近平在北京大学师生座谈会上的讲话［J］.人民日报，2018-05-03（02）.

就和历史经验的决议》指出，"党和人民事业发展需要一代代中国共产党人接续奋斗，必须抓好后继有人这个根本大计"，"明确教育的根本任务是立德树人，培养德智体美劳全面发展的社会主义建设者和接班人"[①]。

民办高校思政课要把握培养方向，坚定育人初心。首先，大学是学生立志定向的最好时期。思政课要帮助学生扣好人生"第一粒扣子"，筑牢理想信念之基，树牢正确价值观，涵养学生家国情怀、人类情怀，引导他们坚定马克思主义信仰和中国特色社会主义共同理想，立志于用所学、所长服务国家、民族和人民，服务中国特色社会主义事业，积极投身于实现中华民族伟大复兴中国梦的生动实践中，立志成为担当民族复兴大任的时代新人，与新时代同向同行，用实际行动践行"请党放心、强国有我"的新时代青年宣言。其次，思政课要培养学生成为全面建设社会主义现代化强国的筑梦者，帮助学生树立"不学习、无以立"的意识，帮助他们学习掌握马克思主义立场观点方法，奠定扎实的专业理论基础，让学生在校园学到真学问、掌握真本领。同时也要培养学生广泛阅读的好习惯，注重提升学生的人文素养和科学精神，拓宽学生的人生格局和视野眼界，提升学生洞察社会、驾驭全局、躬身实践的能力，帮助学生练就一身"钢筋铁骨"，在全面建设社会主义现代化强国新征程中接稳接好历史的接力棒。再次，思政课要帮助学生成为中国特色社会主义事业的开拓者。习近平总书记在纪念五四运动100周年大会上寄语青年："新时代中国青年要勇做走在时代前列的奋进者、开拓者、奉献者，毫不畏惧面对一切艰难险阻，在劈波斩浪中开拓前进，在披荆斩棘中开辟天地，在攻坚克难中创造业绩，用青春和汗水创造出让世界刮目相看的新奇迹！"作为社会上最富活力、最具创造性的群体，青年学生更应该是中国特色社会主义事业的开拓者和生力军。要着力培育学生的创新意识，激发学生创造活力，为他们在新时代的风浪中开拓前进、在新时代的天地中施展拳脚奠定坚实基础。

遵循培养规律，坚定育人重心。第一，要坚持"全社会"育人。"办好教育事业，家庭、学校、政府、社会都有责任。"校园的一草一木、一

[①] 中共中央关于党的百年奋斗重大成就和历史经验的决议［M］.北京：人民出版社，2021.

砖一瓦都始终伴随着学生的学习和生活，都可以成为"育人元素"；学校校史校情的挖掘以及校园文化氛围的塑造，都潜移默化地影响着学生情趣培养和性格陶冶；校园全体教职员工的一言一行、一举一动都对学生的行为产生示范效应，特别是服务学生的"一线窗口"以及学生的身边人，都要强化人人有责、人人履责的育人观念，努力成为"育人者""引路人"。第二，要坚持"全过程"育人。贯穿教育教学全过程就是要把育人与育才紧密结合、灵活穿插，实现寓教于乐、寓教于学。要推动思政课程与课程思政同向同行，使各类课程与思想政治理论课形成协同效应，真正实现思想与学识同步提升。贯穿学生成长成才全过程就是要充分认识和把握学生在不同成长阶段的特点和规律，因时而教、因人而教，让学生在每个成长阶段、不同的成长环境都能得到适时适当的教育。第三，就是要坚持"全方位"育人。实现培养德智体美劳全面发展的社会主义建设者和接班人的目标，实现学生全面发展，需要各个部门、各门课程、各个环节协同发力、同频共振，坚持立德与立智相互融合，体育、美育和劳育相互贯通，切实践行"五育并举"。要真正做到以实现全方位育人为出发点和落脚点，敢于打破不同课程之间、不同专业之间甚至不同院校之间的传统壁垒，突破既有思维逻辑、创新方式方法，从不同层次引导学生、从不同角度培育学生、从不同方面历练学生，真正实现对学生的全方位培养。

民办高校思政课的实践充分证明，"五育并举"不是德育、智育、体育、美育、劳育的简单拼凑，而是"五育"之间的有机渗透、融合发展。民办高校党委、领导机关、马克思主义学院和学工部，务必要高度重视、科学规划，避免顾此失彼，有效矫正当前"偏于智、疏于德、弱于体、抑于美、缺于劳"的失衡状态。思政教师和专业骨干教师，应深刻认识"五育并举"的重大意义，切实在思政课教学、教研和科研过程中彰显五育并举的鲜明导向。同时，应清楚"五育并举"融合发展的实施策略和方法，结合各自学校实际，切实将思政课与其他教育措施有机结合，真正促进大学生全面发展。另外，民办高校专业教师，也应利用课程思政的优势和威力，从提升自身专业素养和学科育人能力入手，实现全科育人目标。

四、坚持服务社会的价值取向

思想政治理论课是落实立德树人根本任务的关键课程，是培养一代又一代社会主义建设者和接班人的重要保障。因此，办好思想政治理论课，是党和人民的一项重要事业。2019年3月，习近平总书记在学校思想政治理论课教师座谈会上指出，推动思想政治理论课改革创新，要不断增强思政课的思想性、理论性和亲和力、针对性，并提出"八个相统一"教学要求。①"八个相统一"言简意赅、深刻精辟，为推进新时代思政课建设指明了方向。

（一）强化社会主义价值引领

高校思政课不仅是科学有立场的意识形态教育，还承担着"修文致知""明明德"的大学教育职能。通过传授知识、树立价值理性，引导学生感知新时代中国社会的生机和活力，认识中国制度的优越性，培养学生大国自尊与民族情怀，使之更加爱国，更加懂得自觉践行社会主义核心价值观。

高校思政课发挥着价值引领职能，同时兼具知识性与价值性。从课程本身来看，高校思政课始终承载着知识传授职能；从教育目的来看，还承担着正确价值观、科学思想传播职能。知识体系是一种传授，价值体系是一种涵育，二者统一结合才能发挥内化作用。要寓价值于知识，坚持价值教育对知识教育的引导性，使正确的世界观、人生观、价值观渗透在逻辑严密的科学知识之中，渲染价值教育的科学内涵形态，赋予价值教育学理性、智慧性、艺术性，使知识教育更具感染力、影响力；要寓知识于价值，将科学价值观的知识体系内化在大学生心中，丰富思政课的思想教育职能，给予学生包含真理力量的马克思主义知识滋养，以"知"育人、以"理"服人、以"情"化人，在知识传授中以通透的价值分析为学生解惑，促进学生在事实知识的扬弃中学会透彻的价值判断与正确的价值选

---

① 王婷婷. 习近平总书记关于新时代思政课改革创新的"八个相统一"［J］. 当代教育实践与教学研究，2020（07）：75.

择，彰显思政课"精细化培育"定位，将理论学习与素养提升相结合，全方位培育学生自觉形成崇高的社会理想和社会主义核心价值观。总之，思政课作为高等教育体系中的基础课程，是价值引领的主阵地，在建设中应始终遵循知识与价值的融合统一，反映思政课改革创新的现实诉求。

（二）协调营造社会育人环境

社会育人的大环境需要各方共同治理。高校作为人才培养的"主阵地"，要统筹好育人的"供给端"与"需求端"，既要做好管理者，也要做好服务者，避免形成学生群体和教师群体的信息孤岛。民办高校思政课建设要适应新时代社会育人环境新变化，既要深入教师一线，及时调研了解教师所思所想，也要深入学生一线，及时了解学生所求所盼，同时要做教师与学生之间的"催化剂"，精准对接统筹施策。要深入学习贯彻习近平总书记教育重要论述，坚持和加强党对学校工作的全面领导，牢牢把握社会主义办学方向，紧盯新时代新形势新任务，不断强化以师生为中心的服务理念，持续提升校园治理水平和治理能力，为学生的成长成才和教师的教书育人打造风清气正的校园环境。

（三）发挥实践教学导向作用

习近平总书记在学校思想政治理论课教师座谈会上提出推动思政课改革创新的"八个统一"要求，其中之一是"要坚持理论性和实践性相统一"，强调要"重视思政课的实践性，把思政小课堂同社会大课堂结合起来"①。实践教学作为思政课教学的重要组成部分，坚持理论性和实践性相统一，是当前推动思政课改革创新的一个重要遵循，符合服务社会的价值取向。近年来，民办高校，积极推动思政课实践教学改革创新，探索新模式，开创新方法，拓展新平台，使得学生投身实践、服务社会、奉献社会的意识不断增强。

发挥实践教学导向作用，一是要把好实践教学方向。从形式到内容，从理论到实践，要落实三个"相统一"原则，即实践教学与培养目标相统

---

① 习近平主持召开学校思想政治理论课教师座谈会强调：用新时代中国特色社会主义思想铸魂育人贯彻党的教育方针落实立德树人根本任务［N］.人民日报，2019-03-19（1）.

一、实践教学与理论教学相统一、实践教学内容与形式相统一。办好民办高校思政课，就是培养中国特色社会主义合格建设者和可靠接班人，培养担当民族复兴大任的时代新人。二是规范实践教学内容。要贴近实际，将统编教材中的理论教学内容体系转化为实践教学内容体系的方法，实现实践教学内容模块化、形式多样化、操作规范化，同时制订具体要求和评价标准，健全反馈机制。三是丰富实践教学形式。要完善实践教学制度、制订实践活动方案，建立校内校外、线上线下的实践教学平台，开发实践教学常态化合作项目，结合参观考察、社会调查、志愿服务等丰富的社会实践活动，建立健全实践活动的平台基地，引导大学生自觉服务社会。

第二节　新时代民办高校思想政治理论课建设的基本要求

新时代民办高校思想政治理论课的建设发展与改革创新，就是要不断增强思政课的思想性、理论性、针对性和亲和力。思想政治理论课是高校立德树人的关键课程，开展民办高校思想政治理论课的改革创新，应从五个方面着手：第一，必须遵循教育的基本规律和大学生思想政治教育的基本规律，必须按照学生成长发展的基本特点来开展教学实践。第二，必须以坚持学生为中心，满足学生成长发展需求才能获得学生认可、接受。第三，必须改进教学方法，教学方法使用好坏直接影响师生关系及教学质量。第四，必须体现时代发展需要，这既是国家对教育的期望，更是提高人才培养质量，建设教育强国的重要前提。第五，必须培养可靠人才，以培养可靠人才为基本导向和终极目标。

一、遵循高校教育规律

高校教育规律具有一定的特殊性，具有一般规律和特殊规律：包括外部关系规律和内部关系规律。教育的外部关系规律是教育这个社会的子系统与其他社会的子系统之间的关系。教育内部的基本规律是指教育系统内部诸因素之间的关系。教育的外部规律制约教育的内部规律，教育的外部规律必须通过内部规律来实现。民办高校思政课也必须坚持遵循教育规律。

（一）教育的外部关系规律

教育的外部关系规律是指教育与经济、政治、文化的关系，即教育必须与社会发展相适应。这表明教育会受到社会的经济、政治、文化、科技等外系统因素的制约，要为社会的经济、政治、文化、科技服务，其中与经济的关系是最基本的。新时代民办高校更要遵循社会主义办学方向，坚持扎根中国大地办大学、办人民满意的大学，不能把大学办成为其他国家、政治主体服务的大学。民办高等教育同样要为政治服务，在思想政治教育领域尤为重要，思政课是民办高校开展思政教育、服务社会的主要渠道。

民办高等教育受经济制约，经济发展为民办高等教育发展提供物质基础，中国民办高等教育高校数量、学生规模都得到迅速发展，这是以经济高速发展为基础的。此外，经济高速发展会促进产业发展，产业发展会带动就业，这需要民办高校培养更多的高素质劳动者，反之如果经济发展迟滞就会消解就业，造成失业，迫使民办高校缩减招生、降低办学规模。

民办高等教育受科技文化发展制约。主要体现在教育实施受到科技发展水平的直接影响，比如多媒体、智慧教室等教育科技的发展极大地推进了教学革新，提高了教学质量；各种文化理论和实践的发展，为教育理念的进步提供内涵和理论支撑，极大地推动了教育思想、理论的进步与发展。民办高等教育也必须为科技文化服务，其关键任务就是科学文化知识的传承和创新，各种人类科技文化成果在高等教育体系中代代相传，以传承、守正、批判、发展、创新等多种形式体现。

（二）教育的内部关系规律

教育内部的因素较多，关系复杂，因此表述教育内部关系的基本规律相对较难，但在社会主义教育体系内，可以表述为社会主义教育必须培养全面发展的人，即必须通过德育、智育、体育、美育、劳育等协同培养全面发展的社会主义事业的合格建设者和可靠接班人，也就是所说的"五育并举"。在中国的高等教育中，德育与思想政治教育核心内涵同质，使用时可以互换。思政课是高校开展大学生德育（即思想政治教育）的主渠道，思政课教学质量的好坏，直接影响大学生德育实效。但这里我们也要重新理清一个关系，人们经常所说的"德育为先""德育为首"，并不能简单地理解为德育就是在物理空间的排序上凌驾于各育之上，如果有了这样的认知，就会使德育处于"说起来重要，干起来次要，忙起来不要"的尴尬境地。"才者，德之资也；德者，才之帅也。"德育应该贯穿各育之中，这才是德育的灵魂所在。比如在智育上，德育就突出地表现在以学风、考风方面；在体育上，德育突出表现在"友谊第一，比赛第二"的精神风貌上，等等。

人的全面发展理论是马克思主义的基本观点，是社会主义教育的基本规律，高等教育必须遵循这条规律，开展思政课教育教学也必须以这条规律为基础。大学生需要德智体美劳全面发展以实现人生和社会价值，同时社会也需要全面发展的大学生，这样的大学生是高素质的劳动者，会极大地促进和发展社会生产力。

二、贴近思想教育对象

思政课教学的主要目标是推动人的全面发展，培养建设者和接班人。学生有成才需求，有就业需求，有实现人生和社会价值的需求，学生在不同阶段也会有不同的需求，可以是大的思想问题亟待解惑，也可能是小的生活矛盾需要开导，所有与思想政治有关的需求，都应该得到重视。

（一）解答学生思想困惑

思政课作为思想政治教育的主渠道，教育引导大学生坚定理想信念是基础，服务大学生成长成才是关键，通俗地说就是：明理、解惑、顺气、鼓劲，核心是解惑。一方面，大学生是正在成长的思想者，处于人生发展的关键时期，容易受到各类思潮和文化价值观的影响，思政课教师必须及时响应，解答大学生心头疑惑、信仰矛盾，不管是在课堂内外都必须时刻关注学生动态，以学生为本、为学生引航，这样才能体现思政课的存在价值。另一方面，思政课是大学生的信仰锚地，核心的价值取向问题、思想问题、信仰问题都可以在思政课中寻找答案、建立基地，即思政课应该在这个信仰的建设过程中起到非常重要的锚定作用，为大学生的信仰发展提供坚实的价值基础。

（二）回应学生发展诉求

学生的发展诉求多样，有专业学习诉求，有政治进步诉求，也有职业发展诉求，有些是以专业核心竞争力为中心的，有些是以未来学习深造为目标的，有些是以入团、入党等政治进步为核心的。虽然诉求的核心要素会有所不同，但关键基础却是共同的，那就是价值观问题。青年时期是一个人价值观形成的重要阶段，大学生是国家未来建设的主力军，他们的价值观对个人未来的发展、社会的变革与进步有着举足轻重的影响。新时代民办高校的大学生主体的价值观是积极的，多数的政治倾向、人生态度、竞争意识、择业观、婚恋观、消费观等都与时代变革同步，呈现出积极、进取、务实、开放的特点。但是，随着经济发展和文化交流的日益深入，他们的观念与行为在求新与守旧、求异与从众、贡献与索取、个人与集体等价值冲突中发生变化。价值目标也就由理想转向现实，趋向多层次化。思政课教学应该及时关注和帮助大学生构筑规范的价值体系，做出正确的人生选择，制订科学的人生规划，引导成就有意义的人生。

（三）关怀学生生活需要

当代大学生日常生活元素多种多样，生活需求也更加丰富。在生活实践中，学习是主体，占据大部分时间和精力，学习的好坏直接影响学业的成就、未来的职业发展。交友是必需，交友是基于人的社会属性与社交需要。大学生有友情和爱情的实际需要，愿意为其付出精力，收获感情。娱乐是调味剂，是业余文化生活的重要组成部分，K歌、电子游戏、刷看短视频等是一些大学生丰富业余生活的主要形式。在生活中经常会发生一些矛盾，比如恋爱问题、舍友矛盾、学习困难、沉迷游戏等，思政课教师可以与专业人员一起开展针对性的教育引导，关怀学生课堂内外的学习生活，帮助学生走向成才之路。

三、注重创新教学方法

教学方法创新从实质上说是通过"教"与"学"手段、方式的改变，优化高校思想政治理论课程的教学方法，以提升教学效果的思想观念和实践行为。教学方法创新是一个多层次、多要素构成的体系结构，其总体框架包括教学方法理念创新、教学方法体制创新、教学媒体创新、课堂教学方法创新等。研究教学方法创新问题，不能仅仅把教学方法当作手段和工具，而要立足于如何选择、运用和创新教学方法的理论与实践的双重问题。

（一）教学方法理念创新

思想政治理论课程教学方法理念创新不仅仅是其在整个思想政治理论课程教学中的重要地位所要求的，更为迫切的创新需求源自传统的思想政治理论课程教学理念已经成为教学方法创新的阻滞因素这一现实。教学方法理念创新是对原有教学方法理念的改造、转变和更新。概括地说，思想政治理论课程教学方法理念创新就是要用现代教育理念指导高校思想政治理论课程教学方法改革。

1. 坚持"以生为本"理念

教学活动是为学生组织的，没有学生的存在就没有组织教学活动的必要和可能。学生是学习的主体，学生是教学活动的根本因素，学生学习方式喜好的改变要求教学方法的改变和适应。所以，新时期的思想政治理论课程应在现代文化精神中的理性精神、人本精神和民主态度关照教育教学的走势中汲取智慧。

2. "教法""学法"协同理念

教学方法创新应当协同推进，注重发挥"教"与"学"两个积极性。只有在观念上充分认识"教"与"学"的对立统一关系这一教学本质，才会使人们在理论上和实践上进一步研究教的方法及与之相应的学的方法，这有利于教学方法的逐步完善。这在观念上强调教师应注重学生自主学习能力的开发与运用。从"以教师为中心"和"以学生为中心"的单极思维向"以教师为主导"和"以学生为主体"相结合的偏重学生自主学习能力的教学理念转变，确立以引导、发展、民主和关怀为特征的研究型教学观。

3. 开放的"大思政"教育理念

首先，开放是指在场域上的开放。思想政治理论课程教学方法创新应从课堂的单一空间思考走向更为广阔的舞台构建。为了使现代环境中的思想政治理论课程与时俱进，必须改变传统的、封闭的教育理念，打破思想政治理论课程仅仅限于课堂、书本的模式，确立开放的"大思政"的教育观念，加强实践教学，探索网络教学，开发思想政治理论在线课程，形成第一课堂与第二课堂、理论教学与实践教学、课堂教学与网络教学相互支撑的完备的教学方法体系。其次，开放是指在学科视野上的开放。思想政治理论课程教学方法创新应从单一学科视野走向多学科视域的融合。在开放的社会、开放的时代，融合教育学、传播学与马克思主义理论学科的方法于一体，将是高校思想政治理论课程教学方法创新的趋势。再次，开放是指在方法上的开放。思想政治理论课教学方法创新应从单一方法向多样化方法转变。教学有法，法无定法。思想政治理论课程的教学方法总体上说还是比较单一的，这种单一有总体意义上的单一，也有每位教师对不同对象所用方法的单一，等等。当前条件下，针对民办高校，教学方法应当更加灵活和多样，提倡多种教学方法的组合和优化。最后，开放是指在主体上的开放。国家支持高校有关校领导、哲学社会科学教师、辅导员、班主任骨干兼任思想政治理论课教师，鼓励、支持、推动主渠道与主阵地两支队伍的有机融合。民办高校要健全组织管理方式，逐步形成学校思想政治理论课程教学科研机构、宣传部、教务处、学工部、团委等部门协调配合的实践教学工作机制。

（二）教学方法体制创新

教学方法体制是教学的组织方式和管理方式，教学方法体制创新涉及主管思想政治理论课程的领导部门、决策部门从顶层设计的意义上如何决策、组织和管理思想政治理论课程教学方法创新的问题，即从制度设计和规范的意义上，对高校思想政治理论课程的教学活动应当怎样组织，教学的时间和空间怎样有效配比、有效加以控制和利用的问题。诸如，思想政治理论课程基本课时的规定，基本课时中理论教学与实践教学的各自比例；班级集体授课制与慕课等新课型的协调；实践教学的内容规定、经费来源；第一课堂与第二课堂衔接后，成绩考核的办法等，这些都需要作出部署。当然，这首先需要一线思想政治理论课教师不断地探索和总结提炼，而最终将一些好的方法和经验上升为思政课教学部门规范性的指导。所以，要切实发挥教学方法的作用，就应在制度体制的设计、管理等方面推动教学方法创新，从而使教学方法创新成为制度化的而非个体的随意行为，成为常态化、进行时的而非一时之需、应景而为。

（三）课堂教学方法创新

课堂教学是大学生思想政治教育的主渠道，课堂教学方法创新是教学方法创新体系中最为具体的层面，是一个关乎落实、实践性很强问题。方法是由教师来掌握的，因此，在一定的教学方法理念引导下，在一定的管理体制规范下，教师的教学能力水平，对于方法的落实来说，发挥着关键作用。一定意义上，课堂教学方法创新问题是教学方法的选择与综合运用的问题。

在课堂教学中，教师对于教学方法有多种选择。实践证明，教师只有按照一定的科学依据，综合考虑教学的各有关因素，选取恰当的教学方法，并加以合理组合，才能实现教学方法的优化。教师选择教学方法首先要依据教学任务，新、难、重要的教学任务应当以教师讲授为主，学生通过努力和思考能够完成的教学任务就应当以小组协作学习或自学自讲式完成。同时，教学方法的选择还要考虑教学内容的特点、学生的实际情况、教学的时间、教师的素养，以及教学方法本身的特点和适用条件等。

思想政治理论课程课堂教学方法创新主要针对目前教学方法相对单一的问题，教学方法创新要求思想政治理论课教师在课堂教学方法运用中在以下方面作出改变与调整。一是从单一性转向综合性。目前的教学方法主要以改革后的为主，但同时也保留了传统教学方法单一、呆板和僵化的惯性问题，有些教师还是一法为主或一法到底，严重影响了教学效果。所以，如何由知识灌输式教学向师生共同探究式教学转变；如何由教师授业解惑教学向合作式教学转变；如何由单一的课堂讲授向多样化教学方式转变，是教学方法创新的主要问题。由此，教学方法改革要突破"五个局限"：教学局限于教书、教书局限于课程，课程局限于课堂、课堂局限于讲授、讲授局限于教材。每种教学方法都有自的特点和动能，且又有各自的局限性。因此，教师为了更好地完成任务，考虑到教学内容的丰富性、教学对象的差异性以及教学目标的多样性，考虑到学生认知、情感、技能的协同达成不可能仅仅通过一种教学方法获得等因素，客观上需要教学方法的多样化。教学方法的多样化即多种教学方法的相互融合，不是把某几种教学方法简单地拼凑在一起，而是将各种教学方法合理地优化组合，以达到最佳的教学效果。教师应当注意多种教学方法的组合作用，坚持教学方法的多样性，充分发挥教学方法体系的整体功能。二是坚持以最优化的教学理念指导教学方法的运用，以增强教学方法选用的科学化水平。教学理念是教学方法选择的上位概念和灵魂。教师要坚持"以生为本"、"教"与"学"互动的现代理念，尊重学生学习主体地位、注重学生"学法"的改善、注重学生思维能力的培养，就必然会选择探究式、实践式等教学方法，充分发挥学生作为学习主体的能动性，放弃灌输式教学方法。

四、体现新时代新要求

新时代以来思政课建设面临的内外环境发生巨大变化，社会高度信息化为思政课建设发展创新带来巨大挑战。中国特色社会主义进入新时代，民办高等教育发展也进入新阶段，思政课的教育使命和任务也将面临新局面，学生的价值体现必将发生更大变化。如何适应新时代新要求办好民办高校思政课，如何全面贯彻习近平总书记教育重要论述，如何做好"三进"工作，都是需要结合新的时代特征和新时代大学生的成长规律来科学安排。

（一）思政课服务新时代政治发展

教师要强化思政课的政治属性，将全面建设社会主义现代化国家、"两个一百年"目标、五大发展理念、中国特色社会主义理论体系、伟大复兴的中国梦思想等核心政治思想全面融入思政课教育教学体系，深刻阐发新时代的新内涵，阐发社会主义核心价值观，阐发不同课程要素支撑新时代发展，服务新时代走向更加光明的未来。

（二）思政课要服务新时代高等教育高质量发展

经过多年的扩招，民办高等学校的办学规模不断扩大，但教育质量却停滞不前。国家及教育主管部门给予高度重视，正式启动了高等教育质量建设工程。思政课是质量建设工程中的重要一环，是学生思想、价值培育的重要阵地。建设高质量的思政课程，是适应新时代要求、实现思政课建设高质量发展的现实需要。

（三）思政课教学要为学生成长和价值实现服务

学生的未来，一定是在新时代成就人生价值和社会价值，价值实现形式与内容可能与当前相仿，也可能更具时代性。新时代大学生要求更加个性的呈现，要求更加解放的思想，要求更加宽阔的舞台，追求更加崇高的信仰。思政课需要帮助大学生探求自身的价值、引领大学生确立马克思主义信仰，并积极适应新时代要求，在中国式现代化的伟大进程中不断做出自身应有的贡献。

第三节　新时代民办高校思想政治理论课建设的基本路径

党的十八大以来，围绕"必须抓好后继有人这个根本大计"，习近平总书记发表了一系列重要讲话，指出思政课是落实立德树人根本任务的关键课程。办好高校思政课是培养造就大批堪当时代重任接班人的有效抓手，也是加强新时代马克思主义学院建设的主业和"牛鼻子"。加强新时代民办高校思政课建设，必须在坚持历史与现实相结合的基础上不断推动创新发展。同时，思政课建设要结合新时代背景和国家人才培养的基本要求，遵循教学基本规律，针对具体实际来设计、实施和评估课程教学改革，全面推动民办高校思政课建设良性发展。围绕提高思政课建设的质量和成效，开辟新时代新路径，主要应做好以下几个方面的工作。

一、科学规划与体系设计

在课程教学实施之前，是课程规划、设计，师资团队组织、建设等课程教学的前期阶段。万事开头难。一方面，课程实施之前的规划与设计是决定课程成败的关键。课程设计需要关注整个课程的目标、体系、内容、对象及其需求、方法、评价、诊断、反馈等各个环节，需要将不同环节链接起来推演，是基于系统思维、在系统实施前的系统设计，这个规划设计要求对整个课程教学有方案、有预案、有预判。另一方面，课程教学的师资团队建设，是课程教学实施的基础。组建课程教学团队可以弥补个体的不足和局限，有利于整合和优化课程教学资源，培养提升教师创新素养，提高课程品质和效率。民办高校可以通过课程教学师资队伍建设、制度建设、教研能力建设等几个方面大力开展课程教学团队建设。

1.加强课程教学规划与设计

一是要注重方案设计。首先要确立并锁定课程的目标，将课程内容、教学方法、组织实施、评价反馈等一系列环节集成一体，充分考虑需求供给均衡协同，形成系统化的教学方案，为后续教学的开展奠定基础。

二是要制订应急预案。教学方案的实施会因教师、学生等主体对象的变化而变化，会因教室、设施、时间等变化而变化，会因政策、考核等变化而变化，进而使得原先的系统方案遭遇挑战，这就需要有相应的应急预案来解决，课程设计时要推演、思考周全，考虑可能发生的应急情况。

三是要整体把控预判。有系统方案、应急预案，就是为了能够科学预判，这个预判一方面是预判课程教学能够形成的基本概况、成效，另一方面，是对可能出现的计划外的情况及其影响也能够有比较合理的预判。

2.提高课程教学团队建设

加强课程教学师资队伍建设。好的教学团队，应该由学科带头人、教学骨干、研究队伍和基础教学团队等组成，在学科上强调交叉、年龄上强调以老带新、职称上强调梯队。前有带头人、后有接班人，这样的团队才有生气、有生机、有生命力。

建立健全师资建设制度。有好的师资才能产出好的课程，好的师资需要重点培养，其中培养体系和制度是关键。民办高校需要建立诸如培训制度、访学制度、会议制度、学历深造制度等，帮助和引导老师加强学习、提升素养，通过制度支撑逐步提升师资质量。

推进师资教研一体化能力建设。教学、科研孰轻孰重一直有争议，但教学科研不可或缺是共识。推进教学、科研一体化的能力建设，有利于提高教师教学、科研联动水平，能够推动产出更好的教学质量和科研成果。

二、内容整合与学科融合

1. 思政课的内容整合

历史是最好的教科书。办好高校思政课，必须坚持内容为王，与时俱进地更新教学内容。围绕本科生五门通识必修思政课，围绕研究生马克思主义工程教材体系，再加上实践教学，要构建比较完善的思政课教学体系。

一是思政课教学中必须重视与党史、新中国史、改革开放史、社会主义发展史的有机结合。习近平总书记指出，只要我们深入了解中国近代史、中国现代史、中国革命史，就不难发现，如果没有中国共产党领导，我们的国家、我们的民族不可能取得今天这样的成就，也不可能具有今天这样的国际地位。因此，围绕党的百年历史教学是高校思政课内容的重要导向，要让青年学生从中体悟党的百年艰辛与坎坷，明白党和人民事业发展脉络，深刻把握一百年来党团结带领人民不懈奋斗所取得的伟大成就，深刻领会党百年奋斗的历史经验，从中不断汲取智慧和力量。

二是贯穿建党精神。2021年适逢党的百年华诞，高校思政课更要联系和讲好党史故事，坚持用党的理想信念凝聚人，在历史和现实的结合中让青年学生体悟一百年来党的艰辛和伟大，进一步懂得在当代中国坚持中国共产党领导、坚持马克思主义指导、坚持中国特色社会主义道路的必然性，深刻领会"没有共产党就没有新中国""没有共产党就没有中国特色社会主义"的科学性，增强中国特色社会主义道路自信、理论自信、制度自信、文化自信，坚定永远跟党走的信念和决心。

三是结合现实教学。思政课的内容整合必须贴近社会生活。当前，面对严峻复杂的国内外形势，统筹中华民族伟大复兴战略全局和世界百年未有之大变局，我们必须做好较长时间应对外部环境变化的准备工作。办好高校思政课一定要紧扣社会现实，阐释好党和政府在现阶段重大方针政策和决策部署，努力增强思政课课程内容的现实感和社会温度。近年来，我国在实施精准扶贫、脱贫攻坚战中取得了全面胜利，全面建成小康社会以及推进国家治理体系和治理能力现代化等方面取得一系列伟大成就并涌现许多动人故事，它们构成了当下最鲜活的思政课内容素材。我们要从历史和现实的对比中，让青年学生进一步明白坚持中国共产党坚强领导、坚持马克思主义思想指导、坚持中国特色社会主义道路不动摇的重要性、必要性，增强他们对中国特色社会主义的政治认同、理论认同、情感认同，促使他们立志为建设社会主义现代化强国奋斗目标、为实现中华民族伟大复兴中国梦而发奋读书、提高本领。

2. 思政课的内容创新

教学内容的设计与安排，是在课程规划设计之后、课程总结评价反馈之前的教学阶段。它是提高学生认识的过程、促进学生发展的过程，是教学内容实施的主要过程，是师生互动的主要通道，是对教学规划与设计的落地落实，其关键在于教学方式和内容的拓展。教学方式是教学内容的输送形式，是师生互动的关键载体，好的教学方式会显著提升教学质量。教学内容是思政课的主要构成，也是实现思政课教学目标的关键。

一方面，立足教材创新内容。所谓内容为王，任何课程都必须有其核心内容和价值导向，这是课程存在的价值和意义所在。思政课具有扎实的内容基础，所有的教材都汇聚了资深专家的心血，由国家审定，权威性、准确性、客观性都非常强。思政课教材更新较频繁，但教学内容也必须随之创新。

另一方面，要整合优化内容。思政课是一个整体，各门课程之间具有很强的关联性，日常的教学中各门课均是独立实施，造成了一定的割裂，如果能将相关课程的内容进行整合优化，必将提升思政课的吸引力。要以马克思主义为基础，以社会主义核心价值观为统领，依据课程的功能和教学目或者大学生的思想特点和接收方式来整合优化。

3. 思政课的学科融合

所谓思政课的学科融合，就是不同思政课程之间、不同专业课程的思政教学都要体现融合、共育的特性，从而实现思政课建设的相互借鉴和优势互补。比如马克思主义理论一级学科，下设马克思主义中国化、思想政治教育等七个学科方向，强化学科建设，就是要在实践中实现互鉴、交流，彼此取长补短。

思政课的学科融合，也涉及思政课相关领域的交叉学科，包括专业课的课程思政，重在突出学科建设的特点和优势，落实立德树人的根本任务，达到"五育并举""三全育人"的要求和目标落实。民办高校思政课建设还要立足构建"大思政课"体系，从理论认知、实践养成、专业技能等方面切实提高大学生的综合素养和服务社会的能力。

三、理论武装与体悟践行

党的创新理论是前进的旗帜、发展的方向和奋斗的动力。坚持学习领会马克思主义科学理论特别是马克思主义中国化的最新成果，努力做到学思用贯通、知信行统一，在党的创新理论中找方法、找答案，深刻认识中国共产党为什么能、马克思主义为什么行、中国特色社会主义为什么好，努力走出一条民办高校思政课建设的创新之路。

1. 持续强化理论武装

理论是行动的先导，中国共产党自成立之日起，历经艰难险阻，始终走在时代前列，靠的是科学理论引领。思政课教学要引导学生全面系统学习党的创新理论。思政课要坚持以理论武装凝心聚魂，离不开对科学理论持之以恒、与时俱进的学习和教学，离不开对学习方法论博采众长、精研细思的探究，思政课务必要把握创新理论的意义、体系和精髓。党的十九大报告明确提出"用新时代中国特色社会主义思想武装全党"的要求，深入学习贯彻习近平新时代中国特色社会主义思想是当前和今后一个时期高校思想政治工作和思政课建设的首要政治任务。

贯彻落实这项任务，要做到：一是必须坚持全面系统学，原原本本地仔细研读原著。要深刻认识和领会其时代意义、理论意义、实践意义、世界意义，深刻理解其核心要义、精神实质、丰富内涵、实践要求。思政课教师要引导大学生，结合自身实际"读原著、学原文、悟原理"，督导其认真学、扎实学，潜心研读党的十九大报告和党章，研读《习近平谈治国理政》《习近平关于全面从严治党论述摘编》等著作，逐字逐句读、入脑入心学、由浅入深悟，从最权威最准确的原著中深刻领会其科学体系、精神实质、实践要求。二是及时跟进学，让学习成为自觉和习惯。党的理论创新每前进一步，党的理论武装就跟进一步。与时俱进是马克思主义的理论品格。正如习近平总书记在党的十九大报告中指出："我们必须在理论上跟上时代，不断认识规律，不断推进理论创新、实践创新、制度创新、文化创新以及其他各方面创新。"①学贵有恒，"温故而知新"。要及时跟进学，离不开思想政治课的融入和创新，及时引领跟进学习党的创新理论。三是启迪学生思考，努力做到学深悟透马克思主义中国化的最新成果。用科学理论武装头脑，既是一个怎么学、如何学好的方法论问题，也是一个真学笃信、内化于心的认识论问题。要避免把新观点新提法当作空口号、时髦话，叶公好龙、不求甚解；矫正思想认识误区，避免对学习方式方法不在意，浅尝辄止、生搬硬套。毛泽东同志曾经说过："学习一定要学到底，学习的最大敌人是不到'底'。"②学习习近平新时代中国特色社会主义思想，必须拿出"学到底"的精气神，掌握正确的学习方法，形成良好的学风，不断学习、领悟、实践，努力做到学深悟透、融会贯通。

理论创新每前进一步，理论武装就要跟进一步。理论上的成熟是政治上成熟的基础，政治上的坚定源于理论上的清醒。民办高校思政课必须围绕提升育人成效，必须坚持不懈强化理论武装，在真学真懂真信真用上下更大气力。要坚持马克思列宁主义、毛泽东思想、邓小平理论、"三个代表"重要思想、科学发展观，全面贯彻习近平新时代中国特色社会主义思

---

① 习近平.决胜全面建成小康社会夺取新时代中国特色社会主义伟大胜利———在中国共产党第十九次全国代表大会上的报告［M］.北京：人民出版社，2017.

② 石跃新.学习贯彻"一定要到底"［J］.新湘评论，2018，0（1）：64-64.

想，不断增强"四个意识"，坚定"四个自信"，做到"两个维护"。当前，主要是引领大学生把思想统一到党的全会精神上来，将贯彻落实党的历次全会精神尤其是党的二十大精神，作为强化理论武装的重要内容，与深入学习贯彻习近平总书记"七一"重要讲话精神融会贯通起来，将学习成果转化为提升党性觉悟和思想境界的精神营养，将持续提升用党的创新理论指导实践的能力和水平。

2. 注重实践结合

办好高校思政课需要坚持理论与实践相结合，融合实践学，就是针对现实问题联系实际学，增强思政课教学的针对性和实效性。习近平总书记在党的二十大报告中强调指出："实践告诉我们，中国共产党为什么能，中国特色社会主义为什么好，归根到底是马克思主义行，是中国化时代化的马克思主义行。"[①]马克思主义科学揭示了物质世界特别是人类社会发展的一般规律，是具有客观真理性的科学学说。马克思主义是我们党的灵魂和旗帜，是我们立党立国的根本指导思想，也是高校思政课课程的主导内容和理论基础。办好民办高校思政课，首先应该体现马克思主义的科学性要求，坚持用学术讲政治，从学理上讲清楚马克思主义的理论逻辑，讲清楚马克思主义中国化的历史必然性，让当代大学生深入理解马克思主义的形成和发展过程，理解马克思主义在中国的传播和发展，以及马克思主义对当代中国的价值和意义，从中深刻理解马克思主义博大精深的理论体系和科学内涵，以及进一步丰富和发展当代中国马克思主义、二十一世纪马克思主义，深刻感悟马克思主义的科学性和真理魅力。

"哲学家们只是用不同的方式解释世界，而问题在于改变世界。"[②]马克思主义不是书斋里的学问，而是现实的改造世界的学说，是关于无产阶级和人类解放的革命学说，是在无产阶级和广大劳动人民求解放的实践中形成、丰富和发展起来的。实践性即理论联系实际是马克思主义的本质

---

① 习近平. 高举中国特色社会主义伟大旗帜为全面建设社会主义现代化国家而团结奋斗［N］. 人民日报，2022-10-26（001）.

② 马克思恩格斯选集：第 1 卷［M］. 北京：人民出版社，1995：57.

特征和根本原则，也是增强高校思政课实效性的根本要求。从实践逻辑来看，高校思政课必须回应社会热点、关注现实问题、响应时代需要，以释放和体现马克思主义科学学说的实践力量。

习近平总书记在党的十九大报告中指出："青年兴则国家兴，青年强则国家强。青年一代有理想、有本领、有担当，国家就有前途，民族就有希望。"①在这样的背景下，高校必须坚持用习近平新时代中国特色社会主义思想教育人，落实好立德树人根本任务，运用思政课这一关键课程提高青年学生的思想政治素质，教育引导他们坚持和运用马克思主义立场观点方法观察时代、把握时代、引领时代。同时，为彰显理论联系实际、科学理论对实践的指导作用，高校思政课还应该引导当代大学生积极走进社会、深入了解社会、主动服务社会，增强社会责任感和使命担当意识，在社会大课堂中不断成长，努力做坚定的马克思主义弘扬者和实践者。

3. 突出社会实践

实践是检验真理的唯一标准。突出实践性，是新时代民办高校检验大学生学习、促进大学生成长的重要教学原则。突出思政课的实践性，重点在于凸显理论的实践性，感受实践的真实性，使大学生在社会实践中提升对马克思主义的坚定信仰，自觉践行社会主义核心价值观，自觉成长为有益于社会的人。

一要有利于指导实践教学。思政课的理论教学要指导实践，用学习到的理论去分析、解读甚至运用于实践，学生在实践中感知理论、理解理论、发展理论。加大社会实践教学的比重，使学生不但学理论，更在丰富的社会生活和时代发展中深切感受，产生情感共鸣，深化对马克思主义和科学社会主义的情感认同，增强思政课教学的亲和力和感染力。这一过程是理论与实践的互动过程，是理论的具体化、可视化、体验化的过程，学生在此过程中可以进一步感受理论的深度、厚度。

二要注重体现生活化实践。理论不能挂在墙上，理论应该是可以用来

---

① 习近平. 决胜全面建成小康社会夺取新时代中国特色社会主义伟大胜利——在中国共产党第十九次全国代表大会上的报告［M］. 北京：人民出版社，2017：70.

生活化实践的，这个实践要有比较强的针对性和朴素性，易懂、易接受。最重要的是突出实践的真实性，当前思政课的实践环节，依旧存在着理论占比高、实践质量低的问题，形式大于内容，真实性有待商榷。

三是思政课教学必须要结合现实问题，突出强调学生参与实践的真实性、体验感，要有利于学思践悟。一方面，要坚持要实事求是，实践教学要引导学生走向实践，实践环节多数会涉及校外考察的联络、实践环境的设计等，相对课堂理论教学，繁杂程度可见一斑。虽然难度大，但是必须坚持实事求是的基本原则开展实践教学，否则就会变成形式主义或者闭门造车，负面效果显著。另一方面，要追求实际效果。实践在于设计，这是一种导向，但实践不应只是设计，更重要的是实效，如果实践停留在精心设计层面而忽视了实效，这个实践将失去意义，而且必须体现时代发展的核心价值和要求。

四、过程强化与效果评价

民办高校思政课建设的良好效果，涉及思想政治工作、日常思想教育、党建工作等诸多方面的"大思政"格局。为什么要强调思政课教学的过程和最终评价的效果？一方面，这适应了新时代大学生思想发展的现状和需求，大学生处于朝气蓬勃的年龄，精力充沛，思维灵活，反应迅速，爱好广泛，生理发展基本成熟，心理进入快速成长发展阶段，有非常强的可塑性，必须要教育引导他们正确的发展道路。另一方面，必须体现思政课的本质要求，即运用历史逻辑、理论逻辑和现实逻辑，启迪大学生真学、真信、真用。大学生开始思想独立，不再是过去的单一顺从、听教，而是用带有一定的理解和批判的态度来对待课程教学的内容。这就需要思政课教师进行更加周密的备课、更加精深的讲解、更加个性的引导。

1.强化思政课教学的过程控制

教学内容是影响思政课教学成效的关键，如果课程内容与学生需求密切相关，那么学生的关注度、投入度、满意度均会得到一定提升，反之学生则会忽视甚至会放弃课程。及时更新教学内容是学生需要，更是学校和政府需要，政府通过更新内容将自己的执政理念、价值判断和相关政策等传递给学生，学生也希望在课堂上听到更多关乎自己未来的内容。

　　为体现思政课教学的过程控制，一是要进行日常生活的具体指导。这既是通过课程来呼应的人文关切，更是聚焦信仰育成的生活实践。关注学生的日常生活，如对学生的舍友关系、恋爱交友、旅游娱乐甚至网络等生活领域进行呼应、指导，使课程更加生活化、更有灵动感、更能接地气、更有人文气息，才能获得学生更多认可、更加吸引学生关注和主动学习。二是要有贴近社会热点的具体响应。当前社会网络技术发达，信息无缝传递，一些突发事件会瞬间爆发，真假参半，反复无常，反响各异，一些大学生辨别意识相对较弱，思政课教师应及时补位挖掘分析相关事件的核心原因，引导学生有序思维，增强学生主观分析能力，帮助学生正确理解和看待相关问题。三是要强化政治内容的具体表达。思政课教师必须将教材体系向教学体系转化，进而向认知体系转化。进一步吃透新教材内涵，巩固新教材培训效果，强化思政课教学内容创新，体现时代感，提高针对性和时效性。主要围绕"两个大局"，即世界百年未有之大变局和中华民族伟大复兴战略全局，积极回应青年大学生的思想关切。加强集体学习引领，确保教学内容新鲜、课堂气氛活跃、师生真诚互动，从而激发大学生的"家国情怀""天下情怀""民族情怀""人类情怀"，担当时代责任。

　　2. 不断创新思政课的教学形式

　　思政课教学一定要针对教学对象的特点和接受能力，循序渐进，达到立德树人的育人要求。一要针对当前大学生性格特点来创新教学方式方法。当代大学生自我意识比较强，个性比较张扬，善于表达和参与，在教学过程中要多给予他们表达自我的空间，使他们感到自己被尊重、被认可和受到赏识。二要针对当代大学生成长背景设计教学。当代大学生是"网络新一代"，网络生活时间占比大、网络活动形式丰富、网络活动频次较高，生活需求基本上通过网络解决。因此，要充分运用网络资源、多媒体技术等先进教学手段和教学工具，诸如慕课、微课、微电影等新技术手段，使教育内容更加直观、形象、生动，以立体性、可视化教学使思政课活起来。三要针对课程内容来设计教学。教学活动中有多个要素，但教育对象和教学内容是核心，连接这两个核心的关键就是教学形式。一方面要根据教学对象的情况，结合其特点及成长经历，另一方面要根据实际的教学内容来设计教学形式，运用适当的教学形式可以将教学内容及其目标落到实处。改变单纯由教师讲解、学生被动听的传统授课方式，强化自主学习、合作学习、互动学习的新理念，着力推进案例式、探究式、互动式、议题式、情境式等教学新模式，加强课堂互动环节设计，充分调动学生的主动性和积极性。

3.健全过程性科学评价体系

2020年10月，中共中央、国务院印发了《深化新时代教育评价改革总体方案》指出，"教育评价事关教育发展方向，有什么样的评价指挥棒，就有什么样的办学导向。为深入贯彻落实习近平总书记关于教育的重要论述和全国教育大会精神，完善立德树人体制机制，扭转不科学的教育评价导向，坚决克服唯分数、唯升学、唯文凭、唯论文、唯帽子的顽瘴痼疾，提高教育治理能力和水平，加快推进教育现代化、建设教育强国、办好人民满意的教育。"[①]在此要求下，明确了教育评价尤其是德智体美劳等综合教育评价机制的原则遵循和操作要求，也强调要注重过程性评价。

民办高校思政课建设，也必须构建过程性科学评价体系。其指导思想是，依照落实立德树人根本任务，遵循"学生中心、成果导向、持续改进"的教育教学理念，以建立健全能力与知识考核并重的多元化过程性评价体系为目标，通过过程性评价改革，加强学生学习过程管理，引导学生关注学习过程，注重学习能力培养，全面提升课堂教学水平和人才培养质量。

健全过程性教学评价体系要遵循两个基本原则：一是多样性原则。应当依据各门思政课教学大纲及课程特点，设计多样性过程性评价形式，引导和强化能力培养，同时不忽视基础知识与实践技能的训练与指导，难易适度。二是启发性原则。在内容设计上应注重考察学生的理论思维、创新

---

① 本刊编辑部吴杰、李玉等.深化新时代教育评价改革［J］.陕西教育（综合版），2021（10）：14.

性思维和综合分析与解决问题的能力；努力为学生创设发挥能动作用的空间，启发、引导学生主动思考、大胆创新，学会运用马克思主义的立场、观点和方法解决实际问题。

　　构建科学的思政课评价体系，在遵循基本原则的基础上，应结合民办高校自身实际，具体可以包括以下内容：A.上课出勤，即应加强学生学习状态管理，避免"出人不出工""只听不学"等现象。B.平时作业，即要求作业布置适量、精心设计，及时批改、及时反馈，严把作业质量关，确保平时作业成绩的准确性。C.课程测验，包括期中考试、单元或章节测验、随堂测验等。D.课程作业，即根据课程教学内容及目标专门设计，在思政课程教学过程中发布的综合性作业可以是经典文献阅读、专题调研报告、文献综述、案例分析等多种形式。E.课堂表现，即组织学生对课程的重点、难点或部分专题内容通过课堂研讨或课堂提问等形式开展师生互动、生生互动，教师根据学生的表现情况评定成绩。F.实践活动，即结合教学内容组织学生开展课内外实践活动，加深学生对理论知识的理解和实践运用。教师可根据学生在活动中的综合表现、知识掌握情况、知识运用程度及动手能力等进行成绩评定。G.其他形式，教师可根据课程特点，设计其他行之有效的过程性评价内容和考核形式，例如学习笔记、团队作业等。

　　健全科学的思政课教学过程性评价体系，一个基本要求是要科学合理地制订考核评价的标准，做到有理有据。一般来说，学生的成绩由平时成绩（即过程性评价成绩）和期末考试成绩综合评定，平时成绩应不低于课程总成绩的30%～50%，具体占比应与考核环节、考核次数和考核内容相匹配，并在每门课程教学大纲中予以明确说明；每门思政课程的平时成绩即过程性评价，原则上应不少于5种形式，要依据课程性质、课程目标、理论和实践教学的要求来设计评价方案；期末考试的内容、形式包括主客观题型、评分标准，都要有利于科学、合理、客观的总体评价。

第四章　新时代民办高校思想政治理论课
建设探索与创新

　　2019年3月，习近平在学校思想政治理论课教师座谈会上的重要讲话中强调指出："当前形势下，办好思政课，要放在世界百年未有之大变局、党和国家事业发展全局中来看待，要从坚持和发展中国特色社会主义、建设社会主义现代化强国、实现中华民族伟大复兴的高度来对待。"①我们必须从这样的战略高度上去看思想政治理论课的改革创新。

　　党的十八大以来，以习近平同志为核心的党中央高度重视高校思想政治理论课建设，相继出台了一系列关于思想政治理论课建设的指导性文件，不断推进思想政治理论课改革创新。多年以来，民办高校严格落实中央指示要求，思想政治理论课建设在改进中得到加强，思想政治理论课教师队伍综合素质不断提高，课堂教学状况显著改善，大学生学习思想政治理论课的积极性得到提升。同时，必须清醒地认识到，国内外各种思想文化交流交融交锋更加频繁，如何增强对重大理论问题和现实问题的阐释力，给思想政治理论课提出了新的挑战；社会思想意识更加多元多样多变，面对各种思潮和复杂的社会现象，如何运用马克思主义的立场观点方法统一思想认识，对思想政治理论课提出了新的要求。

　　当前条件下，全面推动民办高校思政课建设，必须不断探索和创新，应结合具体实际，抓好七个方面工作：加强民办高校马克思主义理论学科建设，优化民办高校思想政治理论课教师队伍，推进民办高校思想政治理论课教学改革，构建民办高校一体化专业人才培养体系，提升民办高校思

---

① 习近平.思政课是落实立德树人根本任务的关键课程［J］.当代广西，2020（17）：4.

想政治理论课科研水平，强化民办高校思想政治理论课实践育人，创新民办高校思想政治课综合治理模式。

第一节　加强民办高校马克思主义理论学科建设

马克思主义是我们立国的根本指导思想。马克思主义中国化更是指导好引领实现中华民族伟大复兴中国梦的思想旗帜，马克思主义永远是我们国家的主流意识形态。党中央实施马克思主义理论研究和建设工程，以及作为其重要组成部分的马克思主义理论一级学科的确立，就是我们党重视主流意识形态建设、重视马克思主义指导地位的突出表现。加强民办高校马克思主义理论学科建设，对于坚持和发展马克思主义、丰富中国特色社会主义建设实践、坚定青年学生理想信念、培养道德情操都具有重要意义。

一、强化马克思主义理论学科建设的宗旨和意义

所谓宗旨，是指组织或个人的行为所具有的根本目的和根本意图。高校马克思主义理论学科建设的宗旨，是指马克思主义理论学科建设的根本目的和根本意图。改革开放前，我国高校学科体系中不存在马克思主义理论学科的设置，自然也不存在高校马克思主义理论学科建设的问题，更不可能存在和开展关于马克思主义理论学科建设宗旨的认识和探讨。改革开放后，我国于1996年首次设立了二级学科马克思主义理论与思想政治教育。2005年，我国决定增设马克思主义理论一级学科及所属二级学科，并重新构建了高校思想政治理论教育的新体系，使马克思主义理论学科建设与思想政治理论课程建设的改革一并提出、同时进行、整体推进。这一前所未有的举措不仅结束了思想政治理论课程没有与之相适应的学科为依托的历史；而且马克思主义理论学科建设的宗旨问题引起了理论界的关注，开始纳入学术研究的视野。从历史的角度看，我国建立马克思主义理论学科的一个直接原因是促进思想政治理论课程建设。

也正是如此，在马克思主义理论学科建设的"起航"阶段，人们对高

校马克思主义理论学科建设的宗旨的认识更多还是停留在马克思主义理论学科建设与思想政治理论课程的关系的纬度内，认为马克思主义理论学科建设的出发点和落脚点就是为高校思想政治理论课程服务，为提高高校马克思主义理论研究水平和思想政治理论教育水平服务。高校马克思主义理论学科建设的宗旨最终是提高高校思想政治教育的质量和水平，并为这一教育提供科学和学科的基础。为高校思想政治理论课程提供坚实有力的学科学理支撑，是马克思主义理论学科建设的出发点和归宿。

毋庸置疑，为思想政治理论课程建设提供更为坚实的学科学理支撑是马克思主义理论学科建设的重要宗旨和功能，但它并非是也绝不是马克思主义理论学科建设的全部宗旨或功能。事实上，马克思主义理论学科建设宗旨的内涵意蕴极为丰富，只不过人们对马克思主义理论学科建设宗旨的丰富内涵的认识需要一个由初步认识到深入认识，由简单理解到深化理解，由不全面到较为全面的渐进过程。这一认识过程是随着中国特色社会主义建设事业的发展，以及中国特色社会主义理论体系研究和马克思主义理论学科建设的推进而不断深化和拓展的。时代的、形势的变化，也要求对马克思主义理论学科建设宗旨的研究有新突破，不断创新。这就需要全面审视，多维度、多视角解读，深入地探索和揭示马克思主义理论学科建设宗旨的丰富意蕴和内涵。

具体到马克思主义理论一级学科建设对于新时代民办高校思想政治理论课建设的重要意义有以下四个方面。

（一）这是我国坚持和发展马克思主义需要

我国社会的性质决定了在哲学社会科学中，在整个意识形态领域，必须坚持马克思主义的指导。这是我国社会主义建设事业的重要保证。关键问题在于培养马克思主义理论研究和建设人才，也就是中央领导同志一再讲的"三个一批"，即要着力造就一批学贯中西、享誉中外的马克思主义理论大家，一批政治方向正确、理论功底扎实、勇于开拓创新、善于联系实际的马克思主义理论学科带头人，一批中青年马克思主义理论研究和教学骨干。这个任务主要靠高等教育来完成，民办高等教育也责无旁贷。马克思主义理论一级学科的建立，就为我们培养马克思主义理论研究和教育人才提供了可靠保证。为了完成这一重要的历史使命，我们必须建设好马克思主义理论学科。这是历史的重托，是党和人民的重托。

（二）这是健全马克思主义学科体系的需要

健全和完善适应中国特色社会主义建设需要的学科体系，必须推进民办高校马克思主义理论学科建设。民办高校可以通过马克思主义理论学科的建立与建设，进而不断拓展学科规模，不断提升学科建设质量，通过明确学科研究方向、优化人才培养方案、提高学科队伍素质、完善机构设置，促进学科规范化、制度化建设。新形势下，推进民办高校马克思主义理论学科建设不仅是该学科实现又好又快发展的需要，而且是完善民办高校学科体系、促进其发展的重要内容，对于健全和完善学科体系具有重要意义。

（三）这是加强思想政治理论课建设的需要

在高等学校开设思想政治理论课程，是我们社会主义国家教育的重要特征，是体现我国社会主义制度的性质和适应未来发展的必然要求。所以，它理所当然地要求马克思主义理论一级学科成为我国教育体系和学科体系中的重要组成部分和必要环节。马克思主义理论一级学科的确立使得我国高校一级学科体系更为合理、更加完整。马克思主义理论学科同其他学科一样作为学科来建设，必然会增强其科学性、理论性和学术性，从而提高马克思主义理论研究的水平，提高民办高校思想政治教育的质量，使民办高校思想政治教育不断获得新的发展。

（四）这是稳定和巩固思政教研队伍的需要

我国民办高校也有一支庞大的马克思主义理论研究和教学队伍，人数众多，素质较高。这支队伍的成员，兢兢业业，过去和现在都为我国民办高校马克思主义理论研究与思想政治教育做出了巨大贡献。但新的形势下，许多新问题和新困难的出现，导致教师队伍不稳定，出现教师流失的现象。马克思主义理论一级学科的确立，不仅可以稳定、巩固和扩大我们的教师队伍，而且可以将马克思主义理论一级学科培养的硕士生，甚至在不远将来培养的博士生源源不断地补充和充实到我们的队伍中来，使马克思主义理论研究和教学队伍不断发展壮大。基于此，民办高校马克思主义理论研究和思想政治教育将会有一个很大的飞跃，民办高校马克思主义阵地也将会进一步扩大和巩固。

二、马克思主义理论学科是思政课的基础和依托

（一）为思政课程建设提供坚实的学科支撑

马克思主义理论一级学科建设面临的任务很多，但为民办高校思想政治理论课提供坚实有力的学科支撑是其一项不可或缺的重要的任务和使命。众所周知，学科是教学科目的总称。课程与学科之间存在相互依存、相互促进、不可分割的关系。学科涵盖研究方向和课程。离开了课程，学科就没有了依托；没有了学科，课程就很难提高。

在相当一段时间内，我国民办高校思想政治理论课程被囿于马克思主义理论公共课的视域内，而不是被作为一个学科来看待，在现实中也缺少必要的学科依托和支撑，这在一定程度上造成了思想政治教育学科在不同范围、不同程度上存在如下问题：研究对象不明确，内涵模糊，外延过宽；研究队伍整合不够；对学科持怀疑态度，信仰不坚定；缺乏标志性研究成果；学科研究成果、学科地位不"实"；等等。1996年，我国设立了二级学科马克思主义理论与思想政治教育。这一前所未有的举措不仅结束了思想政治理论课程没有与之相适应的学科依托的历史，同时也对稳定教师队伍、积聚和培养人才、改善课程教学状况、提高教学效果等方面发挥了积极的作用。

尽管马克思主义理论与思想政治教育二级学科的设立为思想政治理论课程初步提供了所需的学科支撑，但由于当时马克思主义理论与思想政治教育仅是法学学科门类中的一个二级学科，而且学科建设和课程建设也没有被很好地有机统一起来，因此这一学科的建设根本不可能彻底改变思想政治理论课程学科基础建设薄弱的状况，也远远不能适应思想政治理论课程建设的需要。为了从根本上扭转这一局面，2005年，中宣部和教育部联合下发《关于加强和改进高等学校哲学社会科学学科体系与教材体系建设的意见》。新增设的马克思主义理论一级学科，暂设置于"法学"门类内，下设五个二级学科，即"马克思主义基本原理、马克思主义发展史、

马克思主义中国化研究、国外马克思主义研究、思想政治教育"。与此同时，并将马克思主义理论学科建设与高校思想政治理论课程改革有机结合起来，对高校思想政治理论课程设置方案做了新的安排，把"98方案"规定的在本科生中开设的思想政治理论课由七门调整为四门，决定开设"马克思主义基本原理""毛泽东思想、邓小平理论和'三个代表'重要思想概论""中国近代史纲要""思想道德修养与法律基础"。《关于加强和改进高等学校哲学社会科学学科体系与教材体系建设的意见》的实施，不仅结束了我国高校思想政治理论课程一直不存在与其相适应的一级学科的历史，实现了高等学校学科体系建设的重大突破，从根本上扭转了思想政治教育只有政治形象而缺乏坚实学科和科学形象的历史，而且将马克思主义理论学科建设和思想政治理论课程建设有机地统一起来。这就从一级学科的高度为思想政治理论课程建设提供了可持续发展的学科、学术和学位平台，凝练了学科方向，整合了各种教学资源；创新了教学内容，促进了教材建设，推动了教法革新；汇集、稳定和壮大了学科队伍，提高了教师整体水平，加强了教学的科学性、规范性和时效性，从而为实现思想政治理论课程建设更好更快的发展提供了强有力的学科支撑。

（二）为思政课程建设提供坚实的学理支撑

马克思主义理论学科建设面临的任务很多，其中很重要的一项就是为思想政治理论课程建设服务，为思想政治理论课程建设提供所需的学理基础。马克思主义是我们立党立国的根本指导思想，是建设中国特色社会主义、实现社会主义现代化的根本保证。搞好马克思主义理论学科建设不仅对加强马克思主义理论研究和建设，巩固马克思主义在意识形态领域的指导地位具有重要的作用，而且最终将从学理方面为思想政治理论课程建设提供坚实有力的支撑。

马克思主义理论还是一个不断发展、与时俱进的体系，它从社会实践中产生并始终在实践中接受检验，始终严格地以客观事实为根据并随着时代和历史的变化而不断发展。马克思主义理论一级学科的设立，有利于从历史、现在和未来的多维角度，从国外乃至全世界的视域下，紧扣时代和实践发展的脉搏，对马克思主义发展史和国外马克思主义进行全面系统深入的研究。马克思主义理论一级学科了解和把握马克思主义在世界其他国家与地区的发展和运用，致力于对当代国外马克思主义相关的理论、思想、流派的产生、演进及基本动态等方面进行原创性的研究，批判性地借鉴国外马克思主义成果来剖析当代社会实践和科学认识中出现的最新理论问题，推进马克思主义理论的与时俱进。

马克思主义理论学科建设对思想政治理论课程建设的学理支撑作用还表现在用马克思主义的理论研究成果去教育大学生，用马克思主义的立场、观点和方法去培育大学生的世界观、价值观和人生观，研究新时期高校思想政治教育与思想政治工作的特点和规律。总之，马克思主义理论学科建设将极大地推动马克思主义理论的深化和创新，使其不断完善、丰富与发展。在整体、全面地把握马克思主义的精神实质的基础之上，运用马克思主义的立场、观点和方法，分析当今时代面临的各种新问题，并给予科学、完整的解答，从而增强理论的信服力和感召力，最终为思想政治理论课程教学提供坚实的学理支撑。

（三）为思政课程建设培养了大批骨干人才

马克思主义理论学科建设不仅为思想政治理论课程提供了学科支撑和学理支撑，而且通过培养大批人才来支撑这一课程的建设。马克思主义理论学科建设为思想政治理论课程建设提供人才支撑，至少有两个方面。

一是为思想政治理论课程教学培养所需的人才。民办高校思想政治理论课承担着对大学生进行马克思主义理论教育的任务。思想政治理论课的教育教学效果如何，与民办高校思想政治理论课教师的素质直接相关。思想政治理论课建设能不能搞好，关键在于有没有一支高素质高水平的教学和科研队伍。教师是思想政治理论课建设及其成效如何的关键。马克思主义理论一级学科及其所属二级学科的设立，为提高民办高校思想政治理论课教师的教育教学水平和科研能力，使其适应形势发展需要不断提高教书育人本领，从而为培养一支高素质高水平的教学和科研队伍提供了前所未有的学科、学术、学理平台和支撑。马克思主义理论一级学科的建设和发展为思想政治理论课教师攻读硕士和博士学位提供了前所未有的学科平台，这不仅大大提高了思想政治理论课教师中拥有硕士和博士学位的教师所占的比重，明显改善了思想政治理论课教师的学历构成，提高了其学历总体水平；更重要的是，通过马克思主义理论一级学科这个平台，思想政治理论课教师从学科领域、研究方向、课程设置、论文选题、实践教育、培养方式等方面受到了全面系统的培养，从而形成了一批坚持以马克思主义为指导，理论基础坚实、专业知识系统、学科学术视野开阔、勇于开拓创新、善于联系实际、教学水平过硬的思想政治理论课教师骨干，最终提高了思想政治理论课程的建设水平和教学水平。

二是为思想政治理论课程建设培养所需的人才。马克思主义理论学科建设通过研究基地建设、重点学科建设和学科研究方向创新等形式，可以追踪理论前沿，把握理论动态和研究走向，极大地活跃、拓展和深化了马克思主义理论研究活动。学术交流的活跃、科研活动的加强和深化，反过来又将不断地提升思想政治理论课教师的理论水平和整体素质，使民办高校思想政治理论课教师在社会飞速发展、知识激增的今天，不断学习，努力更新知识，充实自我，调整知识结构，真正完成所承担的教育教学任务和所肩负的使命，为思想政治理论课建设提供所需的人才保障和人才支撑。

第二节　优化民办高校思想政治理论课教师队伍

思政课师资队伍建设落伍于时代环境需要是导致其教学质量不佳的主要因素之一，体现在思想政治理论课教师队伍数量、结构、水平等方面存在的一系列问题之中。国家高度重视思政论课教师队伍建设，从师资培训、领军人才培养、专家讲师团建设、制度建设等各个方面开展了一系列富有成效的改革举措，思政课教师队伍质量得以显著提升。

相对于实际需求而言，民办高校思想政治理论课师资队伍建设相对底子薄、问题多，存在数量不够、结构不均、研究能力不足、责任感被消解等诸多问题，并没有得到有效扭转，这些问题依然是制约民办高校思想政治理论课教学改革、教学质量提升的梗阻点。

一、民办高校思想政治理论课教师队伍建设的机制运行

研究认为，民办高校思想政治理论课教师队伍建设依然在路上，依然需要通过准入制度、数量提升、质量建设、结构优化、水平提升、价值实现等方面来推动思想政治理论课师资队伍建设，进而推动思想政治理论课教学质量的提升。

（一）实行教师任职资格准入制度

民办高校思想政治理论课教师在任职资格准入上，除了需要符合高校教师的一般要求以外，还需要符合和满足思想政治理论课教师的特定要求。基于高校思想政治理论课程的重要地位和作用，中央对从事这一课程教育教学的教师的任职资格历来是十分重视的，尤其是改革开放以来，多次就高校思想政治理论课教师的任职条件、主要来源和发展方向，提出了明确的要求和标准。

继2005年《中共中央宣传部教育部关于进一步加强和改进高等学校思想政治理论课的意见》实施方案颁布三年之后，2008年9月，中共中央宣传部、教育部又发布《关于进一步加强和改进高等学校思想政治理论课教师队伍建设的意见》（教社科〔2008〕5号），强调要建设一支政治坚定、业务精湛、师德高尚、结构合理的教师队伍，努力把高校思想政治理论课建设成为大学生真心喜爱、终身受益的优秀课程。针对某一课程的教师队伍如何建设问题颁布文件，这在我国教育发展史上至今是绝无仅有的，充分体现了中央对高校思想政治理论课程教师队伍建设的重视和关心。这一文件全面系统地针对新时期加强高校思想政治理论课程教师队伍建设，提出了一系列重要的指导性意见。其中，特别强调了要实行高校思想政治理论课教师的任职资格准入制度，明确提出，高校思想政治理论课教师必须坚持正确的政治方向，热爱马克思主义理论教育事业，具有良好的思想品德，有扎实的马克思主义理论基础，有相应的教学水平、科研能力。在事关政治原则、政治立场和政治方向问题上不能与党中央保持一致的，不得从事思想政治理论课程教学。

需要予以充分认识和高度重视的是，为深刻体现高校思想政治理论

课程鲜明的国家意识形态特征，牢牢把握高校思想政治理论课程教学的正确导向，这一文件特别强调了高校思想政治理论课教师与"党中央保持一致"的基本要求，并明确了在这一基本和重大的问题上"一票否决"的重要而深远意义。

同时，为强调高校思想政治理论课教师的政治坚定性，这一文件首次强调指出"新任教师原则上应是中国共产党党员"。2017年9月，教育部印发的《高等学校马克思主义学院建设标准（2017年本）》，对"新任专职教师原则上是中共党员"的要求，再次做了强调。从执政党的党性高度来规范高校思想政治理论课教师的准入条件，具有十分重要和深远的意义。再则，该文件根据当时的实际情况，再次规定了高校思想政治理论课教师任职资格的学历学位要求，以及参与大学生日常思想政治教育工作的要求，即须"具备相关专业硕士以上学位，工作期间应兼职从事班主任或辅导员工作"。

结合民办高校多年来教师队伍建设的实际情况，一些问题值得反思：首先，有关民办高校思想政治理论课教师的学历学位要求，不仅涉及"层次"的问题，而且有"学科"和"专业"的"归属"要求。《高等学校马克思主义学院建设标准（2017年本）》在对"师资配备"所作的要求中，也指出，"专兼职教师应具有马克思主义理论学科或相关学科背景"。我们要深刻理解文件提出的"相关学科"的含义和用意。马克思主义理论学科确立的时间还不长，完全由这个直接支撑高校思想政治理论课程建设的学科点所培养的专业人才来充实教师队伍，一时间还难以完成。因此，"相关学科"的要求，就有了重要的意义。关键之处，是要注重和分辨哪些是马克思主义理论学科、思想政治理论课程教学的"相关学科"。以"相关学科"背景进入思想政治理论课教师队伍的教师，并不能长期"游离"于马克思主义理论学科和思想政治理论课程教学之外，而是要"华丽转身"，尽快融入思政课教师队伍。其次，关于高校思想政治理论课教师的学历学位要求，不能进入一个盲目攀比的"怪圈"之中，关键还是看教师本人的真才实学，而不能一味地要求其所招聘的思政课教师是博士研究生等高学历。目前，各民办高校对于其接纳的新教师，已经要求是博士了。

值得进一步关注的是，要克服和避免现实中对于新进青年教师或作为人才引进的民办高校思想政治理论课教师的任职资格，偏重（或只看重）学历学位、科研成果的倾向，而应予以全面的考量。即使是对学历学位、科研成果有所要求，也必须注重考核教师的专业背景和研究内容与马克思主义理论学科、高校思想政治理论课程教育教学的"相关性"，而不是机械地、粗糙地只考虑学历学位的高低、科研成果数量的多少，以及刊载其论文期刊的档次和规格。

在中共中央宣传部教育部《关于进一步加强和改进高等学校思想政治理论课的意见》正式颁布10周年的2015年，《普通高校思想政治理论课建设体系创新计划》正式颁布。这一重要文件，在新的历史发展阶段，就高校思想政治理论课程整体建设做了全面的部署。其中，就"建立思想政治理论课专职教师任职资格制度"，明确提出了相应的要求和规定。文件再次重申，要"把政治立场作为教师聘用的首要标准，严把教师聘用政治关"；文件再次强调，要"严格教师管理，在事关政治原则、政治立场和政治方向上不能与党中央保持一致的，或理论素质、教学水平达不到相应课程要求的，不得继续担任思想政治理论课教师"。值得予以高度关注和重视的是，文件还首次提出，要"建立新进教师宣誓和专任教师定期网络注册制度"。对于新教师"宣誓"和专任教师"网络注册"这两个"新生事物"，民办高校应在实践中积极探索和创新，切实落实，避免流于形式。

总之，民办高校的高质量发展离不开大批高水平的思政教师队伍，民办高校必须严格实行思政课教师准入制度，从实施"人才强校"战略的高度出发，加大思政课教师培训投入，同时要敢于打破常规，拓宽引进思政课教师的多样化途径。民办高校一定要依照《高等学校思想政治理论课建设标准》（2021本）的要求选聘思政课教师，比如，兼职教师具有硕士研究生以上学历（专科院校兼职教师具有本科以上学历）和相关专业背景，按学校有关规定考核合格。需要强调的是，一要完善思政课教师准入标准，拓宽招聘的方式方法，严把入口关、质量关，尽快构建科学、合理的思政课教师引进和选聘机制；二要进一步优化思政课教师的成长与发展环境，从吸引人才的角度制订有利于思政课教师长期发展的战略规划；三要高度关注兼职思政课教师队伍的专业化水平，进一步完善民办高校专兼职思政课教师的聘任制度。

（二）推动思政课教师数质量提升

民办高校思想政治理论课教师队伍建设还处于低位徘徊阶段，造成如此困境的成因可能与思想政治理论课的尴尬处境有关。从课程定位上，虽然思想政治理论课是必修课，但主课身份、副课地位的尴尬在日常教学建设中一直存在。学生认为思想政治理论课不是专业课程，考试基本靠背、基本都能通过，学校认为思想政治理论课是基础类课程，非专业教师也能上，导致师资队伍的数量建设、质量建设都出现一定问题。要改变这一现状，首先得从思政课教师数量入手。

增加民办高校思想政治理论课教师数量的途径有很多，引进和培养是最重要的两种方式。

在引进方面，从全国民办高校思想政治理论课教师总数增长来说，引进的主要渠道是国内高校培养的马克思主义、思想政治教育相关专业的硕士或博士毕业生。鉴于此课程的特殊性，国外高校鲜有培养和提供思想政治理论课专业教师，所以师资人才培养的重任就落到了国内少数具有马克思主义学科硕士或博士学位培养资格的高校。显然，这类高校数量少，每年培养的博士、硕士总量有限，不足以支撑全国高校思政课教师的刚性需求，这就必然导致"吃不饱"的情况。从民办高校个体来看，虽然全国高校的总需求难以从引进满足，但鉴于不同民办高校的吸引力和重视程度不一、人才招聘的投入力度不同，会造成各民办高校人才引进的实际情况存在巨大差别。经济发达地区、财力雄厚的民办高校会受到博士毕业生的青睐，这类高校可以引进质量优异、数量足够的思想政治理论课教师。一些偏远地区、财力单薄的民办高校情况则相反，引进的数量、质量都会受到很大限制，思想政治理论课教师队伍建设则会继续处于低位徘徊的阶段。要从面上解决所有民办高校思想政治理论课教师数量不足的问题，仅靠招聘引进显然不行，还得发挥内部培养的作用。

在培养方面，民办高校对思想政治理论课教师的需求总量与供给总量之间存在显著的不平衡，需求总量明显大于供给总量，培养是解决差额的重要路径。民办高校思政课教师来源本就多元，有不少是从其他专业岗位分流而来，虽然思想政治理论课教学水平不高，但一定程度上弥补了数量的缺陷。因此，加强内部师资队伍的流转，争取一些有思想政治理论课教学意向和热情的老师转岗到此教学岗位上来，先解决数量问题，再通过培训、带教、专业学习等多种方式培养、提升转岗教师专业能力、教学水平。

师资数量是保障思政课教学秩序、教学质量的基础。思想政治理论课教师数量要按照350∶1的生师比配备，这是刚性要求，也是质量保证的基础。民办高校应加大人才引进和培养力度，从经费上加大投入、从政策上适当倾斜、从待遇上逐步提高，借以吸引更多、更优秀的硕士、博士毕业生、在职教师投身到思想政治理论课教学事业中来。解决师资数量问题，是解决超高师生比、超高班额、超强度工作、高疲劳持久战的主要路径，是消除思想政治理论课教师职业倦怠、提高思想政治理论课教师积极性，进而提升教学质量的关键基础。

（三）优化思政课教师队伍结构

数量是基础，结构是关键。对于师资队伍建设而言，不管数量是否达到配置要求，结构优化都是必要工作。优化教师团队结构，必须从优化师资队伍总体结构开始，进而优化课程教学团队结构。增加师资队伍数量本身起到优化结构的作用，同时如果能够在增加数量的同时，兼顾学科、专业、研究领域和年龄、职称等结构问题则会起到更好的作用。

民办高校思想政治理论课教师队伍主要以马克思主义学院专职教师为主，辅以适当的兼职教师，专兼职教师队伍构成了思想政治理论课教师的总量，形成了该课程教师的基本结构。当前其教师队伍中主要存在学科专业背景不强、分流教师过多、年龄职称分布不均等问题，要解决这些问题必须从优化学科结构、优化工作结构、优化来源结构等三个方面着手。一要优化思政课教师队伍总体学科结构。引进、培养一批具有马克思主义理论学科背景或者具有历史学、教育学、政治学等相近学科背景的专兼职思政课教师队伍，这样有利于不同学科之间的交叉融合，也有利于推动思政课建设方面的创新。二要优化思政课教师的工作结构。主要是针对专兼职思政课教师队伍建设现状，合理安排教学任务、教研活动，同时健全工作激励机制，促进思政课教师之间相互学习和提高，在提高工作积极性和主动性中提高工作质量。三要优化师资来源结构。社会招聘、校招等引进模式，内部轮岗、选拔等培养模式，都是优化师资来源结构的重要路径。优化来源结构是优化师资总体结构的主要方式。

优化课程教学团队结构是师资队伍总体结构的再优化，是构建在整体思政课教师队伍基础上的局部优化。尽管当前民办高校思想政治理论课师资队伍总体优化存在一定困难，但是局部优化、教学团队优化可以实现：一要培养团队负责人。团队负责人是思想政治理论课教学队伍建设的关键，选拔培养一批教学业务出众、教学热情高涨的骨干教师，使之逐渐具备领导团队建设的能力水平，这将为优化教学团队打下坚实的基础。二要搭建教学团队。一个优秀的团队应该具备职称、年龄和性别等方面的梯队和协调属性，有一定的共同学科基础和差异学科能力。因此，优化思想政治理论课教学团队必须从学科、支撑、年龄甚至性别等方面搭建一个团结协同、学科交叉、能力互补的优秀教学团队。三要加强团队交流。一方面要注重内部团队交流，定期开展业务研讨、团队团建，提升业务水平的同时，增强团队凝聚力、战斗力；另一方面加强团队之间的交流互动，互相学习先进经验、做法，探讨解决教学中出现的实践问题，为团队教学水平的总体提升互学互鉴、集思广益。

在思想政治理论课教学越来越受到重视的背景下，教学团队建设无疑是最为重要的。教师数量不足是导致师资队伍建设不力的关键原因，队伍建设反映在不同层面，整体师资队伍数量、课程教学团队以及研究能力等是其重要内容。课程教学团队是落实课程教学、开展师生互动、落实人才培养、坚持立德树人根本任务的基础，因此，民办高校应大力加强课程教学建设、以团队建设促进教学质量提升。

（四）提升思政课教师研究水平

1.完善教师培养和培训体系

对民办高校思想政治理论课教师而言，不断加强教师的培养培训工作，对于增强民办高校思想政治理论课程教育教学实效性，以及推进教师自身队伍建设，有着更为紧迫、更为重要的作用和意义。一是社会主义现代化建设实践的不断变化发展与党的创新理论的不断与时俱进，要求加强和完善思想政治理论课教师的培养和培训。二是目前专任教师原有的学科背景与马克思主义理论学科的发展要求还存在明显的差距，要求加强和完善思想政治理论课教师的培养和培训。三是现有教师知识储备的"单一性"与思想政治理论课程教学的"综合性"，以及网络信息的飞速发展，同样要求加强和完善思想政治理论课教师的培养和培训。

从总体上讲，加强和完善教师队伍的培训和建设体系就是要进一步完善教育部、地方、高校三级既分工负责又相互衔接的思想政治理论课教师培养培训体系，以加强师德建设和提高教师业务水平为中心，以提高理论素养为基础，以创新方法为载体，以强化科研能力为支撑，以完善制度措施为保障，以提高教育教学质量为目的，通过全员培训、骨干研修、在职攻读学位、国内考察、国外研修、以项目选人和选人给项目等多种途径，培养具有坚持正确方向、师德高尚、业务熟练的专业化教师，为加强和改进大学生思想政治教育，培养德智体美劳全面发展的中国特色社会主义事业合格建设者和可靠接班人作出贡献。

我国幅员辽阔，高校林立，但发展并不平衡，各地民办高校思想政治理论课程教师队伍建设也有一定的差异。因此，各民办高校要从实际出发，开展形式多样的教师培养培训工作，努力提高教师的理论素养、教学水平和科研能力。教师的培训工作要有方案、有规划；要有重点、分层次、多形式；要经常化、制度化。思想政治理论课教师培养培训的重点，是要在实践中不断深化"岗前培训、课程轮训、骨干教师研修和在职培训"。坚持"先培训后上岗"，着力提高新任教师适应岗位要求、胜任本职工作的能力；坚持"先培训后开课"，每次开课前必须全员培训和全员辅导。

为进一步加强高校思想政治理论课的宏观指导，规范组织管理、教学管理、队伍管理和学科建设，《高等学校思想政治理论课建设标准》（2021年本）对思政课教师培养、培训工作，提出了进一步"量化"的要求。主要包括：第一，新任专职教师必须参加省级岗前培训；所有专职教师应积极参加省级或中宣部、教育部组织的示范培训或课程培训或骨干研修。学校每年对全体教师至少培训一次。第二，学校每学年至少安排1/4的专职教师开展学术交流、实践研修和学习考察活动。有条件的学校可以开展国（境）外学术交流和实践研修。第三，学校安排专职教师进行脱产或半脱产进修，每人每4年至少一次，鼓励支持专职教师攻读马克思主义理论相关学科学位。实施好思政课教师在职攻读马克思主义理论博士学位专项计划等。

《普通高校思想政治理论课建设体系创新计划》再次从切实提高思想政治理论课专职教师整体素质、建设思想政治理论课教学人才体系的高度，对进一步完善思想政治理论课教师培训制度作出了部署。一是逐步健全完善国家示范培训、省级分批轮训、学校全员培训紧密衔接、相互补充的三级培训体系。二是统筹规划培训内容、系统设计培训形式、组织编写培训教材，凝练形成满足不同层面需要的菜单式培训方案。三是中宣部、教育部举办骨干教师、新进教师、新修订教材使用、社会实践研修等示范培训。

为进一步加强和完善教师培养培训制度，认真总结近年来开展的培养培训工作的经验是完全必要的。在充分肯定已取得的成效的基础上，我们应注意到有待日后改进和提高的一些问题。

首先，从全员培训的"内容"方面来讲，还需要进一步拓展和深化。近年来，民办高校思想政治理论课教师的培养培训，主要是围绕新课程、新教材（修订版）开展的。必须强调，这方面的培养培训是必须的，是今后应坚持的，但从培养高素质高水平思想政治理论课程教师队伍的"整体"素质、"综合"能力看，这是远远不够的。要由"单向度"培训逐步转向"全方位"培训，即从教材、教学的培训，转向学科、课程、教材、方法、队伍"五位一体"的整体性培训。要进行深入的调研，开展试点，总结经验，增强全员培训的"凝聚力"。

其次，从全员培训的"受众面"来讲，还需要进一步突出重点和搞好平衡。一是对于骨干师资的培训，保送单位一定要对受训人员的确定做认真的考虑，体现"骨干"（以及学科带头人的后备人选等）的深刻含义，而不是简单地、随意地"派"一名"50周岁以下、具有副高及以上职称"的教师参加。当然，骨干师资的培训内容和方式，也应与一般的全员培训有所区别。二是受到体制和机制的影响，中宣部、教育部组织的培训，公办院校参与的机会、人员的比例远远超过民办院校，出现了"一头热、一头冷"的现象。部属院校符合条件的教师，近年来基本上都参加过"轮训"，以至于出现派不出人选的"尴尬"，而民办院校因名额受限，许多优秀教师得不到高层次培训的机会。

再次，从全员培训的"总体布局"来讲，还需要进一步发挥各个学校的积极性。从中宣部、教育部层面、省级层面，以及学校层面目前教师培养培训总体布局来看同样存在"冷热不均"的现象。也就是说，第一，第二层次的培养培训抓得比较紧，活动的频率比较高，而第三层次，也就是各个学校的师资培训，相对来说，开展得还不尽如人意，一些学校连基本的教师集体备课也难以经常化、制度化开展。对此，可以遵循教育学和心理学发展的规律，学习和借鉴"校本岗位培训"的理念，深化思想政治理论课教师的本校培养培训的方式和方法。所谓"校本"，就是立足本校校情，开发和利用本校资源，积极推进教育教学发展。各民办高校有其自身的特长和优势，各校学生的培养目标和要求也不尽相同。在遵循基本要求的前提下，各校要结合校情，收集、提炼与思想政治理论课程教育教学相关的"校本资源"，积极开展马克思主义学院（社科部、思政部）以及思想政治理论课程教研室的教师教研活动，以贴近学生，增强思想政治理论课程教育教学的"亲和力""针对性"。再进一步讲，发挥学校培训的积极性，一个重要的抓手，就是搞好各教研室"经常性""日常性"的集体备课活动。各校要以教研室为单位建立严格的新教师试讲制度、集体备课制度、教师听课互评制度、集中命题制度等，组织教师集中研讨提问题，真正做到"集中培训提素质、集中备课提质量"。

最后，从全员培训的"主体性"来讲，还需要进一步激发和激励教师尤其是青年教师的主动性和积极性。坦率地说，目前的师资培养培训活动，基本上是"自上而下"的"行政"工作布置。思想政治理论课教师大都是"被安排"参与培训的。这种"被动型培训""完成任务式培训"，往往容易使承担繁重教学任务的教师产生疲惫感和倦怠感，加上较为单一的培训方式，也容易使教师失去必要的热情和耐心。应充分认识到，每位教师的知识、能力、个性、兴趣不尽相同，每位教师得到的发展机会和树立的人生志向也有所不同。因此，如何进一步激发教师主动、自觉地接受培训和研修的积极性，如何为教师的发展提供更多的时间和空间，如何为不同层次、不同特点的教师提供"个性化"发展的培训"菜单"，如何通过教师的个体发展进而推进教师队伍整体水平的提高，如何不断增强民办高校思想政治理论课教师培养培训工作的生命力和活力，都是值得深入思考和探索的问题。总之，通过不间断、可持续的培养和培训，推进民办高校思想政治理论课程教师队伍建设不断出成果、出人才，为进一步稳定民办高校马克思主义理论教学和研究队伍，为进一步巩固和扩大高校马克思主义思想理论阵地，不断作出新的贡献。

2. 开展学习考察和实践研修

民办高校思想政治理论课教师的培养培训，既要有理论层面的提升，也要有社会实践的体验。中央十分关心和重视高校思想政治理论课教师的社会实践和学习考察活动，多次提出，各地各高校要积极创造条件，组织教师开展社会实践、学习考察和学术交流活动，使教师进一步了解国情，了解世界，开阔视野，丰富教学素材。大学生需要社会实践的锻炼，思想政治理论课教师同样需要社会实践的锻炼。2015年7月颁发的《普通高校思想政治理论课建设体系创新计划》再次强调，要"坚持理论与实际相结合，注重发挥实践环节的育人功能，创新推动学生实践教学和教师实践研修"；并再次强调，学生与教师都需要加强社会实践的磨炼。近年来，教育部社科司连续在河北省、上海市、江苏省、浙江省、福建省、江西省、山东省、湖南省、广东省、四川省、贵州省、陕西省等地，建立了首批"全国高校思想政治理论课教师社会实践研修基地"，把富于特色的"专题讲座"与"实地考察"有机结合起来，受到了全国高校思想政治理论课教师的欢迎和好评。需要指出的是，不能把高校思想政治理论课教师利用假期参与社会实践活动，与"公费旅游""游山玩水"片面地、简单地

"等同起来"。教师走出课堂、走出校门，走向基层、走向农村、走向工矿生产一线，增长了见识、拓宽了视野，了解了国情、社情、民情，丰富了阅历，优化了知识结构，上课也就有了"底气"。

为了实质性地推行和保障思想政治理论课教师的社会实践活动，国家教育部发布的《高等学校思想政治理论课建设标准》（2021年本）明文规定："学校在保障思想政治理论课教学科研机构正常运转的各项经费的同时，本科院校按在校本硕博全部在校生总数每生每年不低于40元，专科院校每生每年不低于30元的标准提取专项经费，用于教师学术交流、实践研修等，并随着学校经费的增长逐年增加。专项经费安排使用明确，专款专用。"至此，"生均40元（30元）"成为高校思政课教师队伍建设、师资队伍培养培训体系完善的一个"热词"，广大教师也有了"被重视"的切实感受。为了在实际中真正落实教师社会实践的必要经费，教育部又把"生均40元（30元）"列入《高等学校思想政治理论课建设标准》，并明确作为"核心指标"之一。另外，这笔经费是"专项经费"，对马克思主义学院或思想政治理论课程教学和科研管理部门来讲，必须"安排使用明确，专款专用"。

（五）引领思政课教师价值实现

教师的价值实现是解决职业倦怠的根本方式。思想政治理论课教师的价值实现可以表现在多个方面：一是实现在给学生浓厚的人文关怀中。教师的天职是培养、启迪和关爱学生，思想政治理论课教师尤其具有这方面的优势和属性。思想政治理论课程内容具有深厚的文化底蕴，涉及中国传统历史文化、马克思主义文化等，以文化人、文化育人是思政课教师最有可能推动、实现的育人活动。二是实现在师德师风的建设中。无论是从教师的职业性质还是思想政治理论课内容特点来说，民办高校思想政治理论课教师都应该具有良好的职业修养和高尚的道德情操。

1. 激发教师传道授业动能

师者，传道授业解惑也。这是作为老师能够给予学生最大的支持和帮助，引导学生开启认知、辨析和求学之路，帮助他们树立正确的世界观、人生观和价值观。在此过程中，如何推动教师与学生共同成长成为关键。

长期、高强度的教学工作使得教师职业倦怠现象问题频发，如何调节教师工作节奏、调动教师工作积极性、激发教师工作动能，是新时期思政课教育教学管理与运行的关键内容。激励和保障都是优化教师需求供给的重要手段，都是肯定教师职业价值的重要方式。

民办高校可以通过优化保障措施、强化激励政策这两种路径来激发教师工作动能，提高教师教学积极性和创造性。保障措施包括教师的基本待遇、适度的工作压力、匹配的考核制度等。激励措施包括良好的培训和发展机会、适度的精神和物质奖励，等等。只有协同落实保障和激励的各项政策，才能更好激发思想政治理论课教师工作动能。

2. 提高教师职业价值认可

价值认可是提高思想政治理论课教师工作积极性和创造性的重要方式和长效保障。价值认可是从思想理念、工作机制和实施路径等多个方面实现的，既包括对教学内容的认可，也包括对教学指向的认可，更包括对教学成果的认可，即办好一流思政课程，坚持立德树人根本任务，把思想政治工作贯彻到教育教学的全过程。要提高教师的价值认可，必须引导教师提高职业自豪感、工作认同感。习近平总书记指出："做好老师，就要执着于教书育人，有热爱教育的定力、淡泊名利的坚守，就要有理想信念、有道德情操、有扎实学识、有仁爱之心。"①执着于教书育人就是职业使命的要求，将教书育人作为教师这个职业的光荣使命。肩负使命，就要有热爱教育的定力和淡泊名利的坚守，热爱教育，不只是热爱教学，更是热爱学生，学生是教学的根本，是目的，是意义，是一切的总和。热爱学生就要与学生交朋友，成为学生的知心人，获得学生的充分信任，并在此基础上开展教学、传授知识。履行使命是教师的价值所在，也是国家、社会和学生对教师的核心要求。教师要在履行使命的过程中，能实现自身价值，培养学生成才，获得学生认可。增强教师职业使命感，要明确职业定位、担当职业责任、树立职业自信。首先是明确职业定位。思想政治理

---

① 习近平在看望参加政协会议的医药卫生界教育界委员时强调把保障人民健康放在优先发展的战略位置着力构建优质均衡的基本公共教育服务体系［J］.人民日报，2021-03-07（01）.

论课教师是"传道"者，要将"道"传给大学生，帮助大学生澄清思想困惑，坚定马克思主义理想信念，"培养担当民族复兴大任的时代新人"就成为思想政治理论课教师的职业定位。其次要担当职业责任。不管社会上拜金主义或者迷信之风如何流行，学校管理或者考核有何偏颇，教师都应该坚守本职、本岗，竭力帮助学生树立正确的世界观、人生观和价值观，关注和建设学生的精神世界，用马克思主义世界观和方法论武装学生的思想和头脑。最后是树立职业自信。教师是解决学生思想困惑的人，是引导学生构建正确三观的人，是培养人才的人，其功能定位和价值实现都体现了思想政治理论课教师的重要性。思政课教师应坚持职业自信，提高职业认同感。

引领思想政治理论课教师价值实现，既是教师个体的价值实现，也是教师团队的价值实现。民办高校要通过增加师资数量、优化师资结构、提高师资水平、促进价值实现等路径，为他们拓展发展空间、提供学习机会，解决教师职业倦怠问题，提高思想政治理论课教师的自我认同、价值认同，引导他们开展团队建设，构建集学科领军人才、教学骨干、基础队伍于一体的、层次结构分明、数量质量均衡的思政课教师队伍。以队伍建设推动教学、学科和科研建设，不断提升思想政治理论课教师团队的能力水平，为提高其教学质量奠定坚实基础。

二、民办高校思想政治理论课教师队伍建设的制度保障

（一）大力加强教学科研建设

推进民办高校思想政治理论课程教师队伍建设，必须大力加强适合民办高校思想政治理论课教师管理和发展的组织建设。因此，从实际出发，"建立健全教学科研组织机构"，是一项具有十分重要意义的工作。

2008年9月，中共中央宣传部、教育部又发布《关于进一步加强和改进高等学校思想政治理论课教师队伍建设的意见》（教社科〔2008〕5号）指出："各高等学校应当建立独立的、直属学校领导的思想政治理论课教学科研二级机构。该机构是思想政治理论课教学部门和马克思主义理论研究机构，又是马克思主义理论学科点的依托单位。其职责是：统一管

理思想政治理论课教师，负责思想政治理论教学、科研、社会服务和相关管理工作；负责马克思主义理论学科建设、人才培养和教学科研梯队建设等工作。"这一明确的要求，既有重要的指导性，又有鲜明的针对性。

该文件强调，要大力加强高等学校思想政治理论课教学科研组织建设，各高等学校应当建立独立的、直属学校领导的思想政治理论课教学科研二级机构，并按要求选配好教学科研组织负责人。其中，有三个方面是需要深刻认识和切实贯彻的。第一，这一组织机构，在人财物等方面，必须是完全独立的（既不能与其他机构藕断丝连，也不能在重大决策上丧失话语权）。第二，这一组织机构，在隶属关系方面，必须是直属学校领导的（没有所谓的中介环节）。第三，这一组织机构，在定位和职责方面，主要涉及两点：一是加强思想政治理论课程教学和马克思主义理论研究，二是加强马克思主义理论学科建设。二者相互联系、相互促进，任何一个方面都不能偏废。

建立健全思想政治理论课程教学科研组织机构，选好用好该组织机构的负责人，都是至关重要的。中央在确定思想政治理论课程教学科研组织机构的同时，提出了"选配好教学科研组织负责人"的明确要求：要将思想政治理论课程教学科研组织负责人遴选配备和培养培训工作纳入学校干部队伍建设规划。要选拔政治强、业务精、作风正、懂管理的学术带头人和骨干教师作为思想政治理论课程教学科研组织负责人。

为了使中央的要求在各地各高校得以贯彻落实，教育部颁布的《高等学校思想政治理论课建设标准》，对高校思想政治理论课程的组织管理、教学管理、队伍管理和学科建设等方面作了具体的规范，并要求采取自查和督查等多种方式，予以落实和推进。其中，关于思想政治理论课程教学科研组织机构及其负责人的如下两项内容，是十分突出的指标。

第一，再次要求"独立设置直属学校领导的、与学校其他二级院（系）行政同级的思想政治理论课教学科研组织二级机构"，进一步明确"承担全校本、专科学生和研究生思想政治理论课教学任务，统一管理思想政治理论课教师"。这些要求具有明确的考查指向，杜绝相当程度上存在的"上有政策，下有对策"现象。也就是，明确要求这一组织机构，必须独立设置，而不能与其他二级院（系）共用、共享；同时，承担的教学任务，不是通常理解上的仅仅面向本专科学生，而是必须包括研究生在内的思想政治理论课程教学任务，尽可能避免一个学校的思想政治理论课程教学任务"分散"在多个院系，缺乏统一管理。

第二，再次要求"配齐机构主要负责人"，机构主要负责人应"从事马克思主义理论学科研究和思想政治理论课教学，不得兼任其他二级院（系）的主要负责人"。这对于思想政治理论课程教学科研组织机构负责人，集中精力、专心致志、尽心尽职地搞好思想政治理论课程建设有着十分重要的意义；也能够尽可能地避免"一套班子，两块牌子"的现象。2017年9月教育部印发的《高等学校马克思主义学院建设标准（2017年本）》还对马克思主义学院党政领导班子成员应是中国共产党党员这一点，作出了明确的规定；"学院党政领导班子职数合理，配备齐全，团结进取。班子成员是中共党员，长期从事思想政治理论课教学和马克思主义理论学科研究，有奉献精神、开拓进取、群众认可。"

需要指出的是，在《高等学校思想政治理论课建设标准》（2021年本）中的这两项指标，是作为整个建设标准体系核心指标（A*）中的两项重要指标来确定的。按照检查评估要求，核心指标全部达标，是认定为"合格"的前提和基本条件。可见，中央对独立设置直属学校领导的、与学校其他二级院（系）行政同级的思想政治理论课程教学科研组织二级机构，对配齐这一机构的主要负责人，是高度重视和特别强调的。

对于拥有马克思主义理论学科点的高校，教育部也一再强调，思想政治理论课程教学科研机构是马克思主义理论学科点的依托单位，承担马克思主义理论科学研究、学科建设、研究生培养等工作。这就必须明确两个重要问题：一是马克思主义理论学科点设在思想政治理论课程教学科研机构，首要任务是为思想政治理论课程教育教学服务。二是除马克思主义理论学科下属的本科专业外，马克思主义理论学科点不办其他本科专业。这两个重要指标，再次廓清了马克思主义理论学科的"归属"问题，也进一步强调了思想政治理论课程教学科研机构着力搞好思想政治理论课程教学的主要职责。同样需要指出的是，这两项指标，也是作为整个建设标准体系核心指标（A°）中的两项重要指标来确定的，是具有举足轻重的重要意义和地位的。

近年来，不少民办高校已将原有的思想政治理论课程教学科研组织机构改名为"马克思主义学院"。名称变了，但基本职责、基本功能是不能变的。围绕组织机构、机构负责人以及学科点归属等重要内容，《普通高校思想政治理论课建设体系创新计划》提出，要"重点建设一批教学科研皆强的马克思主义学院""加强机构建设，建好高校马克思主义学院""建强独立二级机构"，并以此作为实施这一创新计划的重要内容。需要注意的是，这里的提法，不仅有"建设"，而且有"建强"。结合高校实际，进一步"建强"的要求主要包括：第一，研究制订马克思主义学院建设标准，推进思想政治理论课程教学科研机构科学规范建设。第二，实施重点马克思主义学院建设工程，建设一批集马克思主义理论学习教育、研究宣传、人才培养于一体的高水平马克思主义学院，使之成为办好高校思想政治理论课程的坚强战斗堡垒。尤其是各地宣传部门、教育行政部门要整合资源，推动社会力量共建高校马克思主义学院。第三，深入推进直属学校领导的独立二级教学科研机构建设。规范二级机构职能定位，使其统一管理全校本专科生、研究生思想政治理论课程教学，统一负责马克思主义理论学科建设，统一管理思想政治理论课程教师队伍。第四，加强二级机构领导班子建设，班子成员应是中国共产党党员，且从事马克思主义理论学科研究和思想政治理论课教学。2017年，教育部专门印发了《高等学校马克思主义学院建设标准（2017年本）》，对新形势下如何建设好高校马克思主义学院提出了全面系统的要求。

结合新的形势，中央再次重申和强调了马克思主义学院的"双重定位"，明确指出，马克思主义学院是高校思想政治理论课程的教学单位，也是主导马克思主义理论学科建设的教学科研机构。教育部印发的《高等学校马克思主义学院建设标准（2017年本）》（教社科〔2017〕1号）在"机构设置"栏目中，明确要求：学院是直属学校领导的独立二级机构，统一开设全校思想政治理论课（包括"形势与政策"课），统一管理思想政治理论课教师，统一负责马克思主义理论学科建设。这个"双重定位"，是建设好马克思主义学院、发挥好马克思主义理论学科领航作用的重要前提，与思想政治理论课教师"一岗双能""一身二任"的"双重定位"是有着内在联系的。在马克思主义理论学科发展建设的过程中，马克思主义学院不能"单打独斗""自娱自乐"，而要与高校哲学社会科学各相关学院、相关学科"共同发展""协同创新"，共同建设好马克思主义理论学科，要处理好主导地位和共同建设的关系，使马克思主义理论学科具有更大的开放性、融和性。

（二）确立合适的"师生比"

"师生比"，通常来说，指的是一个教育教学单位的教师总人数与学生总人数之比。这一数值在一定程度上，反映了教师完成教学科研工作所花费的时间和精力，也在一定程度上关系到教育教学以及师资队伍建设的质量和效果。"师生比"，也可以有广义和狭义两种不同的测算方式。广义的"师生比"，是将一个教育教学单位的所有教师（除了从事课程教学的教师，还包括行政部门的教师）与所有的学生作为统计对象；而狭义的"师生比"，则是将从事某一课程教学的教师总人数与学习这门课程的学生总人数作为统计对象。我们这里所论述的"师生比"，指的是后者，即一个学校的在编在岗的专任思想政治理论课教师总人数与学习思想政治理论课的学生总人数之比。

确立合适的"师生比"，对于保证教育教学质量，对学生负责、对教学负责，同时对于关心教师、爱护教师等方面，都有着十分重要的意义。确立合适的"师生比"，这"合适"不是一个绝对的概念，而是一个相对的概念；是一个历史的范畴，不是一成不变的，而是随着历史的发展演进而进行确定的。

教育部印发的《高等学校思想政治理论课建设标准（2021年本）》（教社科〔2021〕2号）明确了学校应建设专职为主、专兼结合、数量充足、素质优良的思想政治理论课教师队伍，严格按照师生比不低于1:350的比例核定专职思想政治理论课教师岗位，在编制内配足，且不得挪作他用。这一规定和要求，从实际出发，使得长期存在的理工科和文科不同"师生比"的差别，伴随着理工科和文科学生思想政治理论课程总学分要求的"一视同仁"而相应取消。再则，这一规定和要求，有利于在一定程度上减轻教师的教学压力；有利于教师有较为充裕的时间接触学生、学习进修，以及从事科学研究；也有利于保障教师身体健康，避免超负荷工作；进而有利于教育教学水平和效果的提高。

2015年7月，中央宣传部、教育部印发《普通高校思想政治理论课建设体系创新计划》（教社科〔2015〕2号），在规划思想政治理论课程教学人才体系时，就"师生比"也强调了这一规定："本科和专科院校分别严格按照1∶350—400和1∶550—600的师生比配足配强专职教师。各高校要结合思想政治理论课教师岗位实际合理确定选聘条件，加强后备人才储备，充分保障思想政治理论课教学和科研用人需求。"

目前，民办院校占据我国高等教育的"半壁江山"。但由于种种原因，民办院校的思想政治理论课教师数量少、教学任务重的现象仍比较突出。总之，要从各民办高校的实际出发，基于可持续发展的理念，结合岗位实际需求，合理确定选聘条件，不断加强后备人才储备，充分保障思想政治理论课程教学和科研用人需求，进而使整个民办高校思想政治理论课"师生比"日趋合理完善。

（三）完善教师考核评价和职务评聘体系

民办高校思想政治理论课教师队伍建设既要有规划、提要求，也要重考核、常督察。过程性、发展性考核评价体系的建立和完善，有助于教师队伍的健康成长。建立、完善切合思想政治理论课程教育教学实际的职务（职称）评聘条例体系，是教师十分关注和关心的导向风标，与广大思想政治理论课教师的自身利益相关，对于教师个体发展和队伍建设有重要意义。

1. 完善考核评价体系

思想政治理论课教师的考核评价体系，既要体现总体上的一般要求，也要适合各民办高校具体的实际。2020年中华人民共和国教育部令第46号公布《新时代高等学校思想政治理论课教师队伍建设规定》明确指出，高等学校应当制定符合思政课教师职业特点和岗位要求的专业技术职务（职称）评聘标准，提高教学和教学研究在评聘条件中的占比。各民办高校要制定思想政治理论课教师工作考核的具体办法，健全考核体系。考核结果要与教师的职务聘任、晋级、奖惩等挂钩。考核不合格的，要待岗学习；不能胜任的，要转岗分流。坚持严格的考核评价，对于保持思想政治理论课程教师队伍的先进性和纯洁性，也是有着重要而深远意义的。

思想政治理论课教师的考核评价体系，是一个有机的整体。政治方向以及教学科研的业务素质，是其中主要的也是基本的考核评价内容。结合思想政治理论课程建设的实际，进一步健全教师考核评价制度，就是要正确处理教学和科研的关系，改革教学和科研评价方式，将课堂教学质量等作为重要评价标准，鼓励教师把主要精力放在研究教学内容、创新教学方法、提高教学实效上。考核和评价，可以督促教师尽心尽职尽责地完成本职工作，持续激发教师的工作热情和创造力。《高等学校马克思主义学院建设标准（2017年本）》还进一步指出，要以学生获得感为评价导向，以"有虚有实、有棱有角、有情有义、有滋有味"为根本标准，在学生评教基础上进一步完善教师评价制度，探索实行思想政治理论课教师课堂教学退出机制。

目前，各民办高校开展的考核评价通常为年度考核、聘任期考核，其方式方法主要为考核小组评议，领导、同行听课，学生评教等。考核评价应注重公正性、公开性、科学性、综合性，坚持物质和精神相统一的激励机制和举措，以评促建、评建结合。

2. 完善职务评聘体系

教育部印发的《高等学校思想政治理论课建设标准（2021年本）》（教社科〔2021〕2号）中对思政课教师的职务评聘做出规定指出，学校在专业技术职务（职称）评聘工作中，要单独设立马克思主义理论类别，校级专业技术职务（职称）评聘委员会要有同比例的马克思主义理论学科专家。按教师比例核定思想政治理论课教师专业技术职务（职称）各类岗位占比，高级专业技术职务（职称）岗位比例不低于学校平均水平，指标不得挪作他用。同时其中的"三级指标"明确，"制定实施符合思想政治理论课教师职业特点的（职务）职称评聘标准，提高教学和教学研究占比。要将思想政治理论课教师在中央和地方主要媒体上发表的理论文章纳入学术成果范畴。被有关部门采纳并发挥积极作用的理论文章、调研报告等应作为专业技术（职务）职称评定的依据。"民办高校必须严格执行这些规定，持续激励思政课教师提高整体素质和能力水平。

这在一定意义上说，也是一种对思政课教师能力水平提升的"倒逼"。思政课教师一方面要潜心教学，另一方面要注重调查研究，获得的教学和学术成果应当作为专业技术职务评定的依据。民办高校必须重视思政课教师的职务评聘工作，构建符合思政课建设标准的、科学有效的教师职务评聘制度体系。

这一系列民办高校思政课教师重要导向，强调了思想政治理论课教师的职务（职称）评聘，要充分体现和符合"立德树人""教书育人"要求，增强"吸引力和感染力""针对性和实效性"教学和科研方面的职责要求。要求，而不是"笼统地""一味地"计算课题、论著的"数量"和"档次"。另外，强调"注重考核教学能力和教学实绩"和"提高教学和教学研究占比"，并不能被机械地理解为思想政治理论课教师的职务（职称）评聘可以"忽略"甚至"放弃"对科研的考核。教学与科研相互联系、相互促进，没有科研支撑的教学，显然是浅薄的。

长期以来，民办高校普遍重视网络思政工作，积极使用新媒体技术和平台开展大学生思想政治教育工作。这对思政课教师做好"网络思政"提出了更高的要求，这方面的能力素质也要作为职务评聘的参考依据。中央宣传部、教育部印发《普通高校思想政治理论课建设体系创新计划》（教社科〔2015〕2号）指出，"推动思想政治理论教育网络期刊建设，探索建立思想政治理论教育类优秀网络文章在科研成果统计、职务评聘方面的激励机制。"因此，对于积极投入网络思政研究并取得成果的教师，应予以充分的肯定和鼓励。此外，在全面推进高校思想政治理论课程教师队伍建设的系统工程中，"完善教师队伍建设的考核评价体系和教师职务评聘体系"与"完善教师表彰奖励机制"，是有着内在紧密关联的。民办高校要把完善思政课教师职务评聘体系与完善教师表彰奖励机制结合起来，合理提升思政课教师评比奖励的名额和比例，树立在教学、科研方面的思政课教师先进典型，并及时给予表彰奖励。将表彰奖励与职务评聘结合，有利于激励思政课教师不断进取。中共中央宣传部教育部《关于进一步加强高等学校思想政治理论课教师队伍建设的意见》，把"完善教师表彰奖励机制"作为队伍建设的一个重要内容，明确提出，"在教育系统各类教师表彰体系中，要对思想政治理论课教师的评比确定相应比例，进行统一表彰，增强教师的责任感和荣誉感。要及时发现、树立思想政治理论课教师先进典型，加大宣传、推广力度"。《高等学校思想政治理论课建设标准》以考察评价指标的方式，明确提出，在学校各类教师表彰体系中，要"为思想政治理论课教师确定一定比例、进行统一表彰"。

在梳理和总结先前诸多举措和实践经验的基础上，《普通高校思想政治理论课建设体系创新计划》就完善思想政治理论课教师表彰奖励机制，作了进一步的要求。"积极选树思想政治理论课教师、教学科研二级机构先进典型，推选年度影响力人物、教学名师、教学能手和优秀团队。探索建立思想政治理论课荣誉教师制度，宣传长期从事思想政治理论课教学的一线优秀教师先进事迹。各地各高校要完善思想政治理论课建设激励办法，逐步形成国家、地方和高校三级激励机制。"在今后的表彰奖励的具体实施过程中，不仅要嘉奖思想政治理论课教师"个体"，而且要嘉奖"团队"和"机构组织"；不仅要嘉奖青年优秀教师，而且要嘉奖为思想政治理论课程长期默默奉献的中老年教师；不仅以教育部层面进行嘉奖，而且要建立好各地、各校的奖励激励机制，从而形成一个有机的整体，促进思想政治理论课教师循序渐进的发展。这对民办高校从激励思政课教师的角度抓好思政课建设具有重要的指导意义。

当下，确保在学校发展规划、经费投入、公共资源使用中优先保障思想政治理论课程建设，在人才培养、科研立项、评优表彰、职务评聘等方面优先支持思想政治理论课教师，真正落实思想政治理论课程在学校教育教学体系中的重点建设地位，重视和加强思想政治理论课程建设的良好局面正不断形成。然而，值得冷静思考的是，优秀的人才培养、有实效的课堂教学、高质量的科研成果，毕竟不是靠金钱"砸出来"的，也不是靠荣誉"堆出来"的。完善教师的表彰奖励机制，除了"外界"的扶持以外，归根到底还是取决于教师自身全面素质的提高。对于优秀青年思想政治理论课教师来讲，更应该淡泊名利，心胸开阔，认真学习，苦练内功，为民办高校思想政治理论课程建设和马克思主义理论学科建设，作出一些实实在在的贡献。

第三节　推进民办高校思想政治理论课教学改革

思政课的本质是什么？2022年4月25日，习近平总书记在中国人民大学考察时指出，"思政课的本质是讲道理"，并强调思政课教师要"把道理讲深、讲透、讲活"。那么，如何讲好思政课呢？2021年3月6日，习近平在看望参加全国政协会议的医药卫生界教育界委员时的重要讲话指出，"'大思政课'我们要善用之，一定要跟现实结合起来。上思政课不能拿着文件宣读，没有生命、干巴巴的。"①这些重要论述都折射出对新时代思政课教学改革的殷切期待。对于民办大学办好思政课，我们应树立问题意识，围绕思政课建设标准和规范性文件要求，锐意进取、勇于创新，善于解决思政课建设面临的突出矛盾和问题。

民办高校思政课教学客观上还存在诸多问题。比如教学改革创新意识不够、教学设计和评价标准不高等。要解决这些问题，必须针对其关键成因进行剖析、设计解决对策，在推进这些改革对策的同时，一方面使得问题得以解决，另一方面使影响质量提升的关键因素得以缓解或者解决，进而推动思政课教学质量提升，推进思政课教学改革和创新。

一、遵循思政课的本质是讲道理

事实上，任何一门课程都要讲道理，思政课与其他课程的一个重要区别在于，思政课讲的不是一般的道理，而是马克思主义的道理。只有将马克思主义的道理讲深、讲透、讲活，思政课的本质方能真正彰显。作为新

---

① "'大思政课'我们要善用之"（微镜头·习近平总书记两会"下团组"·两会现场观察）[N].人民日报，2021-03-07（1）.

时代办好落实立德树人根本任务的关键课程，培养社会主义建设者和接班人，对于民办高校强化思政课改革，更具有重要的理论与现实意义。

（一）讲道理要坚持普遍性与特殊性相统一

马克思主义是揭示了自然界、人类社会和思维发展最普遍、最一般、最根本规律的科学，而各门具体科学探索和揭示的是自然界、人类社会以及实践活动某一具体领域的具体规律，马克思主义科学理论与各具体科学是普遍与特殊的关系。思政课所讲的道理，更重要的是要讲清最普遍、最一般、最根本的道理，当然也涉及特殊、具体的道理。马克思主义源于各门具体科学又高于各门具体科学，是对各门具体科学的高度概括和凝练。因而，反映自然界、人类社会和思维发展最普遍规律的马克思主义科学理论，对于揭示具体规律的各门具体科学起着指导作用。马克思主义的"大道理"统领各门具体科学的"小道理"，各门具体科学的"小道理"丰富马克思主义的"大道理"。毛泽东同志曾深刻指出："事情有大道理，有小道理，一切小道理都归大道理管着。"[①]一切反映事物规律性的认识都是科学的道理；所谓"大道理"，即反映自然界、人类社会和思维发展最普遍规律的道理；所谓"小道理"，即反映自然界、人类社会和思维发展具体领域具体规律的道理。

思政课的本质是讲道理，关键在于讲清马克思主义的"大道理"。2016年12月7日，习近平总书记在全国高校思想政治工作会议上的重要讲话指出，"各学科专业的学生、不同学段的学生都要学习马克思主义理论，掌握科学的世界观和方法论，为学生一生成长奠定科学的思想基础。"[②]马克思主义就是"大道理"和"小道理"的辩证统一。

首先，是综合各门学科和自然知识的"大道理"。思政课要结合自然界、人类社会和思维的发展，讲清马克思主义反映自然界、人类社会和思维发展最普遍规律的基本原理，引导帮助学生牢固确立正确的世界观、人

① 毛泽东.反对日本进攻的方针、办法和前途［J］.党史文汇，2005（01）：5.
② 习近平在全国高校思想政治工作会议上强调：把思想政治工作贯穿教育教学全过程开创我国高等教育事业发展新局面［N］.人民日报，2016-12-09（1）.

生观、价值观，掌握科学的方法论。

其次，马克思主义是指导、推动各门具体科学学习和运用的"大道理"。思政课要结合具体科学和专业课程，讲清"大道理"和"小道理"的关系，使学生自觉学习、掌握和运用马克思主义的基本原理和立场、观点、方法，指导和推动对具体科学与专业课程的学习，并在具体科学和专业课程的学习中加深对马克思主义"大道理"的理解，使"大道理"和"小道理"的学习相互促进、相得益彰。

最后，马克思主义是指导青年成长和事业发展的"大道理"。思政课要结合青年学生成长发展的实际、需要和特点，讲清马克思主义关于社会发展规律和青年成长规律的理论，讲清马克思主义关于人的自由全面发展的理论，讲清马克思主义关于青年知识分子成长道路的理论，奠定青年学生成长的思想基础，引导青年学生坚定不移听党话、跟党走，坚持与实践、与人民相结合，始终沿着人生成长发展的正确方向和道路前进，早日成为堪当民族复兴重任的时代新人，为实现新时代的新使命建功立业。

（二）讲道理要坚持真理性与价值性相统一

思政课重在价值引领，其所讲的道理是真理性与价值性相统一的道理。思政课所讲的道理的真理性表现为马克思主义是合规律性的，其反映了客观事物的本质，揭示了客观事物的规律，因而是真理性的认识。

党的二十大报告提出，"中国共产党为什么能，中国特色社会主义为什么好，归根到底是马克思主义行，是中国化时代化的马克思主义行"[①]。马克思主义是科学、是真理，在实践中行得通，但它的"行"需要实践去推动和验证。因此，民办高校思政课教师只有结合社会实践把马克思主义的道理讲深、讲透、讲活，把中国共产党"能"、中国特色社会主义"好"和马克思主义"行"的关系讲深、讲透、讲活，才能引导学生加深对马克思主义真理性的认识，自觉用马克思主义武装头脑，巩固马克

---

① 习近平. 高举中国特色社会主义伟大旗帜为全面建设社会主义现代化国家而团结奋斗——在中国共产党第二十次全国代表大会上所作的报告（2022年10月16日）［M］. 北京：人民出版社，2022：16.

思主义在中国特色社会主义伟大实践和意识形态领域的指导地位，巩固全党全国人民包括高校师生团结奋斗的共同思想基础，真正做到为国家立心，为民族铸魂。

思政课所讲道理的价值性表现为马克思主义是合目的性的，其反映了社会发展的趋势，反映了人民群众的需要，因而其是价值性的认识。习近平总书记强调："马克思主义博大精深，归根到底就是一句话，为人类求解放。"①马克思主义是马克思恩格斯创立的致力于实现无产阶级和全人类解放的科学，其突破了服务剥削阶级的旧的理论的局限，为工人阶级和劳动人民认识世界、改造世界提供了强大的精神武器，指明了工人阶级和劳动人民寻求自由、实现解放、创造幸福的道路。马克思主义越是合乎规律性就越是合乎目的性，越是深刻揭示了人类社会发展的客观规律和必然趋势，就越是合乎工人阶级和劳动人民推翻旧世界、创造新世界的利益需求。

同时，马克思主义越是合乎工人阶级、劳动人民的利益与需要，越是在工人阶级和劳动人民的伟大实践中得到运用和证实，也就越加具有真理性。因此，合规律性与合目的性的统一是马克思主义的一个鲜明特点。马克思主义的真理性和价值性统一于社会实践。思政课教师在讲马克思主义的道理时，要坚持以社会实践为基础，把真理性和价值性有机统一起来，寓价值引领于知识传授之中，讲清楚马克思主义科学真理同工人阶级和劳动人民根本利益之间内在的本质的联系，讲清楚马克思主义科学真理同当代青年学生价值实现之间的本质联系，引导青年学生认识自己和人民群众的现实利益与精神需求，自觉将实现自身价值和社会价值结合起来、实现个人成长发展同党和国家的前途命运结合起来，将个人的梦想、智慧和力量融入强国复兴的梦想、智慧和奋斗之中，在实现中华民族伟大复兴的历史进程中谱写青春华章。

（三）讲道理要坚持政治性与学理性相统一

思政课不同于一般课程的学理性，而是具有鲜明的政治导向性和意识

---

① 习近平.在纪念马克思诞辰 200 周年纪念大会上的讲话［N］.人民日报，2018-05-05（02）.

形态性的政治学理性，必须坚持政治性与学理性相统一来讲道理。

首先，政治引导是思政课的基本功能，要旗帜鲜明地讲政治、讲立场、讲方向。着眼于中华民族千秋伟业，习近平总书记强调办好思政课"必须培养一代又一代拥护中国共产党领导和我国社会主义制度、立志为中国特色社会主义事业奋斗终身的有用人才"①，也就是要培养社会主义的建设者、接班者和奋斗者，而不是社会主义的旁观者和评论者，更不是社会主义的破坏者和掘墓人。因此，思政课教师必须提高政治站位，善于从政治上看问题，不断增强政治判断力、政治领悟力和政治执行力，引导学生认清当今中国与世界的发展大势，分清政治是非，站稳政治立场，坚持政治方向，坚定道路自信、理论自信、制度自信和文化自信，紧密团结凝聚在中国共产党的周围，坚定不移地走中国特色社会主义道路，在全面建设社会主义现代化国家新征程中勇当开路先锋、争当事业闯将。

其次，思政课的重要支撑是学理阐释，要鞭辟入里地讲理论、讲道理、讲科学。诚如马克思所言："理论只要说服人，就能掌握群众；而理论只要彻底，就能说服人。"政治上的坚定来源于理论上的清醒，而理论上的清醒来源于马克思主义对人类社会发展规律和必然趋势的透彻揭示。思政课要寓政治性于学理性之中，不仅要讲好马克思主义的道理"是什么"，还要讲好"为什么""怎么办"。思政课讲道理不能照本宣科，也不能蜻蜓点水，而必须结合中国和世界发展的历史与现实，讲清中国特色社会主义伟大事业的历史逻辑、理论逻辑和现实逻辑，讲清只有社会主义才能发展中国，从而以透彻的学理分析回应学生，以彻底的思想理论说服学生，以真理的强大力量引导学生。因此，思政课教师必须具备深厚的理论功底，坚持"内容为王"，用深厚的学术讲道理，用理论的力量吸引人、感染人，不断提升思政课对现实问题的解释力与说服力。同时，思政课教师要善于结合学生的思想实际，运用马克思主义立场、观点、方法，直面各种错误观点和思潮，在释疑解惑中澄清认知，在批判鉴别中明

① 习近平在学校思想政治理论课教师座谈会上强调用新时代中国特色社会主义思想铸魂育人贯彻党的教育方针落实立德树人根本任务［N］.人民日报，2019-3-19.

辨是非，在纵横比较中增强自信，从而使思政课切实实现立德树人的根本任务，真正达到铸魂育人的根本目的，更好地塑造灵魂、塑造生命、塑造新人。

二、基于学生需求优化教学设计

协同供给需求，实现课程均衡价值是解决学生怠学的重要法宝、也是提升思政课教学质量的重要前提。协同供需必先明晰供需，一方面解决"供"出优质的"输出"，更重要的是另一方面可以解决"需"的"输入"。因此，在开展思政课教学改革设计之前，必须了解各方面的"供"与"需"。

（一）遵循供需理论的价值导向

思政课教学应该积极关注供需均衡，具体包括三个方面：一是关注学生学习情况与学习需求，二是关注教师教学供给，三是关注师生供需匹配均衡。这三个方面有一个共同的价值导向，即"需求导向"。基于需求导向，思政课教师要更加积极地研究学生需求，更加致力于解决学生怠学的症结，开展深度的教学研究与设计，将学生需求与教学供给结合起来，寻找需求与供给的均衡价值。以此逻辑，一要加强对象研究、分析对象需求；二要研究课程教学内容供给；三要兼顾需求与供给开展教学设计。加强对象及其需求研究，要把握新时代大学生显著的特征标签，比如个性化的人格因素、性格因素、兴趣因素等。不同的人群对于思政课学习的价值判断略有不同，以致影响其学习需求与追求。因此要开展对象研究、分析对象需求并借以推动思政课教学设计改革。

1.积极改革课程内容"供给侧"

供给侧改革的主要指向是提高教学质量，推动课程内容供给是关键。教学是一个教与学的双向互动过程，内容供给是"教"的任务，主导者是教师。教师要根据教材、教学要求、教学目标和教学计划开展教学设计，确定教学供给内容、供给形式和供给组织。思政课教材为国家统编教材，内容规定要求高、创新空间相对较小，教材内容应当成为研究的重点。

首先，要加强供给内容改革。当前，思政课教学内容存在"产能过剩"情况，主要体现在三个方面：一是思政课课程内容与高中阶段政治课内容重复性较大，具体包括经济常识、政治常识、哲学常识以及相关基础理论。二是思政课程之间的内容重复情况也存在，比如"纲要"与"概论"的课程内容存在不少的重复。三是思政课程与其他选修课程之间也存在或多或少的重复，比如一些历史类课程、政治类课程与思政课的内容重叠度较高。"产能过剩"导致的直接后果就是教学供给处于低质量徘徊，重复性高、新鲜感低导致学生兴趣索然，实效性肯定会差。

要加强供给内容改革，首先要改革教学体系，即教材体系转变为教学体系，教材的内容相对固定、经典，但时效性略显不足，教学中可以秉持教材体系的严密逻辑、辅以教学体系的灵活表达，将理论、案例、实践有机结合起来，形成新的教学内容供给。其次要创新教学内容产品，从供给侧改革视角看课程教学改革，内容是关键，优化内容质量、提高内容针对性和实效性，从需求角度看，学生更加喜欢融通式的知识体系，思政课内容供给可以更加关注各个学科的思政育人内涵，充分挖掘各个学科的思想、政治、道德、心理、法治教育内容内涵，运用案例教学、精品课程等热点资讯，打造一个个教学产品，最终形成学生喜闻乐见的教学内容。最后要加强有效内容供给，即内容供给要有针对性，要加强学生需求的排摸和研究，对学生整体的动态、静态情况要有所掌握，及时回应学生关切和需求，尤其是社会热点、校园热点以及其他学生关注的事件，在教学中要有适当呼应、给予正确引导。同时内容供给还需要注重引领性与教育性的结合，即在关注学生需求的同时，推动教育的根本任务落实、落地。要强化理论自觉、树立理论自信、抢占理论制高点，锻造思想产品的核心竞争力。将学生需求与教育任务相结合，推动两者和谐统一，这样才能实现思政课教育教学内容供给恰到好处，适应并满足发展需求。

其次，要加强供给形式改革。思政课教育供给形式多种多样，过去许多年来，思政课一线教师、科研工作者都在试图运用各种教学方法丰富和发展供给形式，探索出不少新的、行之有效的教学方法和教学形式，但随着教育内外部环境的变化和发展，教学对象的不断更迭，对供给形式提出了新的更高的要求。思想政治教育的对象是人，所解的是人的思想问题，而大学生的思想是复杂多变的，如果民办高校思想政治教学形式和方法不能够适应大学生思想政治教育的需要和变化，必然会影响思想政治理论课的教学效果。因此，必须加强供给形式的改革。怎样改？

一是要加强教学方法的创新。创新永无止境，创新的魅力在于可以将固化的内容穿上新衣，增强内容的吸引力、强化内容的互动性、增强学习的趣味性。教育方法的综合化和教学形式的多样化是供给形式改革的重要内容。综合化在于思政课教育教学方法要综合运用心理学、社会学和哲学等多学科的方法，多样化在于思政课教学要灵活运用案例教学、探究式教学、沙龙式教学、参与式教学等多种教学方法和形式。

二是要加强新技术的运用。以大数据和移动网络为代表的新技术的运用是一种时尚，更是一种教育发展趋势。大数据可以更好、更快地发现大学生的兴趣点、学习需求以及困惑之处，移动网络可以帮助师生搭建更好更快的沟通渠道，助力问题的解决和教学的推进。大数据和移动网络的推进运用，是教育工具现代化、教育载体信息化的重要体现。使用大数据和移动网络技术也有些问题需要注意，一方面要注意师生的现实互动性，不能陷于工具主义无法自拔；另一方面注意保护学生隐私，趋利避害。

三是要加强教学方法的灵活恰当运用。供给形式变革并不是一味强调教学方法创新，传统教学方法并不是一无是处。供给形式变革的主要目的是提高教学质量。因此要充分、灵活运用传统的教学方法，使其能够在部分教学过程、教学阶段发挥理想作用。守正与创新相结合，灵活恰当使用教学方法，才是关键所在。

再次，要加强供给组织改革。组织是管理学中非常重要的概念，是指一定的结构方式。具体到教学供给组织而言，从班额规模区分，有大班、中班、小班、小组、个人等不同规模的供给组织；从供给关系区分，有师生直接互动供给、师生间接互动供给和生生互动供给三种；从供给组织模式上分，有课程班、建制班、项目班等多种供给组织模式。加强供给组织改革，核心是提高组织效能，并以组织效能提高教学质量。针对当前供给组织存在的种种弊端和问题，供给组织改革主要应针对大班化、混合化等问题加以研究改进。

一是大力推进小班额教学。大班额教学与小班额教学组织效能差异显著，大班额容易陷入僵化、低质化怪圈，小班额可以做出更多的教学组织尝试、方法运用以及内容深化。比如小班额教学可以拉近师生距离，增加学生表达机会，提高课堂参与度和存在感，还可以开展精细化教学，找准每个学生的需求和特点，针对性地开展教学指导。

二是改变混合选课模式。混合选课模式容易将不同认知背景、认知基础、认知路径的学生混合到同一个课程班中，增大了课程教学的难度，不利于课程实效的提升。要尽可能地将同样学科专业背景的学生组合在一起上思政课，这种组合可以是同一专业建制的，也可以是同一学科混选的，也可以是高考有相近学习背景的学生。这样学生能够拥有更多的共识基础、更大的互动可能，教学组织效能自然更高。

三是线上与线下相结合。经过多年的发展，线上课程已经成为广受大学生青睐的教学组织形式，具有灵活性、随机性的特点，方便学生随时随地开展学习。线下课程更加传统，更加直接，师生、生生直接发生互动，效果要比通过网络平台发生间接活动要更加准确、高效。因此线上、线下相结合，发挥两种教育模式的优势推动教学组织变革是未来的一种方向。

2. 匹配需求与供给设计教学

需求导向和供给侧改革都是推进教学改革的重要手段和思路，一个是从学习端，一个是从教学端；一个主体是学生，一个主体是教师。两种改革思路和模式各有优点也各有劣势，要想持续、高效、高质量地实现思政课教学，必须将两种改革思路合而为一，通过系统、专业、高效的教学设计，使需求供给达到平衡、高频互动，才能在满足学生需求的同时，解决学生怠学的根本问题、发挥供给的最大效能。

首先，加强教学设计的系统性。教学系统中的教学主体、教学组织与技术、教学内容与方法、教学设施与条件等各教学要素之间存在很强的关联性，需要从系统论视角来加强教学设计，形成育人合力。一要加强教学要素的关联性。这种关联性的核心是教育内容，以教学对象为中心、以教学内容为主线，将教学组织、教学方法、教学设施等要素链接起来、形成一个教育链条。二要加强教学要素的互动性。在强关联性的基础上，加强教学要素间的互动，可以增强教学内容的传递效果，拉近教学主体之间的距离，推动需求与供给走向均衡，形成更好的教育共识。三要加强教学要素的目标一致性。要素之间协同、一致是实现教学组织目标的重要前提，师生目标一致，设施支撑力强，组织运行高效，方法运用得当，各要素均围绕核心目标、支撑核心目标。强调教学要素的关联性、互动性和目标一致性，目的就是要强调整个思政课的整体化、综合化，并寻求课程教学质量最优化。

其次，要提高教学设计的专业度。教学设计的专业度主要指向是要将教学设计推向更高层次的专业化水平，主要方式是通过顶层设计来推动各个教学环节、过程和主体之间的协同、联动，加强教学设计、教学互动、教学方法、教学评价、教学团队、教学条件与教学内容之间的联动，彼此适度、前后适应、互相支撑，指导形成一套专业的教学体系。

民办高校要加强师资队伍建设，加强师资研究和设计能力建设，以高水平的师资团队来推进和实现高水平的教学设计、教学组织和教学质量。一要加强师资队伍的教学能力建设。推动师资队伍深耕课堂教学，找准教学各个要素之间的互动关系，把握教学主体之间的协同效应，为开展课程设计找准一个适度的空间、建立一个严格的逻辑体系。二要建立教学设计团队。思政课的团队建设越来越重要，教师之间互相学习、相互协同，可以更好促进教学质量提升。教学设计团队要参考课程门类、教师教学和研究能力等适当搭配，尊重基本规律去设计教学、开展教学、评估教学。

再次，要以教学设计引领供需均衡。供需均衡是教学双主体之间的均衡，也是教学价值实现的关键。供需不匹配导致学生怠学现象的普遍发生，一方面是因为学生需求得不到满足，影响学习动力激发，另一方面也抑制了供给的效能，进而使得怠学现象愈发显著，因而推动教与学匹配、供与需均衡既是解决怠学现象的关键，也是提升教学质量的重要基础。以教学设计引导供需均衡是一种理念的变革，是将教学实践的均衡提前到教学设计阶段。一是教学设计具有前瞻性。教学设计是对整个教学的前瞻设计，必须对教学各环节、要素有充分的把握才能实现比较好的教学设计。这种前瞻性可以帮助教师提前掌握教学实践的各种可能情况，为制订应对方案奠定基础。二是教学设计具有应变性。教学设计具有系统性和应变性双重特点，系统性在于对整个教学方案和实践的前瞻设计、沙盘推演，应变性在于对各种随机情况的主动发现和推演，能够提前对各种需求给予针对性的引导、设计乃至解决方案。三是教学设计引导供需均衡。供需均衡一方面在于双主体之间的适应和妥协，以及各自目标的达成；另一方面还在于教学前期的主动介入，积极引导，以争取最大程度的教学共识，有了厚实的教学共识基础，供需均衡就成为可能，甚至更加便捷。

（二）优化供需主体的教学链接

教学活动，是教与学的互动，是供与需的互动。教学链接是推进教学活动的重要方式，好的教学链接需要供需均衡、各有所获。要明确需求，关键是内容；要设计供给，关键是技法；要推动供给互动实现供给均衡，关键看成效。因此，供需互动活动的主要目标是实现教学相长，各有收获。

1.加强内容链接

教学的核心是内容。以内容作为链接教学双主体是思政课改革的必然。

（1）教材内容

教材内容即国家规定的、学校设置的以教材为基础的教学内容。教材内容是规定的教学任务，是"供"的主要组成。教师要将教材内容传输给学生，必须将其转化为教学内容，实现教材体系向教学体系的有效转化。这种转化可以使得内容链接更加契合教学双主体的现实状态，也更能满足教学双主体的现实需求。

（2）现实内容

思政课的一个重要特点就是实践性，强调关照和呼应学生现实需求。学生的思想困惑、日常生活乃至心理矛盾、社会焦点问题，都是思政课教学需要解答的问题，自然就成了课程的重要内容。现实内容需要比教材内容设计更加随机、更接地气、更能反映学生的真实状态和想法，在思政课中弥补学生现实内容需要是解决学生怠学的重要路径之一。教材内容要比现实内容更有逻辑、更成体系、更有深度。现实内容和教材内容的综合链接能更好融合教学关系，优化师生互动。

2. 加强技法链接

具体而言，技法就是思政课的教学技术与方法的总称。加强技法链接，指向就是加强技术和方法的创新、灵活运用。将技术、方法与内容、对象有效匹配，形成有效链接，借以推进教学链接。

（1）加强技术链接

当前科技发展日新月异，很多新技术可以被用于日常教学之中，成为助力教学发展的重要支撑。许多教师开始运用新媒体技术开展需求调研、推动供给方式变革。技术已经成为教学供给的臂膀。

（2）加强方法链接

好的教学方法是获得学生认可的重要手段。教学方法得当，一可以吸引学生注意力，提高学生学习积极性；二可以减轻教师教学压力，提高教学效率；三可以更好链接供给需求，弥合两者沟壑，实现教学有效链接。

3. 实现成果链接

教学成果既体现于课程价值认知与目标达成、学生学习投入与支持、学习成效与评价，也体现于教师任务和价值实现，教学成果是双方面的成果，要得到教学双主体的共同认可。因为教学双主体的成果导向会有差异，教师偏向于教学任务的完成和职业价值的实现，学生有好成绩、教学有好评价、课程有好成果是教师追求的成果；学生偏向于学习投入和学习成效的实现，成绩获得认可、主观感受好、成长进步显著是学生追求的成果。师生追求的成果目标并不矛盾，但也不完全统一。教师需要以供需匹配来引导成果共识，推动教学设计变革。

供需是教学双主体的关系协调、价值实现、成效体现的重要路径，供需匹配与均衡是双方共同利益、共同收获、共同价值认同的重要支点，也是解决学生怠学、提升思政课教学质量的关键。教学设计要充分考虑供需双主体的角色诉求，探索解决供需矛盾、均衡供需诉求的路径，并以此来指导教学设计改革。这就要求既要注重供给的导向作用，也要注重供给的教学链接，只有这样才能提高教学设计质效，引领和推动教学设计改革，进而推动思政课教学质量提升。

三、瞄准教学过程加强教学互动

思政课教学的组织实施与技术运用对思政课教学质量影响显著。表面上看，大班额教学是导致思政课教学组织创新不力的关键原因，但国外的大班额教学解决经验告诉我们，事实并不尽然。大班额教学有诸多难点，在生师比一定的前提下，组织形式的创新是解决大班额教学问题的重要方式，同时也是提升思政课教学质量的重要方式。鉴于"00后"大学生普遍善用新技术，这为开展教学互动改革提出了新的要求。创新课堂组织形式既是课堂教学的现实需要，也是教学双主体的互动需要，运用新技术助力组织创新则是推动教学互动改革的重要举措。

当前课堂教学还存在组织设计不合理、形式不丰富、推进不高效、建制不创新、领导不健全和技术运用不灵活、创新不给力以及组织技术联动性差等问题。这些问题导致思政课教学僵化、呆滞，缺乏生机，没有灵气。要尝试以科学的组织和技术协同创新，建设高质量的教学团队、创新的课堂教学组织，推进思政课教学互动改革。

（一）科学的组织和技术管理

科学的组织指教学实施时保证了教学内容、活动、策略、秩序的合理性、科学性，尤其是教师对教学活动进行的有效安排。正常的教学活动需要借助技术，认真组织实施才能取得实效。非正常、突发性的教学挑战更需要发挥技术优势、认真组织应对、才能妥善处置。

1.科学的组织形式

科学的组织形式的共同特点：主要包括循序渐进、有条不紊地推进教学实践、引导学习活动、合理地分配教学讲授、课外实践、学生轮讲、参与思考的时间、激发学生学习兴趣、引导学生投身学习，解决学生学习疑问，处理教学突发事件、减少或者杜绝外界因素对教学的影响，保障教学的正常有序推进。

思政课教学的科学组织形式：随着科学技术的发展，教学组织也在不断变迁，形式不断增多。传统的教学组织形式科技含量不高，推进教学也多以传统的讲授为主，因教学对象多寡而采用不同的教学方法。比较新颖的教学组织形式有网络教学、远程教学，两者有一个显著的特点就是运用互联网技术，解决时空问题，使教学得以实现。思政课教学的组织形式随着互联网技术、新媒体平台的快速发展而不断创新发展，这就要求民办高校必须采取科学的组织形式，建设过硬的教学团队，从而推动思政课教学与时俱进。教学团队有着共同的目标指向，稳定的人员组成，科学的团队架构，能够帮助教学组织快速成长。

2. 有效的教学安排

一要注意教学推进的节奏。教师应该按照学生认知和学习能力分层分类设计教学进度，稳步推进教学。教学推进节奏是学生学习效果的重要保障条件。教学节奏，一方面指教学活动的推进速度快慢，是教学活动整体的进程性标志；另一方面指知识点的精讲与粗讲、讲练结合、分层分类教学等，是局部性的教学活动控制。教学活动的整体与局部都需要教学适度控制、都需要师生之间达成一致，和谐互动，否则思政课教学组织效能难以提高。

二要提高教学组织的效能。提高组织效能是达成教育目标的重要路径。提高组织效能需要统一教学组织成员的共识，推动教学组织成员的一致行动，以及在整个教学组织框架下相互协作达成高效的运作。组织效能既包括教学中的教学组织管理，即在一定技术支撑下，教师指导学生组建各种团队，并在负责人的带领下按照一定的规范、要求和形式开展学习实践，也包括教学团队中的教学组织管理，即通过一定的技术运用，在团队负责人的带领下，教师按照既定分工开展教学实践。只有充分发挥技术优势，将两种组织的效能一并提升，才能实现教学组织效能的整体提升。组织效能提升是在优化组织结构和运行机制的基础上实现的，如同解决大班额教学问题一样：任课教师通过组建多达20人的教学团队，形成一种科层制的组织体系，在任课教师的领导下发挥教学支撑作用，提升组织效能。

（二）建设高质量的教学团队

1. 提高教学团队的整体水平

要提高教学团队的整体水平，必须不断提高教师个体的水平，因为整体水平是以个体水平为基础的，具体包括教学水平、研究能力、教学组织管理能力、技术运用能力和协作能力等。

（1）加强教师个体培养

学校可以通过国内外访学、课程教学或者研究培训、学习沙龙或者研讨班、教育技术培训班等多种形式，推动教师参加各类学习实践活动，不断提高教师业务能力和技术水平，使其能够适应新时代学生学习发展要求。

（2）加强师资队伍整体建设

在加强个体培养的基础上，学校应该通过更加扎实的团队训练，构建更加有力的协作机制，强化更加高效的管理技术来加强师资队伍建设，使其能够成为一个整体，相互协作、共勉共进。

2. 建设高质量的教学团队

高质量的教学团队既是个体的，又是整体的。高质量体现在个体教学的全过程，也体现在整体教学的实效性。高质量的教学团队有若干特点。

一是成员稳定、专业相近。成员稳定是指在同一教学团队内的成员长期共事、变动较小，具有可持续性和稳定性；专业相近是指教学团队应由同一或相近专业的教师组成，相互之间能够有普遍共识和协同能力。

二是目标明确一致。高校教学团队的目标在于提高某一专业或课程的教学质量，在实现团队目标的过程中，可以促进和在一定程度上满足教师个体的专业发展的需要。整个团队在追求高质量的教学的同时实现教学的高质量发展。

三是密切合作、高频互动。密切协作是团队的重要优势和内涵，没有密切协作，无法推动团队的融通、发展，更无法保障实现教学目标的实现。高频互动是推动团队深度交流、深度合作的关键，团队之间保持经常性、深入性的交流互动，可以准确、快速地查找问题、发现问题、解决问题，实现成员互相促进、共同发展。

四是构筑学术共同体。团队是围绕同一目标开展工作的教学实践组织，团队成员必须协同构筑学术共同体，以加强和提高教学研究能力和水平，这样才能使得团队拥有可持续发展的可能。高质量的教学团队虽然不能全面解决师资数量不足、生师比失衡的问题，但可以通过教学效能的提升、团队协同的增强、学术共同体的构建来弥补数量不足的缺憾。质量提升代表着教学能力和水平的提升，会从一定程度上缓解当前大班额教学质量问题和教师职业倦怠问题，优化教学过程，增强教学互动，进而推动思政课教学质量提升。

（三）创新课堂组织和技术运用

1. 优化传统课堂教学组织形式

（1）优化大班额教学

大班额教学是时代特征，也是现实所迫。大班额教学的关键症结在于生师比的失调以及时间的冲突。一方面高校思政课生师比普遍较高，以至于大部分高校的思政课班额都超过了120人，大班、大教室成为大班额教学的显著特点；另一方面时间的冲突也成为显著特点，学生课程排布密度大，教师数量少，难以平衡两者的时间安排，如果一定要将大班额改为中小班额教学势必会导致教师工作量剧增、学生时间冲突加剧的情况。要解决大班额教学的矛盾和问题，必须在现有基础上对大班额教学进行适当优化：一是优化大班内部组织形式。借鉴国外大班额教学管理经验，变传统大班额教学内部一个教师对所有学生的组织形式（如1：120）为一个老师对若干个骨干再分别对一定数量的学生的组织形式（如1：10：110），中间加一个课程骨干层级，通过课程骨干来加强教学组织管理。二是优化大班教学组织形式。变传统大班讲授为主的教学组织形式为分组讨论、组间横向竞争的教学组织形式，加强小组内部的互动参与，激活组间乃至整个课堂的竞争性学习的积极性和创造性。三是优化大班实践教学组织。实践教学是思政课的必需环节，传统实践教学容易陷入形式主义的怪圈，学生积极性不高、走过场情况时有发生。教师可以因实践需要而临时组建一定的实践教学组织，如组建临时班委、临时团支部、临时课题组等多种形式，激发学生骨干的主动性、积极性和创造性，并通过骨干影响带动更广大的学生参与实践教学。

（2）普及中班额教学

随着高校思政课师资队伍建设的加强，部分民办高校思政课教师队伍、数量、质量、层次均在不断发展提升，且呈现一种全国普遍意义上的发展趋势。思政课教师数量的增加为普及中班额教学奠定了扎实的基础。中班额教学的优势在于人数适度、组织便捷、易于实施。中班额规模一般在60～80人左右，相对大班额教学有一定的数量优势，这个规模的班级相对容易组建、便于分类、易于管理。不管是常态下还是变化情况下，中等规模的班级组织起来更加便捷，教学实施也更加简易。普及中班额教学，一要增加师资数量。通过增加师资数量，摊薄师均教学工作量和教学班人数，既可以缓解教师疲劳程度，又可以为教师发展赢得更多学习时间。二要适当降低招生人数。与教师增加不成比例的是，学生扩招超额，以至于扩招成为教学质量下滑的重要诱因，反之则有可能不断提高教学质量。当前中国高等教育已经进入大众化阶段，随着人口出生数量下降，高等教育扩张的主要压力将有所减弱，适当减少招生指标、提高生源质量，不失为一种恰当举措。

2.强化组织与技术协同运用

（1）组织项目探究式教学

所谓探究式教学，就是以探讨和研究的方式推进教学，重视教师的引领和学生中心地位和作用。探究式教学被提出以来，获得越来越多的师生认可。探究式教学的重要特征有如下三个方面：一是以问题为中心。探究的核心是问题，教师带领学生围绕问题开展探讨和研究，尝试从多个视角、路径和技术手段寻求解决问题的思路和方案，在此过程中学生思维受到激发，得以快速成长。二是以学生为中心。问题设定可以是老师，也可以是学生自己，但是解决问题的必须是学生，以学生的思考、研究为中心，老师给予适当引导和技术支持。这样既能让学生感受到被尊重、有价值，又能够发挥学生的主观能动性，调动学生的参与感、增强学生的获得感。三是以项目为中心。项目是师生共同确认、共同参与的活动，此活动以促发学习投入、提高学生学习质量为目标，借助项目活动、平台和技术，增强师生互动、生生互动，实现教学目标。在项目探究式教学中，项目是平台也是组织，技术支撑组织高效运转，是以解决问题、培养人才为目标设定的平台或者组织。在项目中有团队负责人、小组长以及组员等若干层级和协作组织，这些组织是柔性的、暂时性的，当项目结束该组织便可自动解散，因此具有很强的灵活性、机动性和可操作性。

（2）组织兴趣小组式教学

目前学界对于兴趣小组的研究稍显不足，民办高校学者就更少。实际上兴趣小组比项目更加自由、容易切换，可以成为一种非常重要的教学组织手段，支撑思政课教育教学更好发展。当前大学生多以"00后"为主，该群体学生个性更加鲜明、兴趣更加广泛、爱好更加多元，100余个学生汇聚在一个大课堂内，可以糅合成为多个业余型的兴趣小组。业余型兴趣小组以群体兴趣为驱动力，凭借思政课学习的机会和条件，开展基于兴趣的思政课教学实践活动。

同时，当前教育技术和公共平台越来越发达，思政课教师可以充分运用问卷星、微信等各类新技术手段帮助和指导学生开展兴趣实践活动，既高效又节约资源。因此，兴趣小组既是发展学生兴趣爱好的机动组织，又是思政课开展兴趣导向教学的有效组织，更重要的是，兴趣小组可以将大班额教学的诸多不利因素转化为便利条件，可以助力提升思政课教学质量，值得深入研究。

3. 大力创新课堂教学组织形式

当代大学生是"网络原住民"，对网络有着严重的依赖，日常的生活、学习、娱乐等都离不开网络，或以网络为基础。由此可见，组织实施网络教学是一种必然。不同的是，思政课如何与网络结合成为受学生欢迎的网络课程，研究表明可以从以下三个方面着手。

（1）思政课教师要开发高质量网络课程

网络课程与线下课程具有不同的特点和要求，网络课程中，教师面对的是镜头，缺少常规的互动，难与学生开展即时的交流，这就需要思政课教师创新设计网络课程的互动形式，以弥补线上课程的互动不足问题。高质量的网络课程还应该有许多特征，比如趣味性和专业性。趣味性是吸引学生停留在网络课程的重要因素，没有趣味、过于呆板，课程黏性不足，学生就会轻易放弃。专业性是促发学生学习动力的关键，课程内容、教学组织都要非常专业，能够让学生有获得感，这样才能留住学生。

（2）推动线上线下混合式课堂教学组织

线上课程虽然有不少优点，但毕竟也存在着互动性差、进度难以把握等问题。思政课是大学课程，有充分的条件开展线下课程。线上线下相结合就成为一种可能的选择。在线上线下结合的尺度把握上，思政课教学应该以线下为主、线上为辅，线下是开展理论与实践教学的主阵地，线上是开展辅助性教学的重要平台。线下教学和线上教学并不一定是割裂的，线下的课堂教学过程中一样可以随机切换成线上教学。教学组织形态的改变，也会带动学生调整学习状态和注意力，达到张弛有度的效果。

（3）推动组织线上学习与线下实践相结合

理论讲解、简单互动等可以通过线上教学予以实现，教学效果也相对比较好。教学实践要求较强的体验和参与，在线上就很难实现，因此要将实践环节转移到线下。民办高校可以开发一些优质课程，与丰富"网络思政"资源结合起来，在实现资源共享中提升教学组织效能，同时结合丰富的学生线下实践活动，进一步提高思政课教学质量。

教学互动是一个贯穿整个教学过程的重要命题，加强教学互动是师生共识，如何实现则是教师应该深入研究和探索实践的问题。研究认为，科学的组织管理、高质量的教学团队、创新课堂组织和技术运用是加强教学互动的重要路径，同时也是解决大班额教学质量不佳问题的重要路径，对于提升思政课教学质量有显著促进作用。

四、依照传统优势革新教学方法

改进教学方法是优化教学活动、提高教学质量的重要方式。教学方法运用失活是高校思政课教学的现象级问题之一，表面上看是因为学生求新、赶时髦心理造成传统教学方法失灵，教师疲于研究和创新教学方法以迎合学生胃口。实际上，造成教学方法失灵的关键原因并不是没用新方法，而是方法的使用不恰当、不灵活。

需要强调的是，教师不应该片面追求使用新方法，教学方法与内容的匹配运用、教学方法与学生的匹配运用是关键，如果方法运用不当，再好的方法也无济于事。学生也非常强调方法的运用，如果教师刻意使用一些新方法，把握不当反而效果大减。如果将内容与方法、对象与方法匹配起来，效果定会大增。故思政课教学方法的精妙之处在于灵活运用，要兼顾守正与创新，在传统的基础上鼎新教学方法，进而推动思政课教学质量提升。

（一）传承优秀传统教学方法

思政课教学活动中，教师对教学方法的选择，传承优秀的传统教学方法是基础，一方面是因为优秀传统教学方法是久经历史考验而沉淀下来的，使用得当效果会非常好；另一方面对老方法适当微调可以焕发出新光彩。从辩证法的角度来看，凡事皆有两面性。传统的不一定是不好的，优秀传统教学方法，多是经历成百上千次的课堂实践的锤炼积累下来的，有厚重的历史基础和实践经验，不仅适应过去，还可以满足未来。当前推进教学方法的变革，不能一味求新、求变，反将优秀传统教学方法弃之不顾。毕竟，老方法是新教学的基础，应该发挥老方法的作用。

1. 强化记忆式教学

朗诵、背诵等记忆性教学法是最为传统的教学方法，对于学生丰富知识储备、构建知识体系具有显著的促进作用。朗诵可以锻炼学生表达能力、提高学生记忆效果，背诵可以加快学生记忆、增加学生知识获取。思政课教学中，有大量需要记忆的内容，不少教学内容通过朗诵表达也会加深记忆，教师在学生记忆的基础上，给予适当引导就可以达到比较好的教学效果。

2. 强化辩论式教学

辩论式教学从中世纪就开始使用，直到现在依旧深受广大师生喜爱，究其原因是因为辩论式教学可以激发师生互动积极性和思维创造性，可以引导学生就某一焦点问题开展讨论。真理越辩越明，学生在激烈的辩论中不断修正自身观念、观点，实现知识、理念的共同发展。思政课是一门具有强思辨性的课程，引入辩论式教学恰如其分。尤其"毛泽东思想和中国特色社会主义理论体系概论""思想道德与法治"等课程，分别具有理论的思辨性和实践的思辨性，引导学生参与辩论，必将激发出更多更好的学习成果，在师生、生生的互动性辩论中，发现问题、解决困惑，提升学习投入度。

3.其他思政教学方法

从一般意义上看，传统的思政教育、思政课教学的方法并非千篇一律，也并非僵化教条、形式单一，相反，一些必要的思想教育方法在现在的教学中也有大用途。比如：①理论教育法，即理论灌输法或理论学习法，是有目的、有计划地向受教育者进行马克思主义理论教育，或受教育者系统学习马克思主义理论，逐步树立科学世界观的教育方法；思政课通过对基本原理的学习，以透彻的学理分析回应学生，以彻底的思想理论说服学生，用真理的强大力量引导学生。从而不断培养学生的理论思维，增进理论深度。②比较教育法，即将两种不同现象或事物的属性、特点进行比较鉴别，引出正确的结论，用以提高思想认识的方法。③典型教育法，也即示范教育，指通过典型的人或事进行示范，教育人们提高思想认识的一种方法。类型分为正面典型和反面典型。④自我教育法，就是受教育者按照思想政治教育的目标和要求，主动提高自身思想认识和道德水平以及自觉改正自己错误思想和行为的方法。⑤激励教育法，就是激发人们的主观动机，鼓励人们朝着正确目标努力的方法；思政课激励教学就是其以学生的客观需要和主观动机为参照，以实现一定期望为目的的教学方法。

（二）新时代思政课教学方法

新时代以来，高校思政课教育方法的改革创新层出不穷，民办高校结合自身优势，以及线上线下思政课教学实践，创新了许多思政课教学方法。比如，"概念教学法"就是民办高校思政课改革创新可以深入推广的一种方法。

推进习近平新时代中国特色社会主义思想进高校思政课，必须把概念教学摆在突出位置，讲清楚新概念、新术语、新表达的准确意涵、问题意识、思想方法、理论思维，运用适当、合理的概念教学方法，增强高校思政课概念教学的比重和分量。概念教学是深化新时代高校思政课改革创新的题中之意。① 其实，思政课教学方法的改革创新并没有固定的模式和

---

① 刘佳．"概念教学法"在高校思政课中的价值意蕴和适用原则［J］.高校马克思主义理论教育研究，2022（02）：91.

标准，一切应为着提升思政课教学质量效果的目的。正如2019年3月18日习近平总书记在学校思想政治理论课教师座谈会上的重要讲话所指出的那样，"改革创新是时代精神，青少年是最活跃的群体，思政课建设要向改革创新要活力。如果做一天和尚撞一天钟，照本宣科、应付差事，那"到课率"、"抬头率"势必大打折扣。很多学校在思政课上积极采用案例式教学、探究式教学、体验式教学、互动式教学、专题式教学、分众式教学等，运用现代信息技术等手段建设智慧课堂等，取得了积极成效。这些都值得肯定和鼓励。"①

为此，着眼新时代民办高校思政课的创新发展，改革思政课教学很重要的一条就是教学方法革新。总体看，其革新的方法和要求应该从以下方面着手。

1.树立问题意识，构建"问题链"教学

思政课教学应紧跟新时代信息社会快速发展、新时代大学生思维活跃的现实特点，瞄准思政课教学的目标问题，树立问题意识，从解决实际问题的客观需要出发，围绕找出问题、分析问题、解决问题、反思问题的基本思路，可以创新实施"问题链"教学法，即"围绕思政课教学目标，结合教学环境和教学对象的新变化，在教学过程中将知识传授、能力培养与价值塑造结合起来，本着以问题为主线、以教师为主导、以学生为主体的教学理念，综合运用启发式、探究式、案例式、情景式等教学方式"②，从而不断增强思政课教学的思想性、理论性、亲和力和针对性。其基本要求：一是深耕教材，着眼需求，构建"主题式"教学内容新体系；二是以问引思，以思促悟，实施"问题链"课堂教学新方法；三是拓展时空，增强实效，打造以"主课堂"为依托的立体教学新模式。

2.聚焦授课重点，深化"专题式"教学

民办高校思政课开展专题式教学有助于实现教材体系向教学体系的转

---

① 习近平.思政课是落实立德树人根本任务的关键课程［J］.实践（党的教育版），2020（09）：9.

② 张锋.新时代高校思想政治理论课教学改革的探索与实践［J］.才智，2022（21）：5-8.

化，这样不仅有利于提升思政课质量效果，也有助于提升思政课教师能力和团队建设水平，增进学生学习思政课的收获感。根据习近平新时代中国特色社会主义思想"三进"要求，通过树立"大思政"理念，借助互联网技术优势，整合教学资源，构建协同育人体系，创新考核评价方式，以促进专题式教学有效、深入开展。[①]思政课教学，围绕授课重点，开展专题式教学，增强高校思政课的实效性和实用性，切实提升立德树人的实际效果。思政课采用专题式教学，适应了理论形成发展的理论逻辑，适应了思政课教材体系向教学体系转化要求，是促进备课与教学有机结合、讲授与接受内在统一的必然要求。

思政课专题式教学不只是从章节教授到专题讲授，而是涉及教学理念、内容体系、教学方法、教师教学能力、考核评价方式等多方面、多层次的流程上的"再造"和环节上的"提质增级"。需要关注的重点是：一是以"大思政"理念开展专题式教学。"大思政"理念坚持理论和实践的统一，突出学生的主体地位，充分利用社会这个大课堂，不断拓展思想政治教育平台，创新授课模式，在理论与实践的结合中发挥教育引导作用。[②]二是以思政教师专业化推动专题式教学。思政课教师要不断提高政治判断力和政治领悟力，善于从政治高度谋划思政课教学改革，在专题式教学中能深刻把握思政课教材的核心要义，在开展专题式教学中选好方向、凝练专题、集体交流、开展授课、互动反馈，从而推动专题式教学。三是精选和凝练教学内容是专题式教学的内容。与信息时代"短平快"的发展模式相适应，必须开展针对教学内容的教学方法改革，采取专题精讲、专题突破的教学方式。总之，要在统筹把握好思政课教材内容体系基础上，根据时、度、效等方面的要求，对专题式教学的内容框架、重点问题、结构布局等进行精心设计，使之成为思政课教学改革的重要抓手之一。

---

① 孙巍.新时代高校思政课专题式教学的基本遵循及实施策略［J］.学校党建与思想教育，2022（10）：45-48.

② 朱旭."大思政课"理念：核心要义、时代价值与实践路径［J］.马克思主义理论学科研究，2021，7（05）：107-114.

3.综合信息手段，实施"融媒体"教学

利用网络开拓信息教育手段。在教育新常态背景下，教学模式信息化发展是大势所趋，为此，推动融媒体教学与传统课堂授课相结合，扩展灵活多样的课堂参与形式，对于充分发挥网络信息化教学优势具有重要意义。对民办高校思政课建设而言，课前教师可以将准备好的社会热点新闻资料和其他资源提前发布到线上课堂平台，让学生们自主学习，充分思考。在上课时可以同步发布课件，节省大家记笔记的时间，同时对课前问题开展积极的课堂互动对话，调动学生的参与性和积极性。课后可以采用线上教学跟踪、测评等方式，了解课堂效果，极大增强学生获得感。实际上，当下的思政课教学，已经开始运用多种新媒体教学手段了，比如微课教学、MOOC教学、网络视频教学，等等，但关键的一条就是使之有机统一。

五、把握教学规律革新教学评价

新时代背景下，办好思政课需要我们坚持不懈地进行思政课的改革创新。教学评价是教学体系的重要内容，创新评价制度与方法是推进教学改革的重要一环。为有效实现教学目标，促进学习者的发展，高校应当重视确立现代教学评价理念，把握现代教学评价应用趋势，开发合理有效的教学评价方法，构建新时代高校思想政治理论课的教学评价体系，以评价促教学，与教学模式的创新发展形成良性互动。

当前，完善动态的、全过程、要素式评价体系是适应新时代教育教学规律的必然要求。构建高校思政课教学评价体系，日益成为深化思政课课程改革创新和推动课程高质量发展的迫切要求。当然，这里的教学评价是多样的、多元的，其实质就是实现科学的、全面的、客观的、细致的评价。比如，有的学者倡导实施"以学生获得感为核心"构建高校思政课教学评价体系，即：大学生在思政课程的学习中居于主体地位。其感受和体验是思政课建设的生命线。因此，高校思政课教学评价体系的构建要以大学生获得感为逻辑中心，秉持定性评价与定量评价、形成性评价和诊断性评价、全面评价与多元评价相结合的原则，积极探索新时代高校思政课教学评价体系构建的实践路径，建立科学合理的评价指标体系，构建坚强有力的落实保障机制以及完善动态调整的改进机制。①

（一）结合新时代教学发展反思教育评价

教学评价就是在教学活动过程中针对教学而进行的评价，是对教学活动满足个体需要的程度做出判断，对教学活动已经取得的或者还未取得、但有可能取得的价值做出判断，通过教学活动客观地把握学生的变化，以便最大限度地提高教学质量，求得教学效果；教学评价作为推进教学活动而进行的评价，旨在探讨教学活动中存在的问题，它具有导向、激励、决策、鉴定等功能；教学评价的范围十分广泛，包括：评价者（评价主体）、评价对象和评价目标（评价客体）、评价目的（为什么评价）、评价方法（怎样评价）以及评价标准（依据什么评价）等，其中评价目的、评价对象和评价标准尤为重要。

从教学评价过程来看，教学评价体系是根据一定的教学目的和教学目标，按照特定的评价标准和指标对教学活动中的各组成元素，即教师、学生、教学内容、教学方法、教学环境以及教学效果等进行系统的检测和判断，对其中的优缺点和价值进行评定并力求改进的较为复杂的系统过程，是在教学评价活动中由各种评价因素相互作用、相互影响、相互联系的系统体系，其目的在于通过评价促进教学，把教师的"教"与学生的"学"通过教学评价相互联系、相互结合。

（二）结合思政课教学评价问题反思不足

高校思想政治理论课与其他学科相比具有鲜明的特点，其教学目标与其他课程比较也表现出较大的区别。依照"要以培养担当民族复兴大任的时代新人为目标"，培养"德智体美劳全面发展的社会主义建设者和接班人"的要求，思政课教学目标不仅要求学生扎实掌握理论知识，而且要不断提高其解决问题的能力；不仅使学生在逻辑思维能力、语言表达能力、独立思考能力、对话能力与合作精神等方面得到锻炼，进行有意义的学

---

① 李鸿凯、冯改花.以学生获得感为核心的高校思政课教学评价体系构建［J］.吕梁学院学报，2022，12（03）：89-92.

习，而且要不断提高学生的思想水平、政治觉悟、道德品质和文化素养，从而成为德才兼备、全面发展的时代新人。新时代高校思想政治理论课的教学目标不仅包括知识目标、实践目标，还包括诸多情感态度目标、价值目标等。因此，鉴于思想政治理论课所具有的明显特质及其在新时代所承担的历史使命，与其他学科相比，高校思想政治理论课的评价体系在评价目标的设置、评价主体的选择、评价指标的制定以及评价模式与评价方法的实际运用等多个方面都存在自身的特点与复杂性。

当前，大部分高校在构建和实践思想政治理论课的评价体系时并没有体现出思想政治理论课自身的特殊性，在对思想政治理论课进行教学评价时大多采用的是通用的教学评价模式，没有形成属于思想政治理论课的符合其特征的评价体系；尤其是伴随当下高校思想政治理论课教学模式改革创新的实践推广，教学主客体在思想政治理论课的教学中呈现出多元化的特点，以往固有的教学评价体系已经无法满足教学改革的需求，类似"评价主体单一、评价方式单一、评价指标僵化、评价目标片面、评价反思不够"诸多问题日渐凸显。

总之，当下就高校思想政治理论课的整体情况而言，思想政治理论课的教学组织形式相对单一，未能建立合理有效的教学评价体系，不仅很难真实地反映学生思想政治素质和道德品质，不能发挥教学评价在教学过程中的核心作用，而且不利于学生创新能力、实践能力和学习能力的发展，不利于促进教学模式的创新，在很大程度上弱化了教师和学生的行为动机，不利于高校思政教学工作的有效开展。

（三）构建民办高校思政课科学评价体系

教育部发布的《新时代高校思想政治理论课教学工作基本要求》指出，要建立健全多元化评价机制，对教师教学质量进行综合评价。[①]教学评价是检测教师教学质量最直接、最有效的手段之一。民办高校构建教学评价体系，对于思政课教学的建设创新具有重大意义。

---

① 教育部关于印发《新时代高校思想政治理论课教学工作基本要求》的通知［J］. 中华人民共和国教育部公报，2018（05）：15-18.

目前，一些民办高校思政课的教学评价存在的主要问题包括：一是评价体系不健全，评价指标简单粗糙，评价内容不全面；二是评价目的不明确，流于形式，不求实效，为评价而评价，甚至把教学评价结果与教师绩效挂钩，严重偏离了教学评价的目的；三是评价主体单一化，缺乏学生、家长和用人单位等的多元化主体评价；四是评价方法机械、简单，基本上采用全校通用的评价量表作为评价工具，一纸定优劣。这些问题亟待解决。

1. 构建民办高校思政课教学评价体系的基本要求

一是提高对思政课教学评价的认识。要避免两大误区：重教学过程、轻教学评价，把重点放在教学实施上，而少有人关注教学评价；把教学评价作为管理教师的一种手段。这都是对教学评价功能错误的理解。首先，教学评价与教学活动紧密相关，与教学设计、教学实施相伴而行。其次，教学评价以教学设计和教学实施为前提条件。再次，教学评价以促进学生和教师发展作为终极目的，旨在让教师更有效地"教"，学生更有效地"学"，最终为教学过程服务。因此，应重视发挥教学评价的客观功能。

二是坚持民办高校思政课教学评价体系构建原则。导向性原则——思政课的育人目标是使学生树立马克思主义信仰，掌握马克思主义思维方法，提高思想道德素质。思政课教学评价体系的设计要以这一育人目标为导向，注重检测教师对学生世界观、政治观、价值观的引导及思辨能力的培养等，在这一目标指导下开展教学评价活动。全面性原则——思政课教学评价体系建设应全面地包括评价主体、评价内容、评价标准、评价方法等各方面。评价主体应多元化，包括教学管理者、教师自身、教师同行、学生、家长、用人单位等。当然，教学评价内容，也应全面分析，涵盖教学行为和学习效果等全部内容，包括学习成绩、学生思想素质变化、表达能力、思维能力、分析问题和解决问题的能力等学生发展需求。定量与定性相结合的原则——定性评价能够形象地描述大学生思想行为的主要特征表现，具有激励与教育作用。定量评价法主要是运用数据的形式，通过对评价对象表现出来的一些变量关系的整理分析、科学评价，相对比较精确。当然，单靠定量指标或单靠定性指标都不能真实地反映教师的教学效果，只有把定量指标与定性指标相结合，才能体现教学评价的公平性和合理性。

2. 构建民办高校思政课教学评价体系的基本思路

一是强化顶层设计。完善的评价方案是教学评价活动有效性的前提。教学评价的顶层设计要明确的内容：评价活动组织者，即教学评价应由谁领导和组织；评价目的，即要回答教学评价活动是为了什么而开展；评价范围，即要选取哪些评价对象，是全面覆盖还是选择典型；评价主体，即由谁参与评价，这一评价主体的评价意见有何价值；评价方式，即教学评价通过什么途径、运用什么手段、借助什么工具来实现，评价方式要为评价目的服务；评价时间或阶段，评价活动是否在相对固定的时间开展，间隔多长时间开展一次，教学评价是一个动态过程，要考虑评价时间的连续性；评价指标，这是整个评价方案设计中最关键的内容，指标的内容要体现综合性；评价信息的收集与反馈，开辟评价信息反馈通道，反馈过程要注重与被评价者之间的平等关系。需要注意的是，评价方案设计得越细，操作性越强，评价依据越充分，评价结果越客观真实。

二是坚持多元评价主体。根据主体的多元性构建不同主体的评价模型，包括学生获得性评价、教师反思性评价、同行研究性评价、专家诊断性评价、家长情感性评价、企业效用性评价等。而在这些不同主体的评价模型中，最容易被忽略的是家长情感性评价和企业效用性评价。家长情感性评价是对孩子思想品德方面变化的情感体验。学生自身思想道德水平和情感价值观的提高会直接表现在对待身边的事和人的态度上，如对家人的尊重、沟通、关心、孝顺等，所以家长情感性评价是思政教学评价中十分重要的部分。企业效用性评价是用人企业单位对学生工作态度、工作能力、工作效果等方面的综合评价，学生把思政教育所获得的情感价值观等运用到具体的工作实践中，能够直接或间接地在工作效能中表现来出，而且对学生整个职业生涯都会发挥重要作用。因此，企业评价对学校育人目标的确定起到方向标的作用。

三是构建多层级指标体系。指标体系的构建是整个教学评价过程最关键的部分。通过在评价过程中确定相应的评价指标，并针对各项指标设置合理的评价标准，将这些因素合成科学合理的体系，即是评价指标体系，①它是由表征评价对象的特殊性及其相互联系的多元化指标所构成的具有内在结构的有机整体。评价指标体系的构建要体现多元化、多角度、多层级、全方位性等特点。要根据评价主体的不同而设计不同的评价量表，从评价指标的层级上看，每一种教学评价量表上的指标应设置有一级指标、二级指标甚至三级指标，每一级指标上应设置合理的分值权重，以使评价依据更充分、更具体。

第四节　构建民办高校一体化专业人才培养体系

　　民办高校思政课建设面临的新特点、新情况、新问题，直接影响高校思想政治育人效果，制约着高校人才培养质量。高校思想政治课与专业课协同育人体系的现状表明，高校思想政治课与专业课协同育人体系构建具有必要性、可行性，由此要求必须实现高校思想政治教育全员参与、全过程渗透，提升思想政治教育实效，构建立体化的人才培养体系。

　　目前的问题集中表现为：一是思想政治课与专业课协同育人的内容与形式不够清晰，大学生思政教育协同创新方法相对陈旧，多限于形式上的协同，对于思政课与专业课协同育人的内容与形式缺乏深度研究探索。高校在思政课与专业课协同育人内容、方式方法等方面，仍处于摸索阶段，远未形成明确内容、清晰的方法路径。二是思想政治课与专业课协同开展的工作不扎实。当前多数高校既有协同育人制度多为零敲碎打式、片面式协同。开展协同育人，应建立什么样的机制、如何建立、规范哪些内容、怎样实施等一系列问题，多数高校未能给出切实可行的机制，专业课与思政课也缺少主动参与意识。为纠正以上偏差，必须探索构建思政课建设与专业人才培养的融合体系。首先要弄清我们培养什么样的人才。

---

① 孟妍. 高校思想政治理论课教学质量评价指标体系构建［D］.哈尔滨：哈尔滨工程大学，2012：10.

一、培养政治合格可靠的专业化人才

可靠人才首先是政治可靠，其次才是智力、体力等方面的合格。没有政治可靠，其他领域再优秀也会产生不同层次的负面影响。因此，培育政治素质过硬的人才是思政课必须直面和承担的任务。

1. 培育政治合格全面素质过硬的人才

政治素质过硬是人才培养最重要的目标，政治素质过硬是党和国家对人才培养的基本要求。思政课要加强对大学生的政治教育，一是要提高大学生政治认知水平。大学生拥有一定的政治认知能力和水平，基础理论知识也已经初步掌握，不足的是对一些政治内涵认知理解的深度和准度不够，需要思政课加强教学，精准引领。二是要提高大学生政治参与能力水平。大学生绝大多数都已经满18周岁，开始拥有政治权利，可以履行政治义务，思政课要及时跟上，教育帮助大学生深刻认知政治权利和义务，掌握履职路径和方法，提升履职能力和水平，这样才能为以后的政治生活做好铺垫。三是要引导大学生参与实践检验。教师可以通过思政课开展各类模拟练习，并在课程实践环节落实落地，帮助大学生检验所学，切实提高政治意识，培育政治素质过硬的人才。培养大学生政治素质要注意导向性与发展性相结合，科学性与实用性相结合，全面性和层次性相结合，注重"知、情、意、信、行"教育有机统一。

2. 培育善用马克思主义方法论的人才

马克思主义哲学方法论是人类文明史上最伟大的方法论。马克思主义方法论可以为大学生提供丰富的方法论逻辑、思维和方法。一是唯物论部分的方法论。有生活中经常提及的实事求是的方法论、调查研究方法论、矛盾分析方法论，也有全局性的方法论，如全面、历史地看问题的方法论、系统方法论。二是认识论部分。包括辩证思维方法论、创造思维方法论、价值评判方法论等，其中辩证思维方法论常被提及和运用，而创造思维方法论、价值评判方法论则使用较少，需要在教学中加强。三是历史唯物主义部分。其中包括社会分析方法论、阶级分析方法论、群众路线方法论等。群众路线是中国共产党最常提及、使用和强调的方法论，这要求学生要经常深入社会、了解国情民情，在社会实践中熟练运用群众路线方法论，实现受教育、长才干、做贡献。此外，还必须呼唤一种"存在论的解释学"，或者"非理论方法的解释学"，即"生活决定意识"的马克思主义方法论。"生活经验本身就是可理解的"，这也是大学生学习马克思主义哲学方法论的基本需要。

3. 培育具有科学价值判断能力的人才

科学价值判断的关键指向是为谁培养人的问题。科学价值判断能力主要指三个方面：一是是非判断能力。通常意义的是非对错是生活化的，思政课所需要面对和解决的是政治信仰和政治立场等领域的是非判断，要引领学生在上述问题建立是非观，提高是非判断能力。这里针对的是各类思潮、多元价值观以及时政热点领域可能出现的是非问题挑战，思政课应该因势利导、加以正确引导。二是质量判断能力。是非是单选题，而质量则是多项式。质量判断一方面在于学识及理解能力，即对一个问题的理解和思考程度；另一方面在于事物的实际情况，即应该处于一个什么样的质量层次。只有两方面相互印证、统一，才是比较科学的质量判断。

二、坚持主导与主体相结合培养人才

高校思政课的教学内容、教学进度、教学方式、教学环节等都是由教师来设定和掌控的。因此，办好高校思政课关键在教师。在思政课改革创新中，教师必须发挥主导作用。习近平总书记在学校思政课教师座谈会上强调，思政课教师必须"政治要强、情怀要深、思维要新、视野要广、自律要严、人格要正"[①]，这就深刻揭示了思政课教师的基本属性和职业特点，为锻造一支素质过硬的思政课教师队伍提供了科学引领。广大思政课教师要自觉强化自身业务本领，不断以科研促教学，坚持内容为王，把主要精力放在对课堂教学内容的研究上，挖深吃透教学内容，深层次、跨领域、多视角地理解和把握教学内容，大力推进创新课堂教学方法，积极采

---

① 习近平在学校思想政治理论课教师座谈会上强调用新时代中国特色社会主义思想铸魂育人贯彻党的教育方针落实立德树人根本任务［N］.人民日报，2019-3-19.

用案例式教学、探究式教学、体验式教学、互动式教学、专题式教学、问题链式教学、分众式教学，在政治引导、学理阐释和价值塑造上下功夫，切实发挥思政课教师的主导作用，不断提升高校思想政治教育实效。

办好高校思政课，除了离不开思政课教师的主导作用之外，还要服务于培养社会主义合格建设者和可靠接班人这一目标要求，发挥好当代大学生的主体性作用。这就要求广大思政课教师应该认真研究当代青年学生的认知规律和接受特点，灵活采用大学生喜爱的、易于接受的教学方式方法，巧妙运用丰富的社会现实展示理论的力量，有效激发学生以主体性身份参与教学过程，努力使思政课"活起来"。事实证明，教师的"教"不是单向的给予，学生的"学"也不是单向的接收，高质量的教学活动是师生之间良性的互动关系。当然，在思政课教育教学中，师生之间的互动需要坚持正确的政治方向和价值导向，坚持用社会主义核心价值观培育人，而不能随意任性、偏离主题。

总之，办好新时代高校思政课，思政课教师要敢于讲政治，善于讲政治，坚持在历史与现实、理论与实践、主导与主体的结合中体现社会主义大学特质的核心职能，发挥好思政课的政治引领和价值引领作用，增强思政课的思想性、理论性和亲和力、针对性，提升当代大学生的使命感、认同感，从而为党和人民事业发展培养一大批合格后备人才贡献智慧和力量。

三、思政课助力一体化专业人才培养

协同育人是适应新时代发展要求的育人导向，思政课建设的初衷更在于立德树人，使广大青年学生"学好专业课，做好中国人"，使大学生成为对社会有用的各类人才。所谓助力一体化专业人才培养，就是在培养专业人才的同时，做好课程思政，做好人才的思想引导和教育，尤其是加强通识必修思政课的教学质量和效果扩展，从而培养又红又专的各类人才。

目前，主要应构建"认知·践行·服务"三位一体思政课人才培养模式。旨在解决的主要问题：①思政课教学的影响力和约束力"软"。思政课存在重"术"轻"道"、重"教"轻"学"的"疲软"现象。教师端

"重知识传授、课题灌输，轻实践解惑、现实引导"学生端"重结果轻过程、重分数轻内化"。教师理论教学的目标层次不达标，学生理论逻辑和思维深度不够，由此降低了理论兴趣和践行欲求。②学生日常践行与社会实践结合"弱"。课外的日常督导"不严"，学生日常养成"形式化、过程化、表面化"，养成效果相对弱化，思政教师、辅导员、学生工作队伍缺乏 "一体化"管理教育，学生知行脱节、自律弱化，与社会实践的要求脱节。③思政课的系统治理与育人体系"散"。实践教学环节松散，思政课教学与社会实践、自觉践行与服务社会对接不准，实践教学目标难以实现；思政课育人体系从课堂教学、日常践行到服务社会的全过程，存在"组织碎片""环节断层"，全过程育人不系统、不成体系，缺乏系统的融合与衔接。

为此，应着眼构建从理论教学到实践引导、从校内践行到服务社会的育人体系，遵循大学生思想行为规律，针对"软、弱、散"问题，创新知识技能、行为方式和情感态度的转化机制，其形成逻辑如图4-1所示。

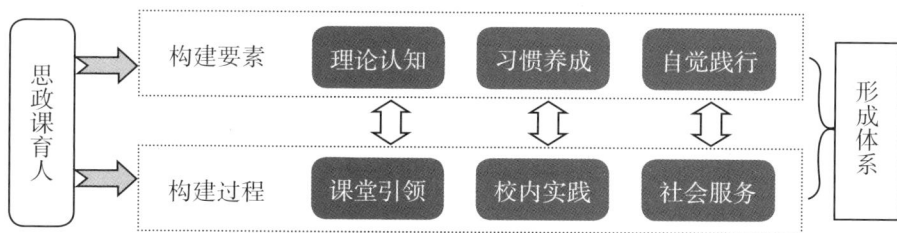

图4-1 思政课育人体系的形成逻辑

完善思政课育人体系，主要应做好三个方面的工作。

1. 聚焦提升教学质效，强化理论认知的影响力和约束力

从强化教师素养、优化教学质效、提升学生认知入手，聚焦丰富教学体系，构建思政课程体系。同时，融合"青马工程""学习筑梦""四史"教育（即在全社会广泛开展党史、新中国史、改革开放史、社会主义发展史宣传教育），专设"习近平新时代中国特色社会主义思想""习近平论治国理政"专题讲座，聚焦拓展教学内容，运用"六个结合"，从强化理论授课的彻底性、说服力和感染力出发，启发"是什么、为什么"，

激励"学什么、怎么学";编写教学案例、创新教学手段,紧跟时事热点拓展教学,开展大学生讲思政课等竞赛活动,激发头脑风暴,明辨真理是非,激活思想认知,推动入心入脑。聚焦课堂模式,打破"教师本位",坚持以生为本、一教多法,强化"师生共同体"意识,推动"教""学"互动,使学生从习得知识、自觉检验中强化认知;探索现场教学模式,建好用好思政课教研基地,组织"红色基因进校园"和参观见学等活动。

2. 着力深化学思践悟,督导日常践行的实践力和结合度

通过校内义务劳动、朋辈互助、劳动教育等,融合指导、促行、考核、监督和评价各环节,丰富日常多元化平台载体,推动"内化启发自觉",引导"外显转变行为",督导学生在学思践悟中强化自我养成。一方面,对照学习目标激发探究式反思,启迪对理论认知的自我认同;在合作学习和独立思考中强化自我反思,督导自觉养成。另一方面,从优化教育环境入手,借助显性或隐性教育资源,有机融合党建引领、社团活动、志愿服务等校内活动,打通日常管理、行为督导、思想教育等实践环节,从严督导"做什么""怎么做",融合"校内践行、自我培塑、多方督导"的一体化、网络化育人格局,培塑社会实践能力。

3. 多方共建强化合力,推动思政育人的协同性和体系化

一方面,逐步深化思政课的实践教学层次,第一学年突出理论引导,强化日常行为的指导、监督、促行;第二学年突出日常养成,强化实践培训与志愿活动;第三学年突出服务社会,全面培塑社会实践技能。民办学校应根据多年的探索与实践,构建"行为引导、实践锻炼、效果反馈、多元评价"于一体的实践教学模式;形成合作育人、共建基地、共享成果的社会实践工作机制;采取权重分配、学分量化的评价方法,综合教师评价、自我评价、团队评价和社会评价,实现全过程科学评价。

另一方面,强化思政育人的体系支撑,积极营造"大思政"育人格局。强化教学团队支撑,打造"教师素养提升工程""师德师风建设工程",建立建强专家教授、思政教师和辅导员组成的优秀教学团队;强化组织体系支撑,构建"党建创优工程""网络育人工程""质量提升工程",凝聚党团组织、思政队伍、学工队伍、社团组织、学生骨干等力

量，全面构建网络化的组织育人体系；强化实践平台支撑，将思政课育人全过程与日常活动、文体竞赛、奖项评比、志愿服务等活动有机贯通起来，第一课堂增进认知、第二课堂督导养成、社会服务增进技能和奉献意识，由此建立起严密有序的实践平台育人体系。

第五节　提升民办高校思想政治理论课科研水平

习近平总书记指出："建设政治素质过硬、业务能力精湛、育人水平高超的高素质教师队伍是大学建设的基础性工作。"[①]教师是离学生最近、面向学生时间最长的群体，一名好的老师既要有扎实的知识功底，也要有广博的视野和宽阔的胸怀；既要做到亦师亦友，更要做良师益友；既授人以鱼，又授人以渔；既能够在生活中给予学生关心，也能够在学习中给予学生指导。这就需要思政课教师具有一定的教学、科研能力。

教师教学能力一方面基于多年的实践锻炼，另一个重要的路径就是科研反哺。从质性课程评价的有关结论来看，思政课教师教学任务量巨大、班额巨大、精力消耗巨大，这不仅容易造成教学倦怠，同时也挤压了思想政治理论课教师的科研时间。时间、意愿、能力、水平都是制约思想政治理论课教师开展科研工作的主要因素。时间是前提，如果大部分的时间被教学占据，科研时间必然受到挤压，从而产生力不从心的感觉。

当然，思想政治理论课教师开展科研也有如下诸多障碍：一是思政教学的期刊较少，科研成果难以被期刊收录；二是思想政治理论课教师职称晋升标准基本参照人文社科标准，没有体现思想政治理论课教师的特殊性和重要性；三是高校教师考核体系中普遍存在"重科研、轻教学"的情况，但实践中却因巨量的教学任务挤压了科研的空间，导致考核与实际呈现完全相反。在师资数量、整体教学环境短期无法转变的情况下，要破解如上问题、提升

---

① 习近平. 做党和人民满意的好老师——同北京师范大学师生代表座谈时的讲话 [J]. 人民教育，2014（19）：6–10.

思想政治理论课教师科研能力水平，建议从以下方面入手。

一、以学科建设为支撑提升思政课教师的科研能力

一般而言，科研活动可以由个人开展，也可以是团队协同，尤其在思政课领域，思政课教师可以选择个人独立开展科研。与此形成对应的是，成立团队开展科研会有更多好处。首先是团队更容易出成果。科研团队可以集中优势力量攻坚具体研究领域，团队能力、水平均要显著高于一般意义上的个人，成果水平也会更高一筹，发表机会也会更多。其次是团队智慧更具优势。研究观点、路径、方法都是在思想的激烈碰撞中产生的，团队头脑风暴可以从更多视角、更多领域开展探讨、研究，以便形成更有价值、更加先进的科研成果。最后是要以制度支持团队建设。民办高校可以借助体制优势，在校内成立相关研究所、研究院，并在此基础上，搭建和推动若干科研团队的建设，在人力、财力、物力上给予支撑。

强化科研培训，或是组织科研交流与实践活动，是教师借助外力提升能力水平的重要路径，科研是教师自发投入提升能力水平的重要路径。培训和科研都有多种路径促进思政课教师提升研究能力和水平，这将有利于晋升职称，更有利于提升教学质量。

二、引导思政课教师正确处理好教学与科研的关系

科研能力是一个教师理论功底和学术水平的综合反映，思政课教师应当具备与职业职称相匹配的科研能力。科研是助推教学水平提高的重要途径，教学好是立业前提，科研好是立业基础，教学和科研都好才能站稳讲台，成就事业。

（一）要正确处理教学与科研的关系

一般说来，教师科研水平高，对本学科领域理论钻得深、研究透、悟得明、把得准、展得开，对教学内容的理解就会更深刻透彻，教学就更易做到深入浅出，更有助于学生理解和突破教学中的重点难点问题。教师及时将前沿学术成果补充到教学中，不仅能更好激发学生学习兴趣，培养学生独立思考能力和刻苦钻研精神，而且教学也容易做到思想有深度、视野

有广度、理论有高度、学术有厚度。科研是教学的"源头活水",没有科研或科研太弱,缺乏理论功底,教学就很难创新和提高,就会陷于平淡平庸,缺乏震撼力和说服力。提高教学水平离不开科研作支撑,思政课教师要重视科学研究,以高水平科研成果支撑教学水平提升。

长期以来,相当一部分民办高校教师为科研而纠结、因科研而烦恼,不搞科研职称上不去,搞科研担心分散教学精力。对于思政课教师来说,教学是本职是主业,要把主要精力放在教书上,把心思多用在教育学生上,不能主次不分,更不能本末倒置。但一定要重视科学研究,具有科研能力,有科研成果,要善于以科研成果去充实、丰富、提升和促进教学,使教学与科研相互促进、有机结合、共同提高。要防止教学与科研"两张皮",互不关联,相互脱节,或"浮于"教学而忽略科研,或"沉于"科研而疏于教学。科研必须服务和服从于教学。

(二)要正确把握思想政治理论课科研的特点

思政课教师搞科研不同于专门科研人员,其突出特点是科研要同教学结合,要服从和服务于教学。既不能脱离教学搞科研,也不能从个人偏好出发搞科研,更不能仅仅为了职称搞科研。思政课教师搞科研首先要立足教学研究,围绕教学重点、难点、热点、焦点问题撰写理论文章,申报研究课题,为教学攻坚克难排忧解难。只有这样才能既出科研成果,提高理论水平和学术水平,又能攻克教学难点重点、回应社会热点焦点,提高教学水平和教学效果,一举多得、教学科研双赢。其次要立足教学规律研究,结合自身教学需要研究教育规律、总结教学经验、探索教学改革、创新教学方法,通过教学研究撰写教研论文、申报教改项目、争创教学成果,提升教育教学能力和水平。

科学研究要有勤奋刻苦严谨治学精神。科学研究是复杂的脑力劳动,艰辛枯燥、道路崎岖,一定要勤奋刻苦,有定力毅力,舍得花工夫。搞科研要勤奋,少一点休闲、少一点娱乐,多一点看书学习、多一点思考钻研。要有锲而不舍的精神和恒心。"锲而舍之,朽木不折;锲而不舍,金石可镂。"搞科研不要急功近利,不要怕失败,发论文不要怕一次一次退稿,申报课题要有屡败屡战、十年磨一剑的韧劲。科学研究是探寻真理、揭示规律，要求有严肃的科学态度、严谨的治学精神。学品如人品、文如其人，著书立说需要独立思考、刻苦钻研、长期积累。科学研究不能弄虚作假、投机取巧、剽窃抄袭；科研成果要力求精品力作，经得起历史检验，不制造学术垃圾。这是从事科学研究学术道德的基本要求，也是科研工作需要严格遵守的一般规律。

总之，扎实深厚的科研能力是高校思政课教师的必备素质。其一，应该纠正"思政课教学就是讲政治""思政课教师没有空搞科研""思政课教师都不会搞科研"等片面性认识；其二，高水准科研是提高思政课教学实效的重要一环，它有助于诠释理论的内在逻辑、解读和宣传党的路线方针政策、指导不同层次学生的科学研究；其三，思政课教师科研应以问题为导向，研究教科书中理论的难点问题和实践启示，并探索和创新教学方法；其四，思政课教师要运用科研成果积极开展社会服务，向各级干部和社会大众宣讲党中央精神；其五，思政课教师的科学研究的成果，要服从课程教学大纲的要求，并符合社会主义意识形态的基本主张。①

第六节　强化民办高校思想政治理论课实践育人

实践教学是思想政治理论课程教学的重要组成部分，对深化理论教学，提升教学针对性和实效性具有不可替代的作用。深入探讨思想政治理论课程实践教学的发展方向和发展趋势，推动实践教学的改革创新，探索实践育人的新途径和新方法，提高思想政治理论课程的教学质量和教学水平，是实践教学的价值所在。民办高校思想政治理论课要与时俱进开展实践教学。中国特色社会主义进入新时代，需紧扣"新时代"的内涵和特征，从整体上深入思考新时代对思政课实践教学提出的新要求、新使命、新视野、新路径。这是推进新时代思政课实践教学改革必须回答的基本问题。

---

① 郑又贤.扎实深厚的科研能力是高校思政课教师的必备素质［J］.思想理论教育导刊，2021（06）：78-83.

一、民办高校思政课实践教学的定位与新要求、新使命

（一）实践教学在高校思想政治理论课程教学中的定位

相对于一般课程，思想政治理论课程是关于马克思主义理论与思想政治教育的一个课程集合体，是各个专业学生必修的公共理论课，其最主要的特点：一是面对的人多，包括所有专业的学生，且涉及的内容广，涵盖了政治、经济、文化、社会等各个方面。二是思想政治理论课程不是纯知识类的课程，它需要从知识跃迁为思想和价值观，需要理论武装，而理论武装是为了更好地认识世情、国情、民情和党情，这又不是仅仅靠理论就能够彻底做到的，还需要通过实践深入实际。实践可以充实理论，发展理论；实践是检验真理的唯一标准。运用理论分析实际，无疑是提升高校思想政治理论课程教学实效的基本途径。这样，高校思想政治理论课程，不仅可以深入社会，而且可以通过学生积极参与课堂教学、校内主题调研和小组协作学习，以及通过报刊查阅、网络检索、专业书刊阅读等完成主题论文来实现实践教学的目标。

为此，2005年2月，《中宣部 中央文明办 教育部 共青团中央关于进一步加强和改进大学生社会实践的意见》（以下简称《意见》）发布，明确指出要进一步加强以教学实践、专业实习为主要内容的实践教学。要把实践教学作为课堂教学的重要组成部分和巩固理论教学成果的重要环节，使大学生在参与实践教学的过程中，深刻体会蕴含在各门课程中反映人类文明成果、弘扬民族精神、体现科学精神、揭示事物本质规律的内容，培养大学生的创新精神和实践能力。要把实践教学的要求落实到每一个部门、每一门课程和每一位教师，体现在专业培养计划、课程教学大纲和教师的岗位职责中。要着重解决好实践教学经费投入、实验教学资源、实习教学质量、毕业设计质量、实践教学管理等方面存在的问题和不足。2015年7月，《中央宣传部 教育部关于印发〈普通高校思想政治理论课建设体系创新计划〉的通知》（以下简称《通知》），进一步强化了高校思想政治理论课程建设视域下的实践教学问题。文件指出，要整合资源，强化实践教学。推动思想政治理论课程实践教学与大学生社会实践活动有机结

合，整合思想政治理论课程教师和辅导员队伍，使他们共同参与组织指导实践教学。各高校要健全组织管理方式，逐步形成学校思想政治理论课程教学科研机构、宣传部、教务处、学工部、团委等部门协调配合的实践教学工作机制。积极争取社会各方面支持，整合实践教学资源，拓展实践教学形式，建设一批相对稳定的实践教学基地。注重总结实践教学成果，把优秀调研报告等作为课堂教学的补充材料。

可以说，虽然大体上相隔10年，但《意见》和《通知》都强调了实践教学的重要性。不同的是，《意见》更侧重对实践教学落实的条件创设进行规定，有关实践教学的规定适用于高校所有的专业和大学生日常思想政治教育工作；《通知》则在此基础上，针对高校思想政治理论课程的实践教学，在下一步的创新体系建设中对实践教学的教学大纲制定、实践教学的途径、实践教学的工作机制、实践教学的基地、课堂教学与实践教学的相互支撑等作出具体规定。它们对于切实加强高校思想政治理论课程的实践教学是纲领性的指导文件，需要认真解读和切实贯彻。

（二）适应新时代民办高校思政课实践教学改革新要求

1. 新方位要求在实践教学中把握中国共产党历史使命的新变化

新时代标示着我国发展新的历史方位。党的十九大报告明确指出："经过长期努力，中国特色社会主义进入了新时代，这是我国发展新的历史方位。"[①]重大政治论断，赋予党的历史使命、理论遵循，目标任务以新的时代内涵，为科学制定党的路线方针政策提供了时代坐标和基本依据。党的初心和使命是为中国人民谋幸福，为中华民族谋复兴。进入新时代，中华民族迎来了从富起来到强起来的伟大飞跃，迎来了实现中华民族伟大复兴的光明前景。党要在新的历史方位上实现伟大梦想，必须进行伟大斗争、建设伟大工程、推进伟大事业。实践教学要引导学生从新的历史方位、新的时代坐标，科学认识和全面把握中国共产党历史使命的新变化。

---

① 为人民谋幸福为民族谋复兴——中共十九大对推进新时代中国特色社会主义事业作出全面部署［J］.领导科学论坛，2017（22）：2.

2. 新特征要求在实践教学中全面把握改革开放取得的历史成就

中国特色社会主义进入新时代，这个新时代，既同改革开放以来的发展历程一脉相承，又体现了很多与时俱进的新特征，如我国经济发展进入新常态、改革进入攻坚期和深水区、历史发展进入重要的交汇期、国际地位和国际环境发生重大改变，等等。实践教学要紧紧抓住我国改革开放和现代化建设的实际问题，通过组织学生参观考察、社会调查等各种实践教学活动，使学生切身感受改革开放40多年来特别是党的十八大以来我国发展取得的重大成就，帮助学生更好地理解中国特色社会主义能够进入新时代不是一蹴而就的，而是长期努力、接续奋斗的结果。

3. 新矛盾要求在实践教学中正确认识当前我国发展存在的问题

我国社会主要矛盾的变化是判断中国特色社会主义进入新时代的重要依据。党的十九大明确指出："我国社会主要矛盾已经转化为人民日益增长的美好生活需要和不平衡不充分的发展之间的矛盾。"[①]也就是说，我国社会生产力水平总体上显著提高，但发展不平衡不充分的问题日益突出。实践教学要坚持以问题为导向，抓住社会主要矛盾的转变，引导学生能够用现实的眼光正确看待我国进入发展关键期、改革攻坚期、矛盾凸显期所存在的问题；能够运用马克思主义的观点、立场和方法认识这些矛盾的复杂性，把握事物的现象和本质、形式和内容、原因和结果、可能和现实、偶然和必然、共性和个性、内因和外因的关系，进一步增强学生思辨能力。

（三）新时代民办高校思政课实践教学的新使命

办好思想政治理论课，最根本的是要全面贯彻党的教育方针，解决好培养什么人、怎样培养人、为谁培养人这个根本问题。新时代贯彻党的教育方针，要坚持马克思主义指导地位，贯彻新时代中国特色社会主义思想，坚持社会主义办学方向，落实立德树人的根本任务，坚持教育为人民服务、为中国共产党治国理政服务、为巩固和发展中国特色社会主义制度

---

① 习近平. 决胜全面建成小康社会夺取新时代中国特色社会主义伟大胜利［M］. 北京：人民出版社，2017. 11.

服务、为改革开放和社会主义现代化建设服务，扎根中国大地办教育，同生产劳动和社会实践相结合，加快推进教育现代化、建设教育强国、办好人民满意的教育，努力培养担当民族复兴大任的时代新人，培养德智体美劳全面发展的社会主义建设者和接班人。习近平总书记的重要讲话明确了新时代思政课实践教学的核心功能、根本目标和首要任务，有助于教师从思想认识上增强开展思政课实践教学的自觉性和主动性。

1. 落实立德树人根本任务是新时代思政课实践教学的核心功能

实践教学是思政课教学的重要组成部分，是落实立德树人根本任务的重要途径，是遵循"知""行"辩证统一规律的必然要求。实践观点是马克思主义哲学的核心观点。实践决定认识，是认识的源泉和动力，也是认识的目的和归宿。学习理论的目的不仅是要认识客观世界的规律性，还要利用客观规律能动地改造世界。马克思主义实践观还强调了理论与实践的统一。对思政课而言，理论教学是实践教学的基础，是实践的先导，重点解决学生"知"的问题，从理论上帮助学生系统学习马克思主义理论，培育具有马克思主义理论素养的时代新人；实践教学是理论教学的延伸，是理论的归宿，重点解决"行"的问题，从实践中帮助学生将马克思主义理论内化于心外化于行，培育担当民族复兴大任的时代新人所具备的综合素质。

2. 培养担当民族复兴大任的时代新人是思政课实践教学的根本目标

培养担当民族复兴大任的时代新人，"要在坚定理想信念上下功夫，要在厚植爱国主义情怀上下功夫，要在加强品德修养上下功夫，要在增长知识见识上下功夫，要在培养奋斗精神上下功夫，要在增强综合素质上下功夫。"①落实这"六个下功夫"，需要思政课课堂教学和实践教学相互配合、共同作用。一方面，课堂教学要从理论上讲清楚新时代坚持和发展什么样的中国特色社会主义、怎样坚持和发展中国特色社会主义；讲清楚实现社会主义现代化强国的战略步骤，帮助学生将思想和认识统一到党的十九大提出的奋斗目标和战略部署上来。另一方面，通过实践教学引导学

---

① 本书编写组.习近平总书记教育重要论述讲义［M］.北京：高等教育出版社，2020：60-64.

生走出校门，走进基层，走入群众，促进学生扎根中国大地了解党情国情民情，在对现实问题的分析和解决中深化对"新时代坚持和发展什么样的中国特色社会主义、怎样坚持和发展中国特色社会主义"的认识，增强对"两个一百年"奋斗目标的认可和信心。通过实践教学，使学生充分认识中国特色社会主义理论的科学性、人民性、实践性和开放性，坚定马克思主义信仰，努力成为德智体美劳全面发展的社会主义建设者和接班人。

3. 推进习近平新时代中国特色社会主义思想"三进"是新时代思政课实践教学的首要任务

用习近平新时代中国特色社会主义思想武装大学生头脑，课堂教学就要"讲清讲透习近平新时代中国特色社会主义思想的时代背景、重大意义、科学体系、精神实质、实践要求"，从总体上帮助学生理解习近平新时代中国特色社会主义思想同马克思主义、毛泽东思想、邓小平理论、"三个代表"重要思想、科学发展观之间一脉相承、与时俱进的关系；明确习近平新时代中国特色社会主义思想的核心要义和基本内容；把握习近平新时代中国特色社会主义思想与世界社会主义运动的关系，增强对中国特色社会主义的自觉自信。课后的实践教学则要搭建起学生对理论认同的情感桥梁，通过组织学生参观考察、开展社会调查等各种实践活动，使学生亲身感受新时代十年伟大成就，在对基本国情的准确把握上增强科学理论认同。

二、民办高校思想政治理论课实践教学的新视野和路径构建

（一）新时代创新民办高校思政课教学创新需要新视野

新时代高校思政课"以立德树人为己任，以提高质量为主题，以教师队伍建设为根本，以落实意识形态责任制为抓手，在协同中推进，在改革中深化，在创新中发展"[①]。民办高校创新思政课实践教学必须与时俱进，要紧紧围绕新时代的丰富内涵和重大意义进行更深层次的内容创新，

---

① 骆郁廷，秦玉娟. 新中国70年高校思想政治理论课程建设的回顾与展望［J］. 思想理论教育导刊，2019（11）：67-75.

积极探索如何将马克思主义中国化最新成果有效融入实践教学各个环节，要以培养担当民族复兴大任的时代新人为着眼点，从"知识视野、历史视野、国际视野"三个维度深化实践教学内容。

1. 知识视野：致力于马克思主义基本原理、中国化马克思主义、21世纪马克思主义的认识深化

思政课实践教学的开展要致力于对马克思主义基本原理、中国化马克思主义、21世纪马克思主义的认识深化，培养具有坚定信仰和扎实理论修养的时代新人，马克思主义是科学的理论，对人类产生了广泛而深刻的影响。新时代大学生也要"增强学习紧迫感，如饥似渴、孜孜不倦学习，努力学习马克思主义立场观点方法"。作为当代中国的马克思主义、21世纪的马克思主义，习近平新时代中国特色社会主义思想实现了马克思主义中国化的理论增量，是新时代思政课教学的核心内容、重中之重。思政课实践教学应该加强开展"读原著、学原文、悟原理"等经典阅读体验活动，引导学生与伟大导师和领袖进行深度"对话"，感受经典著作的思想光芒和理性力量，深化理论认知，坚定理想信仰。

2. 历史视野：立足于"两个一百年"的奋斗目标和中华民族伟大复兴中国梦的实现

新时代思政课实践教学的开展，要立足于"两个一百年"的奋斗目标和中华民族伟大复兴中国梦的实现，培养具有历史使命和担当精神的时代新人。实现中华民族伟大复兴，是近代以来中华民族最伟大的梦想。因此，创新实践教学要把中国梦融入学生军训、社会调查、志愿服务、公益活动、专业课实习等实践活动中，将担当精神落细、落小、落实到日常生活中，从而将实现"两个二百年"的奋斗目标、实现中华民族伟大复兴中国梦的历史使命，内化为担当的自觉，外化为实际的行动。

3. 国际视野：着眼于世界社会主义运动和人类命运共同体的构建

新时代思政课实践教学的开展要放眼于世界社会主义运动和人类命运共同体的构建，培养具有国际视野和宽广格局的时代新人。构建人类命运共同体，既着眼于中国特色社会主义事业和世界社会主义运动的发展，又着眼于人类的前途命运，是为应对人类面临的共同挑战而提出的中国方

案。构建人类命运共同体的核心是要建设持久和平、普遍安全、共同繁荣、开放包容、清洁美丽的世界。这个美好目标需要一代又一代人接续努力才能实现。实践教学应顺此大势，帮助学生树立世界眼光，正确认识世界和中国的发展大势，正确认识中国特色和国际比较，在实践中深化对构建人类命运共同体思想的政治认同、情感认同、价值认同，从而培养学生开阔的国际视野和宽广的人生格局。

（二）新时代创新民办高校思政课实践教学的路径构建

新时代的大学生呈现出了"思想活跃、思维敏捷，观念新颖、兴趣广泛，探索未知劲头足，接受新生事物快，主体意识、参与意识强"等特点。面对新变化，思政课实践教学需要顺应新时代要求，针对学生思想和认知特点，努力实现守正创新。

1.传承发展好思政课传统实践教学的有效方式方法

新时代思政课实践教学要在守正的基础上实现创新，就要传承和发展好过去思政课实践教学的有效方式方法，拓宽传统实践教学渠道，"使各类课程与思想政治理论课同向同行，形成协同效应。"①首先，要进一步加强思政课实践教学与专业实践的结合。要立足学生的专业特色，创造有利条件，在专业课实践教学中嵌入思政课元素，实现思政课与专业课同频共振，形成实践育人合力。如利用学生参加专业实习、实训开展有关职业道德教育、法治教育等实践活动。其次，要加强思政课实践教学与校园文化活动的结合。深入挖掘和提炼各类校园文化活动所蕴含的思想政治教育价值和元素，促进校园文化活动的属性与思想政治教育属性的融合，寓思政课实践教学于校园文化活动之中，从而丰富实践教学形式。再次，要加强思政课实践教学与社会实践的结合。通过开展"三下乡"活动、志愿服务、勤工助学、社会调查、基地考察等系列活动，使学生在现实性体验中提高自身的思想政治素质和观察分析社会现象的能力。总之，思政课实践教学中要注重发挥传统实践教学的优势，推动各类课程与思政课程的"交

---

① 中共中央办公厅国务院办公厅印发《关于深化新时代学校思想政治理论课改革创新的若干意见》[J].中华人民共和国教育部公报，2019（09）：6.

响合奏",使学生在多样化的实践教学中多维度、全方位获得思想浸润、人生启迪、价值引导,达到情感共鸣、价值认同、思想认同,实现大学生德智体美劳全面发展。

2. 基于团队学习要求开展好研究性学习与实践教学

开展基于团队的研究性学习,是新时代创新思政课实践教学的一种有益探索,契合了共享时代的发展需求,突出了作为需求侧受教育者的主体性。研究性学习是指学生在教师指导下,从学习生活和社会生活中选择并确定研究专题,用类似科学研究的方式,主动地获取知识、应用知识、解决问题的学习活动。研究性学习的基本特征是以探究和解决问题为中心,沿着"提出问题—探究问题—解决问题"的框架展开,注重让学生通过自己或所在团队收集、分析和处理信息来实际感受和体验知识的生产过程。思政课教学的根本目的是要让大学生能够运用马克思主义的基本原理分析社会客观现实,使马克思主义理论内化于心外化于行。因此,开展基于团队的研究性学习,可以使学生通过所在团队获得亲身参与研究探索的体验,提升学生的马克思主义理论素养,在解决复杂问题的过程中学会分享与合作,增强社会责任感和使命感。

(三)虚拟实践是新时代创新思政课实践教学的全新方式

随着"互联网+教育"深度融合发展,越来越多的民办高校开始积极搭建虚拟实践教学平台,打造数字化模拟实验实践教学中心,如建立数字化革命博物馆、红色文化体验馆等,将虚拟实践引入思政课实践教学。现在越来越多的民办高校都在积极探索思政课虚拟实践方式。可见,虚拟实践教学能够有效补充和完善思政课传统实践教学受时空限制的缺陷,推动思政课实践教学由"平面"走向"立体",从"传统"转到"现代",从"网下"走到"网上",更好地实现全员覆盖,深化教育教学效果。

思想政治理论课程的实践教学是培养学生运用理论观察社会、认识社会、思考人生这一实践能力的一个重要环节,它与其他大学课程一样需要科学的计划和系统的培养。作为大学生的必修课,思想政治理论课程的一切教学目标、教学方式都必须适合或不超越大学教育规律、教育体制本身,它的政治功能必然是在规范的教育功能实现的基础上才能得以实现。

如同每个专业有一个课程体系，各门思想政治理论课程也构成了一个相互关联的课程体系，共同实现对学生进行马克思主义理论教育与思想政治教育的目标。那么，培养学生运用理论分析问题、解决问题的实践能力，也就像学生的实验、实习、学年论文研究、毕业论文研究一样，是检验培养目标的一个重要环节。当然，要实现这一环节，必须使思想政治理论课程与专业课程一样拥有大学课程的待遇，而不是被特殊化。

1. 通过宣教提升社会实践活动的认识

通过线上、线下联动的方式，让大学生充分认识到社会实践活动的重要性和必要性。一方面，通过主题班会、人文讲座等让大学生明白，参加社会实践活动是培养和提升自我实践能力的重要手段，也是培养其良好道德素质、奉献精神、提升社会责任感、拓宽自身视野的有效方法。另一方面，利用学校官方微博、微信公众号、学生家长群等微媒体平台传播社会实践活动信息，宣扬社会实践益处和意义，从而提升学生及家长对社会实践活动的认识，提高参与社会实践活动的积极性，扩大社会实践活动教育覆盖面。

2. 完善机制为实践活动提供制度保障

首先，各民办高校应积极制定并出台大学生实践教学活动方案，进一步加强民办高校的主体意识，在原有社会实践活动的主管部门中加入学校相关教学、教务部门，以增强社会实践活动的指导力度。其次，结合民办高校大学生社会实践活动的实际需要，出台社会实践的管理办法，从根本上规范大学生社会实践的项目及内容。

3. 优化指导团队构建"1+1"实践模式

在社会实践活动中，通过"实践指导教师+专业课教师"的"管理+专业"即"1+1"模式，更好地将专业实践、社会调研等各项实践活动结合起来，这样既能让学生在了解国情、社情的基础上，结合自身专业帮助人民群众答疑解惑，更好地服务社会，又能真正做到学以致用。

另外，有条件的学院或团体可以将专业老师纳入指导教师范畴，充分利用教研团队优势，带动专业学生参与科研，通过社会实践活动这一平台，提高学生科研能力。

4. 创新内容形式增强社会实践吸引力

实践活动的育人效果取决于活动的内容和形式。因此在社会实践活动中要注重实效，切忌"走马观花"。特别是在开展校外社会实践活动的过程中，实践团队要积极征求当地政府、单位的意见，将实践活动融入当地的工作中，实实在在为当地老百姓服务。另外，从大学生个人层面来看，大学生亟须通过社会实践活动来提升个人素质，从而实现自我的全面发展。因此，实践活动内容要与专业结合，在满足当地居民生产生活需要的基础上，大胆创新实践活动的内容和形式，使活动既符合大学生自身发展需要又"接地气"，只有这样才能吸引更多的人参与到实践活动中来，达到"助人者自助"的理想育人效果。

5. 在精心总结中提升实践活动育人效果

总结提升是社会实践育人模式的重要环节。进一步总结与凝练社会实践活动中的亮点、特色及成果是民办高校利用社会实践活动加强大学生文化教育和思想政治教育的关键一环。通过总结提炼，使历年社会实践的成果得以延续，有助于开展今后的社会实践工作，并且通过总结进一步让大学生明白社会实践活动对自身成长成才的重要性，提升育人效果。

要解决民办高校思想政治理论课程实践教学的薄弱问题，我们应当充分认识到高校思想政治理论课程的实践教学是完整教学体系中的重要组成部分。探索实践教学模式直接关系到人才培养质量，可见其并不是可有可无的。要切实加强实践教学，就要从注重教与学、思结合，理论联系实际，知行统一的角度，结合各民办高校的实际情况，使思想政治理论课程教学内容与社会实践有机结合起来。要立足于课堂实践教学和校内外调研的可普及、参与度高的实践教学形式，同时，以探索更加多样的实践育人方法途径为基础，以加强实践育人基地建设为依托，以加大实践育人经费投入为保障，积极调动整合社会各方面资源，形成实践育人合力，着力构建长效机制，推动民办高校思想政治理论课程实践育人取得新成效、开创新局面。

第七节　创新民办高校思想政治课综合治理模式

新时代民办高校思想政治理论课建设需要科学的管理和一定的条件作保障。努力提升思想政治理论课教学管理水平，切实加强马克思主义理论学科建设对思想政治理论课程建设的支撑能力，加强学校党委对思想政治理论课程的领导，改善思想政治理论课教师的待遇，为思想政治理论课建设提供所需的课时和经费支持，营造支持和关心思想政治理论课建设的氛围，是新时代民办高校思想政治理论课建设不可或缺的重要条件和保障。

一、提升民办高校思政课教学的管理水平

（一）民办高校思想政治理论课教学管理的内涵

民办高校思想政治理论课教学管理是其教学管理的重要内容和不可或缺的组成部分。民办高校思想政治理论课教学管理是管理者为适应思想政治理论课程建设需要，遵循高校思想政治理论课教学规律和教学原则，运用现代科学方法，合理组织和运用人力、物力、财力对教学过程进行科学安排，实现思想政治理论课程教育资源的最优配置和教学工作最佳效益的过程。民办高校思想政治理论课程教学管理的内涵十分丰富，我们至少可以从以下几个方面来理解思想政治理论课程教学管理的内涵。

一是思想政治理论课程教学管理是民办高校教学管理的重要内容和组成部分。作为民办高校教学管理体系的一个子系统，思想政治理论课教学管理必须充分体现和反映民办高校教学管理的内在要求和基本特征。在民办高校教学管理体系这个整体中，思想政治理论课程教学管理作为其教学管理系统中的一个组成部分，在教学管理系统中居于重要的地位。毋庸置疑、作为民办高校教学管理体系中的一个子系统，思想政治理论课程教学管理必须充分体现和反映其教学管理的内在要求和基本特征。思想政治理论课教学管理过程中形成的教学计划管理、教学运行管理、教学质量管理与评价、教学基本建设管理，必须也必然要反映高校教学管理的内在要求

和基本特征。思想政治理论课教学管理，是民办高校教学管理的内在要求和基本特征在思想政治理论课教学领域的具体实现形式和反映。

二是思想政治理论课教学管理与民办高校教学管理有关，属于民办高校教学管理的大范畴，但思想政治理论课教学管理又不同于一般意义上的其他教学管理，而是民办高校教学管理在思想政治理论课教学领域的一种特殊形态。这决定思想政治理论课教学管理的发展变化要服从于民办高校教学管理的客观发展规律。另外，思想政治理论课教学管理作为民办高校教学管理的一种特殊形态，其发展变化又存在体现自身发展变化的特殊运动规律。民办高校教学管理作为整个社会的一个有机组成部分也不是静止不变的，同样处于不断发展变化的动态过程中，存在着一定的客观规律性。思想政治理论课程教学管理研究不仅要了解思想政治理论课程教学管理在一定的社会经济文化条件下是如何随着社会经济文化的发展而发展的，而且要探讨思想政治理论课程教学管理作为高校教学管理的一种特殊形态、其自身发展变化的特殊规律。

三是思想政治理论课程教学管理的特殊性，决定了思想政治理论课程教学管理除了具备一般教学管理所具备的全部属性外，它还具有自身的独特性。这种独特性集中表现在目的独特和内容独特等方面。从目的独特方面看，新的形势对民办高校思想政治理论课教育教学提出了新的任务和要求。从内容独特方面看，马克思主义是立党立国的根本指导思想，是全党全国人民团结奋斗的共同思想基础。民办高校思想政治理论课程同样承担着对大学生进行系统的马克思主义理论教育的任务，是对大学生进行思想政治教育的主渠道，我们必须充分发挥思想政治理论课程的作用，用马克思列宁主义、毛泽东思想、马克思主义中国化最新成果武装当代大学生。

（二）民办高校思想政治理论课的教学质量管理

思想政治理论课教学管理的目的是提高思想政治理论教学的质量和水平。思想政治理论课程的教学质量管理是思想政治理论课程教学管理的基本出发点和归宿。教学质量是思想政治理论课程教学的生命线，是思想政治理论课程的教学建设和教学发展的命脉所在。思想政治理论课程的教学质量管理是以实现培养目标和教学要求为宗旨，以教师队伍建设为关键，以教学模式创新为依托，以探寻科学性和艺术性相统一的教学形式为途径，以提高教学实效性为目的，对教学过程的各个阶段和环节进行质量控制的过程。

实施思想政治理论课的教学质量管理，要紧紧围绕实现培养目标、落实教学要求、提升教学质量，做好以下方面的工作：一要创新教学质量评价管理机制。民办高校教学质量评价部门，应组织力量深入调研，切实摸清思政课教学质量的现状和不足，切实改变教学质量考核方式单一、忽视过程性考核、弱化实践教学考核等不良倾向，逐步建立健全基于多媒体技术支撑的多样化质量评价和激励机制。民办高校要通过健全思政课教学质量评价的组织力量、制度体系、激励措施和手段，不断完善教学质量管理机制。

二要构建教学质量动态测评体系。民办高校依照思想政治理论课建设标准，构建动态的教学质量测评体系，通过对思政课教学的全过程跟踪问效，系统掌握思政课教师的综合素质，了解教学内容、教学手段、考核方式和教学管理等方面的实际状况，从而及时发现问题，制定针对性的整改措施。一般来讲，构建思政课教学质量动态测评体系，应包括日常教学监督、学情调查分析、提出整改建议等工作内容。日常教学监督，包括对教学计划、教学秩序、教学内容和目标等实现程度、完成标准等方面的质量检查和督导；学情调查分析，包括收集来自学生、任课教师和教学督导等方面的评价，由此进一步了解和科学分析在学风、教风等方面的不足和原因，制定出切实有效的整改措施。

三要探索教学质量提升的多元化路径。民办高校应从提升思政课教师的综合素质入手，鼓励和支持教师丰富和优化信息化教学手段，积极引导教师强化实践教学效果，督导依据思政课建设标准革新考评方式。由此，以全面提升思政课教学质量为牵引，进一步完善教学质量管理的制度机制。

（三）民办高校思想政治理论课的教学管理制度

教学管理制度是保障教学系统有效运行的组织形式和行为规范。思想政治理论课程的教学管理制度是在一定教学管理思想和理念的指导下，根据人才培养目标要求所制定的对思想政治理论课程教学活动进行计划、组织、协调、控制和评价的基本制度。思想政治理论课程教学管理制度是实施思想政治理论课程的教学与教学管理活动的基本程序、基本规则，是调节教学管理者与学生、教学管理者与教师、教师与学生、上级管理者与下级管理者之间的关系的规则和机制，也是思想政治理念、思想政治理论向教学管理实践转化的中介，还是思想政治理论课程教学与教学改革成果的固化形式、外显形式。思想政治理论课程教学管理制度按照制定主体的不同，可以分为由国家主管教育机关制定的宏观教学管理的制度，由各高校及其下属院系制定的实施教学管理的法规和制度两种。无论宏观层面还是微观层面的思想政治理论课程教学管理制度，都是协调和稳定教学秩序，调动教学积极性和创造性，保证和提高教学质量和管理效率的重要条件。思想政治理论课程教学管理制度包括的内容很多，择要而言之，主要有教学思想管理、课程计划管理、教学过程管理、评价与考试管理、教研科研管理和教学行政管理等制度。

思想政治理论课教学和教学管理离不开制度保障。建立健全和完善与思想政治理论课建设发展相适应的教学管理制度，有利于实现对思想政治理论课程建设的统一领导、统一规划和统一管理；有助于建立协调和稳定教学秩序，调动教学积极性和创造性，保证和提高教学质量和管理效率的机制；为提升教学水平和教学质量提供不可或缺的制度保障。建构有利于思想政治理论课程教学和教学管理的制度不是人们的主观喜好，而是植根于对思想政治理论课程建设的重要性的理解的不断提升，对二者关系的认识日益深化的集中体现和反映，是自觉探寻和自觉遵循其规律和内在要求的结果。例如，党和国家以文件的形式规定高校须设立直属于学校的马克思主义教学科研单位，并在文件中明确要求将马克思主义理论学科建设和思想政治理论课程建设有机统一于马克思主义教学科研单位。目前，我国条件具备的民办高校大多已成立马克思主义学院或类似的教学科研实体，学科建设与理论课建设统一的组织平台已基本建立。尽管从内容和实践进程来看，这一组织平台建设的完善尚需时日，但这一重要的制度安排和创新，为实现学科建设和课程建设的相互支撑、互动发展提供了不可或缺的制度保障。

二、加强民办高校思政课建设的政策保障

（一）加强党委对思政课建设的领导

党的领导是思政课建设根本保证，这决定了民办高校党委对理论课建设的重视程度是制约思想政治理论课建设的前提条件和关键所在。思想政治理论课建设是党和国家的一项极端重要的工作，思想政治理论课建设肩负着学习研究宣传马克思主义，培育和弘扬社会主义核心价值观，为实现中华民族伟大复兴的中国梦提供人才保障和智力支持的重要任务。抓好思想政治理论课程建设，加强高校意识形态阵地建设，是一项战略工程、固本工程、铸魂工程，关乎党对高校的领导，关乎全面贯彻党的教育方针，关乎中国特色社会主义事业后继有人，对于巩固马克思主义在意识形态领域的指导地位，巩固全党全国人民团结奋斗的共同思想基础，具有十分重要而深远的意义。

从民办高校层面看，思想政治理论课教学是民办高校党建和思想政治工作的重要内容，是引导大学生树立正确理想信念的重要途径，也是学校实施质量工程、提高教育质量的重要依据。因此，它应当成为学校领导的共同职责和工作抓手。民办高校党委必须首先统一思想认识，完善体制机制，采取措施切实加强组织领导。只有党委充分认识新形势下加强和改进高校思想政治教育工作的重要作用，把其看作事关国家前途和民族命运的思想政治教育战略工程的重要内容和不可或缺的重要组成部分，从战略上高度重视，切实担负起领导责任，认真研究和解决课程建设工作中出现的新情况、新问题，探寻新形势下课程建设的规律，不断加强和改善领导，既要有分管校领导主抓思想政治理论课程建设，更要有学校党政领导班子和相关部门一起参与，形成齐抓共管的工作格局，健全制度、完善机制，采取有效措施，才能为课程建设和发展提供不可或缺的领导保证。民办高校党委要切实承担起加强高校思想政治理论课建设的领导责任，从战略和全局的高度，充分认识加强民办高校思想政治理论课建设的极端重要性和现实紧迫性，把这项工作始终摆在重要位置。

（二）不断改善思政课教师队伍待遇

教师是思想政治理论课程建设的主体，是决定和制约思想政治理论课程建设的人的因素，是思想政治理论课程建设不可或缺的主体条件。加强民办高校思想政治理论课建设必须加强教师队伍建设。提高教师地位，维护教师权益，改善教师待遇，这是稳定教师队伍，加强教师队伍建设，最大限度地发挥学科建设与理论课建设中人的因素的作用，最大限度地发挥和调动建设主体自觉投入学科建设和课程建设积极性、主动性、创造性的动力保障；也是造就一支师德高尚、业务精湛、结构合理、高素质的思想政治理论课程教师队伍不可或缺的重要条件。

首先，要改善和提高思想政治理论课教师的社会地位和待遇。在很长一段时间里，人们对思想政治理论课程教学及教师存在一些模糊甚至不正确的认识，不重视甚至忽视思想政治理论课建设，认为思想政治理论课不存在专业建设。民办高校思想政治理论课被囿于马克思主义理论公共课的视域内，而不被作为一个学科来看待，没有与课程相适应的学科。缺少必要的学科依托和支撑，在一定程度上致使思想政治理论课教师在学术学科地位上不明确，缺少归属感。现在，这种情况虽然有了明显的改善，但仍远远没有达到人们所预期的目标。对此，民办高校要制定思想政治理论课程建设规划，在学校发展规划、经费投入、公共资源使用中优先保障思想政治理论课程建设，在人才培养、科研立项、评优表彰、岗位聘用（职务评聘）等方面充分重视思想政治理论课教师，确保思想政治理论课教师和高校其他专业教师一样，享有同等的待遇和地位。

其次，改善思想政治理论课教师的待遇不仅要改善和提高思想政治理论课教师的生活条件、工作环境和工作条件，而且要改善和提高思想政治理论课教师的科研环境和科研条件，建立完善的科研激励机制。科研激励机制的核心在于，通过物质激励、精神激励、荣誉授予、职称晋升等途径有效地激励学科建设和课程建设的主体自觉探寻学科建设、课程建设的规律性，遵循学科建设和课程建设的内在要求，自觉投身于学科建设和课程建设，不断提升自身科研和教育教学的能力、水平。学科建设和课程建设的主体要不断开阔学科理论研究的视野，拓宽新形势下学科建设的研究领域，拓展学术研究空间，开展创新理论研究，开拓理论成长点，为课程建设作出应有的努力和贡献；积极主动探索思想政治理论课程建设规律，不断探寻马克思主义理论成果的精神实质与其教育教学实效性的有效对接；实现思想政治理论课程教育教学科学性与艺术性的高度统一，提高政治思想教育的感召力和实效性，为学生指明人生方向，扬起引领人生之旅的动力之帆。可见，只有在完善的科研激励机制下才能最大限度地激励教师这一主体自觉投入学科建设和课程建设的研究中去。完善激励机制是实现思想政治理论课程建设又好又快发展的动力保障。加强科研激励机制主要表现为正确分析教师的需要，选择实施科研激励的方法，把握好"量"与"度"的关系，注重物质激励与精神激励相结合、个人激励与集体激励相结合。科研激励方法既可以采取项目补助的形式也可以采取成果奖励的形式。

具体有以下几种途径：一是对于承担省级以上的学科建设或课程建设课题的思政理论课教师，各高校马克思主义科研院部可以再增拨科研补助金，在科研人员、保障条件等方面给予倾斜；二是设置科研院部的学科建设基金，扶持研究价值较大的研究课题；三是设立课题中标奖、学术论著发表奖和科技成果奖等，年终考核评比也可以考虑直接与教师的科研工作挂钩。在制定科研激励方法的过程中要把握好"量"与"度"的关系，注重物质激励与精神激励相结合、个人激励与集体激励相结合。各高校马克思主义科研院部在制定激励政策时，应充分考虑本单位的科研实力和科研任务，确定激励的"量"和"度"。在强调物质激励的同时，不能忽视精神激励。随着社会的进步，一项有重要指导意义的课程建设研究成果的取得，越来越需要教师主体之间的相互合作。因此，注重个人激励的同时，也应该重视集体激励，做到个人激励与集体激励相结合。

（三）切实落实思政课教学课时要求

课时是教学的时间单位，是课程实施的基础。由于课程教学内容的完成需要一定的教学时间为保障，因此每门课程都有其课时设置的规定。这种规定是由课程涵盖的教学内容决定的，适应教学内容的要求。课程涵盖的内容越多，所需的教学时间就越多，反之亦如此。思想政治理论课程课时设置同样是由课程所涵盖的教学内容决定的，适应教学内容的要求。2021年出台的《〈中共中央宣传部　教育部关于进一步加强和改进高等学校思想政治理论课的意见〉实施方案》对高校思想政治理论课的课程设置及学分又做了明确规定。其中本科生开设的思想政治理论课必修课及学分规定分别是"马克思主义基本原理"（3学分）、"毛泽东思想和中国特色社会主义理论体系概论"（5学分）、"中国近现代史纲要"（3学分）、"思想道德与法治"（3学分）；为专科生开设的两门必修课及学分规定分别是："毛泽东思想和中国特色社会主义理论体系概论"（4学分）、"思想道德与法治"（3学分）。开设的"形势与政策"课，本科2学分，专科1学分。2022年7月开始，教育部统一要求开设的"习近平新时代中国特色社会思想概论"为3学分。

考虑到目前我国民办高校普遍实行学分制，且各民办高校学期学时安排有差别，文件对民办高校思想政治理论课由过去的学时规定改为学分规定，这样更有利于从实际出发加以贯彻。目前各民办高校学期学时安排虽有所不同，但每学分大都对应16～18学时。文件规定的课时是民办高校思想政治理论课教学不可或缺的时间保障。新课程方案若要高质量实施必须确保新课程规定学分相对应的基本学时切实得到贯彻落实。此外，实践教学也是高校思想政治理论课的重要教学环节，也需安排相应的课时。文件没有单独地规定实践教学的课时，而是要求高校根据实际情况适当安排。高校思想政治理论课程设置方案虽然减少了思想政治理论课程教学的科目，但课程涵盖的内容却增加了。课程内容实施必须确保新课程规定学分相对应的基本学时切实得到贯彻落实。不得以任何理由、任何名义、任何方式压减或变相压减学时，要确保高校思想政治理论课程教学落到实处，而不流于形式。

（四）切实加大思政课教学经费投入

经费的投入是保证民办高校思想政治理论课程教学正常运转的重要前提，也是民办高校思想政治理论课建设开展的不可或缺的物质基础和重要条件。随着国家思想政治教育战略工程的实施，民办高校思想政治理论课程的经费投入有了增加，但总体说来，仍不能适应民办高校思想政治理论课程建设开展的需要。加强对思想政治理论课程建设的经费支持仍是新形势下民办高校思想政治理论课程教学改革和建设发展进程中亟待解决的一个问题。

　　经费是课程建设的物质基础，民办高校思想政治理论课教学改革和建设所需经费涉及的范围也较为广泛，这不仅包括日常管理经费需要，如计算机、复印机、传真机等办公设备的购置和维修，教室的日常维护，图书和音像资料的购置等；而且包括保障思想政治理论课程学科建设，吸引人才、留住人才，不断提升师资队伍的整体素质的需要。此外，课程建设、教材建设等方面均需必要经费的支持。教学改革、教学资源的开发、教学实践的开展等方面也需要经费支持。不仅如此，开展必要的国内外学术交流、考察，邀请名师名家座谈、访问从而促进学科成长等也均需必要的经费支持。只有经费充足，才能引进高层次人才从而组成高质量队伍，发挥其示范和带动作用。充足的经费支持也是培养科研人才的需要，如资助教师赴国外进行专业培训、研修，到国内高校、科研院所等机构进行研修或开展合作研究，参加国内外重要学术会议或交流研讨活动，出版具有较高学术价值和社会效果的著作等。只有匹配必要的培养及支持经费，才能更好地吸引人才、留住人才，不断提升师资队伍的整体素质，使课程进入良性发展的轨道。

　　目前，我国民办高校办学经费的来源日益多元化，其中也包括如中央财政、地方财政和行业主管部门调拨的基本经费及专项经费等。为此，也应加大对民办高校思想政治理论课的经费支持。这要求教育主管部门和学校适应形势发展需要，合理确定思想政治理论课的经费规模及其增长幅度、经费投入科目，将之列入预算，确保民办高校思想政治理论课的改革和建设各项工作顺利开展。这方面，我国一些民办高校已率先进行了尝试，一些民办高校核定专任教师编制，本专科思想政治理论课专任教师要总体上按不低于师生1：350的比例配备；按照不低于每生年均40元的标准设立思想政治理论课专项经费，主要用于教改、教研、学生实践和教师培训交流，并随着学校经费的增长逐年增加。

　　加大课程改革和建设的经费投入，由国家、地方和学校共同筹措、分级管理，使经费用于安排马克思主义理论学科导师和思想政治理论课教师的一定数量的专项课题。除了财政直接拨款，思想政治理论课建设还可适当考虑争取社会投入，如与企业合作，配合其职前教育等培训活动，在储备师资的同时获得捐赠收入。此外，尝试开展适度的理财活动，使经费的支持进入多元良性的循环轨道。

（五）营造思政课建设良好环境氛围

人们处在氛围和环境中，氛围和环境会影响人们的工作和生活。好的学习氛围和环境，和谐健康的人际环境不仅有利于教学活动周而复始地高效运转；而且能陶冶学生的情操，净化学生的心灵，激励学生勤奋学习、积极向上，促使学生全面发展、健康成长。学习环境，特别是按照人的身心发展的特殊需要而设置的专门育人的学习环境，能潜移默化地影响学生的情感、思维、行为、习惯以及气质的形成。但理想的氛围不会从天上掉下来，而是需要人们去精心营造和细心呵护。民办高校的思想政治理论课程在中国高等教育中占有特殊地位，同样承担着对学生进行思想政治教育，培养中国特色社会主义事业合格建设者和可靠接班人的重任。民办高校的思想政治理论课程建设同样离不开建设所需的氛围或环境，同样需要营造关心和支持思想政治理论课程建设的氛围。营造关心和支持思想政治理论课程建设的氛围，是思想政治理论课程建设不可或缺的重要保障。营造关心和支持思想政治理论课程建设的氛围，有利于优化思想政治教育的方式，增强思想政治教育的感染力，提高思想政治教育的实效性。营造关心和支持思想政治理论课程建设的氛围包含的内容极其广泛，不同的角度所要分析的问题不同，可以有不同的考察。限于篇幅，这里从宏观、中观和微观的层面分别对营造关心和支持思想政治理论课程建设的氛围进行大致的考察。

从宏观层面，需营造关心和支持思想政治理论课建设的社会氛围。也就是说，要从宏观的视域，即全社会的角度营造关心和支持思想政治理论课程建设的氛围，推动在全社会范围内关注、关心和支持高校思想政治理论课程建设。营造关心和支持思想政治理论课程建设的社会氛围，离不开政府的推动。国家主管教育的机关要一马当先，从战略角度领导、规划和指导思想政治理论课程建设，为思想政治理论课程建设的健康发展指明方向，规划轨迹，提供所需的政策支持，制定不可或缺的法规和制度。政府应加强对思想政治理论课程建设的宣传，持之以恒地认真做好思想政治理论课程建设的宣传工作。政府宣传部门、新闻传媒单位要主动承担社会责任，积极行动，理直气壮、大张旗鼓地为思想政治理论课程建设造势，报道思想政治理论课程改革和建设的进程和发展。政府和各级教育主管部门，要站在战略全局的高度对待民办高校的教育事业，在民办高校思想政治理论课教师和学生参与的各项比赛中要本着公平、公正、公开的原则，不要有任何"歧视"色彩。由此，形成人人都关注和关心思想政治理论课程改革和建设，支持思想政治理论课程改革和建设的良好社会氛围。

　　从中观层面，要营造关心和支持思想政治理论课程建设的校园氛围。民办高校党委要切实强化承担起加强高校思想政治课程建设的领导责任，从战略和全局的高度，充分认识加强高校思想政治理论课程建设的极端重要性和现实紧迫性，把这项工作始终摆在重要位置。这就需要认真研究和解决课程建设工作中出现的新情况、新问题，探寻新形势下课程建设的规律，不断加强和改善领导，健全制度，完善机制，采取有效措施，为课程建设和发展提供不可或缺的领导保证。学校进行资源整合，多方齐抓共管为思想政治理论课程营造良好的校园氛围。建立健全由分管思想政治理论课程建设、本科教学、学科建设、学生工作的校领导共同参与的领导机构和工作组织，发挥专家教授的作用，统筹协调和共同指导思想政治理论课程建设和教学工作，并在人力、财力、物力和相关政策上予以不可或缺的支持。通过不同途径、不同方式，加强校园内思想政治理论课建设情况的宣传报道，倡导师生自觉投身于思想政治理论课的改革和建设。关心和关注教学工作实际状况，通过到课堂听教师授课、召开教师座谈会、与任课教师和学生加强沟通和互动、随时听取和收集师生的意见与建议，营造出领导重视、多方努力、群策群力、上下呼应的气势和氛围，营造出震撼力、感染力和自觉参与的驱动力。

　　从微观层面，要营造关心和支持思想政治理论课程建设的课堂氛围。思想政治教育是一种集塑造教育、改造教育和养成教育于一体的综合性教育。这种综合性教育的目的，仅仅依靠传统的灌输式课堂教学模式和简单化的启发式课堂教学模式是难以实现的。从微观层面营造关心和支持思想政治理论课程建设的课堂氛围，必须顺应人的思想形成发展规律，遵循以人为本的要求，坚持面向学生、以学生为主体，"贴近实际、贴近生活、贴近学生"，既要尊重、心系学生，又要培养、提高学生。思想政治理论课程教学是主体与客体之间多向互动的过程，首先要有课堂的互动氛围。互动可分为三种类型，即教育者之间的互动、教育者与教育对象之间的互动、教育对象之间的互动。互动氛围营造以教育者与教育对象之间的互动为主要形式。互动氛围的营造不仅可以减少教育对象的拘束感，使其乐于直抒胸臆，表达自己的真实思想，从而为教育者掌握教育对象的真实情况进而实现教育的"有的放矢"奠定基础；而且可以拉近教育者与教育对象之间的距离，形成活跃教学场地的气氛，产生积极的教学效果，增强思想政治教育的有效性。教育者和教育对象之间的互动有时也表现为群体互动和间接互动。要形成一种良好的集体氛围，通过这种集体氛围教育每一个人，充分调动每一个人的积极性。随着互联网的日益普及，可以利用网络为思想政治理论课程教学营造思想政治理论课程建设所需的课堂外氛围，作为课堂氛围的延伸和补充。教师可以利用红色网站、校园贴吧，来为增强实效性教学提供最鲜活的素材，并在此基础上进行有针对性的教学，解决学生在实际生活中遇到的问题，加强与学生的沟通了解，拉近与学生的距离，以此来解决平时教学过程不能满足学生个性需求的问题，还可以让学生掌握更多的学科知识，激发学生的学习兴趣。课堂平台与网络平台的结合与碰撞，使得教师的"教"和学生的"学"在信息时代变成了课上与课下沟通互动、自由交流的过程，并在营造氛围的过程中发挥了巨大作用。教师可适当加大实践教学力度，实现理论教学与实践教学相结合，制订实践教学计划与实施方案，开辟实践教学基地，引导学生在社会实践中发现问题，从而使其真正做到学有所感、学有所用，激发其学习兴趣和学习重视程度。这又反过来刺激教师不断探索思想政治理论课程建设模式，营造出良好的关心、支持氛围。

第五章　新时代民办高校思想政治理论课建设典型案例

■典型案例

吉林外国语大学"大学生养成教育社会实践"课程建设启示

"大学生养成教育社会实践"课程，是吉林外国语大学开设的一门以大学生思想政治理论课为基础的特色实践课程。该课程以党的教育方针为指导，秉承学校"德育为首、育人为本""以学生为中心，办最负责教育"等教育理念，为构建"三全育人""五育并举"教育教学体系，依据大学生思想政治素质习得基本规律专门设计的社会实践课程。

1. 课程基本情况

该课程是我校在思想政治理论课基础上，面向全校学生开设的一门通识必修课程，"大学生养成教育社会实践"课程总计132学时、3.5学分，课程覆盖本科生大一至大三共六个学期。

课程教学团队是由马克思主义学院的"道德与法治"教研室的教师和学生处辅导员以及团委教师组成。共有40余人。团队除承担"大学生养成教育社会实践"指导课程教学外，辅导员更多地承担学生日常养成行为督导，团委老师负责组织社会实践和志愿活动工作。

该门课程经历了两个发展阶段：2005年至2014年是初创探索阶段。创建了与思政课并行的独立实践课程，形成了较为完整的实践内容体系。先后获评教育部国家精品视频课，相关成果获国家教学成果二等奖等。2014年至今是深化发展阶段。原有校本教材在教学实践的基础上，经多次修改完善，2015年被评为"十二五"应用本科规划教材；"民办高校思想政治理论课建设研究"2019年获批"教育部示范马克思主义学院和优秀科研团队建设"重点选题项目，获资助40万元。2020年本课程获评省级一流课程。2023年月5月，该课程被教育部评为国家级"社会实践一流课程"。

2. 课程目标

该课程通过理论引领，培养学生树立正确的世界观、人生观和价值观，深刻领悟道德准则和道德规范，形成基本的道德认知力、判断力和约束力；通过行为训练，养成严谨求实、勤奋执着、勇于探索的素养，涵养家国情怀、无私奉献和使命担当的品格；通过实践磨砺，引领学生将服务国家与社会的信念付诸公益服务实践中，弘扬公益文化和公益精神，架起学生成长与社会需求的桥梁，促进知行合一。

3. 课程设计思路

该门课程遵循新时代大学生认知特点和成长成才规律，构建"知、情、意、行"素质教育链条，探索"学、思、践、悟"贯通的养成路径。主要围绕"六个学会"阶梯式提升。第一层次，学会求知、学会生活，旨在提高自主学习、独立生存和自觉劳动能力；第二层次，学会做人、学会做事，旨在提高与人沟通、人际交往、抗击挫折和自我调适能力；第三层次，学会回报、学会担当，旨在提高实践能力和服务社会能力。

4. 课程体系

该门课程意在突破传统教育仅依靠理论认知促进学生道德行为养成的低效困境，构建起理论与实践有效衔接和深度融合的实践教学体系，实现理性认知与实践养成的对接，产生"协同共振"效应。基于此，课程设计了理性认知（13%）+日常行为养成（17%）+社会实践磨炼（70%）三个不断深化的养成过程。

——理性认知教育：主要通过课堂讲授进行，通过课堂讲授教师对学生发表的观点及时关注，通过引导和总结，促进学生深入思考问题，进而形成正确的价值观和实践观。每学期课堂教学6学时，共进行3个学期，由思政课教师根据《大学生养成教育》教材，围绕"什么是大学生养成教育、怎样在实践中培塑良好养成"组织讲授，将道德规范内化于心。

——日常行为养成：主要按照学校制定的《养成教育手册》，学生通过校园文明礼仪、公寓文化、课余劳动，以及校内志愿活动、校园环境管理等活动，组织管理与自我约束相结合，由他律转化为自律，将道德规范外化于行。

——社会实践项目：主要包括大型赛事展会语言翻译、医疗救援翻译、展馆解说、社区志愿服务、企业经营服务、扶贫扶困、助学支教、帮老扶幼等各类社会实践活动。

①课程组建立了5类67个社会实践基地，其中有8个爱国教育基地、21个企业、12个村屯、13个社会机构、13个中小学教育机构，建有145个志愿品牌项目，其中7个项目获评国家级品牌项目。

②以实践基地为依托，问题导向、任务驱动，采用体验式、沉浸式、讨论式等方法，分三个步骤实施。

一是社会实践前，进行选择与培训，学生自主选择所要从事的社会实践内容和方式；教师根据项目要求选拔学生。通过共青团长春市委设立在我校的"志愿者学院"，对学生进行有针对性的培训。二是在社会实践中，实施教师全过程跟踪，指导学生实践行为。三是在社会实践后，学生对社会实践进行反思并形成实践报告；教师根据项目团队、实践单位评价，形成最终评价结果。三个教学环节的实施，使学生在学习中升华、内省中反思、自律中完善、实践中锤炼，自觉强化人格修养、奉献意识和公益精神。

5. 课程评价

该门课程构建了多元主体、多种形式、多维目标的评价体系。由教师、学生、团队和实践单位等多元主体，采用学习心得、行为评价、实践收获、调研报告等多种方式，对学生的知识、能力和人格进行全过程、全方位综合性评价。课程评价指标体系包括3大项目，9大要素。

6. 课程效果

近五年来，社会实践项目获得国家级奖项20余项和省级奖项30余项。"四叶草医疗志愿服务工程""心旅益行"乡村少年成长计划、"白山松水"环保行动、"绿色梦想学堂"等被确定为国家级品牌社会实践服务项目; "多语种翻译＋大型国际赛会" "心旅益行" 乡村少年成长计划等4个志愿项目获评国家级金奖; 5次获得省市组织的志愿者活动优秀志愿服务集体。学生每年志愿服务总时长超过百万小时。2018年我校一千余名学生参与韩国平昌奥运会 "北京八分钟" 志愿录制团队项目, 受到了北京奥组委的表扬。

2013届毕业生蔡雪, 毅然放弃上海优越工作机会返乡创业, 带领村民脱贫致富, 2019年1月18日作为基层群众代表赴京参加李克强总理主持召开的《政府工作报告(征求意见稿)》座谈会受到总理接见, 面对面交流个人事迹; 6月13日作为吉林省创新创业 "青年红色筑梦之旅" 项目代表, 参加以 "汇聚双创活力, 澎湃发展动力" 为主题的2019年全国大众创业万众创新活动周, 在杭州余杭梦想小镇再次见到总理。也受到孙春兰副总理接见。她的先进事迹先后被 "中国新闻网" 等12家媒体深入报道。被评为 "全国十佳农民" "全国三八红旗手" "吉林省特等劳动模范", 当选吉林省人大代表。

学校在校生申请入党人数比例近五年由45%提升至95%。学生社会实践影响力不断增大, 学生社会实践典型被《光明日报》《中国日报》《吉林日报》等报纸或网络平台相继报道共163次。

"大学生养成教育社会实践" 通过理论引领、行为养成和社会实践, 架起了学生成才与社会需求、知识水平与能力素质、行为习惯与综合素养的桥梁, 促进学生知行统一。

■省内民办高校案例

吉林省部分民办高校思想政治理论课建设典型案例

吉林外国语大学马克思主义学院2021年5月份主办召开了 "民办高校思想政治理论课建设交流会"。吉林外国语大学等5所学校在会上交流了思想政治理论课建设的经验。整理如下。

（一）吉林外国语大学马克思主义学院
发挥民办高校体制机制优势　努力办好立德树人关键课程

吉林外国语大学马克思主义学院成立于2017年7月20日。几年来，学校坚持"育人为本，德育为首"的育人观，以全面育人为目标，加强思想政治理论课建设工作。目前，学院已经成为学校马克思主义理论教学、研究、宣传和人才培养的坚强阵地，逐步形成了重点突出、载体丰富的思政课建设体系。

1. 高度重视学科建设

加强硕士点建设。2019年开始招生"学科教学（思政）"专业学位研究生，目前第一批已经毕业；业已开始招生"课程与教学论（思想政治课程与教学论）"学士学位研究生。硕士点的建立标志着学院在马克思主义理论学科建设取得了初步进展。

师资队伍建设。加强人才队伍建设，坚持"教学与科研"在学科建设上的相融互补。我校十分注重引进高层次人才，实施"二次创业"人才引进战略。近几年来，我院依靠学校严格、公开、透明、优选的选才标准和制度优势，引进了一批综合素质好、理论功底好、科研能力强的马克思主义理论优秀人才。同时，注重自有教师的学历提升，除博士外，所有青年教师都是在读博士。对于博士人才在教学和科研上给予最大便利和优厚条件，而且积极解决人才后顾之忧，努力解决现实问题，最大限度地凝聚了人才队伍合力，从教学和科研上打下了学科建设的良好基础。

打造平台基地。坚持"理论和实践"在学科建设上的彼此促进。马克思主义学院建院以来，主动推进高水平的平台和基地建设，近几年建立了几个重要基地。一个是中国李大钊研究会教研基地。2020年12月与中国李大钊研究会共同建立。聘请了中国李大钊研究中心和北京大学马克思主义学部分教师作为我院的特聘教授，参与我校的党史研究和教学工作。另一个是我院成为净月高新区教育局党建科研教育基地。2019年马克思主义学院经过近半年的联系、沟通和筹备，促成了吉林外国语大学与长春市净月高新技术产业开发区教育局的战略合作。净月区教育局党委在马克思主义学院建立党建科研教育基地，聘任时万青等5位教授为教育局党委党建工作校外客座教授，双方在党务专业培训、科研课题立项等方面进行深度合作。同时，长春净月第一实验学校、华岳学校、明泽学校、培元学校、长春市第55中学和长春市第59中学挂牌为研究生校外实践基地，教育局、教研中心、实践基地学校13位"道德与法治课"老师成为我院校外兼任导师。

2. 全力加强课程建设

马克思学院坚持以"五门主体思政课"为抓手，同时开设了"大学生养成教育社会实践"课程、"学习筑梦课程"等讲座课等。此外，还开设了一批"世界经济与政治"等选修课、"礼仪实训"等综合技能课程。

强化5门课程建设。第一，完成了国家精品视频课程上网。我校马克思主义学院经过多年的学科建设积累，重点加强"思想道德修养与法律基础"课程实践课的建设工作，2014年历时近一年的时间完成了该课程的国家精品视频课申报和录制工作。通过教育部审查，推荐到网易公开课中的"中国大学视频公开课"展播。第二，确立省级精品课和优秀课。2013年"思想道德修养与法律基础"课程被省教育厅批准为省级精品课程。2012年"毛泽东思想和中国特色社会主义理论体系概论"课被评为省级优秀课程。第三，形成了省级优秀教学团队。2014年"思想道德修养与法律基础"课程组被省教育厅批准为省级优秀教学团队，"中国近现代史纲要"课程组2014年被批准为校级精品课。

突出实践教学。我校根据教育部要求，自2012年起5门思想政治理论课程中有4门设计了社会实践课程内容。《思想道德修养与法律基础》课——"大学生成功人士访谈"；《中国近现代史纲要》课——"重走红色之旅"；《马克思主义基本原理概论》——"马列原著选读"；《毛泽东思想和中国特色社会主义理论体系概论》课——"社会热点问题调研"。所有的社会实践要实地进行，形成实践报告等；实践报告教师要进行评阅，优秀者进行社会实践展示并装订成册，促进了理论与实践的知行合一。

建设专门社会实践课程。前述典型案例进行了专门介绍，这里不再赘述。

3. 加强大中小一体化建设

为促进我校与中小学紧密合作，共同推进净月教育高质量发展，我校与净月教育局签署了战略合作框架协议。根据协议，我校与教育局将在党建工作、人才培养、师资培训、教学改革、科学研究、实习实训等方面开展更广泛、更深入的全领域合作，实现资源共享、相互协作、互惠互利、共同发展。

自2019年10月起，学院每学期都和基地学校组织进行见面会沟通，进行校内思政教师与校外道法教师的对接；每学期定期邀请校外教师入校与学院教师进行交流学习。2019年起，先后邀请了长春市净月第一实验学校中学部尤佳校长等4位中学教师来校进行交流研讨；聘请净月第一实验学校徐长义校长为研究生开设"中小学教育管理"课程；并邀请部分行业导师参与学院课程案例库的编写工作；邀请明泽学校张凤莲校长、刘天水书记入校参加我校第十五届国际文化艺术节开幕式等活动。

4. 不断深化课堂教学改革

学校思政课课堂教学中坚持教学改革，在教学过程中采取了以下方式。

建立与学生有效的沟通方式。我校教师坚持在教学中调动学生的积极性，与学生充分沟通、互相理解，形成双向合作的模式，进而形成良好的师生互动关系和合作关系。

根据学生的需要选择适合教授对象的教学方法。围绕时代的特点、大学生的思想状况以及专业的特点，以理论和现实问题为切入点，以教学任务驱动为载体组织教学，根据不同的教学内容、不同专业的学生、不同的教学环节采取不同的教学方法，做到多种教学方法的互动、联动和交替使用，课堂上多增加讨论、辩论、演讲、现场演示等内容，以兴趣点吸引学生参与教学，激发学生自主学习的热情，让课堂"活"起来。

采用行为体验式教学法。这种教学方法旨在通过课上教学与课下学生自己组织和设计实践活动，使学生通过自主学习，对问题形成正确观点。为学生提供平台，使其在课堂上运用多媒体展示行为活动的成果，使其在行动实践过程中有所体会，有所收获，有所感悟，从而加深对思想道德、人生价值、遵纪守法等问题的认识理解，提高规范思想与言行的自觉意识。

形成了我校成功的混合式教学。我们在探索开展混合式教学实践中，不断探索改进混合式教学模式，在线上和线下相结合的模式下，把线上学习、线下大班教学、分组研讨和课外实践作为混合式教学4个主要教学环节。同时，我们探索设计混合教学特定的考核方式，强化过程管理，增强平时成绩的比例，通过大数据有效地体现学生平时学习的状态。从目前的学习效果看，混合式教学激发了大学生思想政治理论学习内生动力，提升了学生课程学习的参与感和获得感。

5. 将理论研究与学生工作实际相结合

从2014年起，我校建立了"六位一体"的管理模式，将马克思主义学院、德育研究所、学生工作处、招生就业处、团委和心理发展中心整合在一起成立了大学生发展中心，中心各部门每周都进行一次学生思想状况的专题研讨，对于学生中出现的问题探讨有针对性的对策，通过课堂教学和辅导员队伍的思想工作进行目标性的解决。除此之外，思政课教师人人都承担1~2个社团的指导教师和社会实践指导工作，并与学工处配合进行思想政治教育第二课堂活动。

6. 积极参与"青马工程"学员培养

按照省教育厅和学校党委深化"青马工程"的安排部署，马克思主义学院积极参与和协助开展"青马工程"，不断完善"青马学员"培训体制和机制，利用网络平台优化课程设置，强化跟踪措施，不断提高培养工作的科学性、针对性和实效性。"百优青马工程"班所有学员均为入党积极分子，各学院的大部分预备党员都是"青马班"的学员。多名"青马"学生先后获得全省三好学生、优秀学生干部、优秀团员等省级以上奖励。2020年"青马"学员苏可为同学荣获团中央"全国优秀团员"荣誉称号，获评"吉林好人"和"吉林省三好学生"。

（二）长春人文学院思政部
创新民办高校思政课理念　让思政课伴随大学生成长

长春人文学院思政部认真贯彻落实国家、吉林省关于加强高校思政课建设系列文件的精神，立足学校实际，不断探索、坚持创新，初步形成了具有自身特点的、稳定有效的做法。

1. 创新长春人文学院思政课理念

理念是行动的先导。每一所大学思政课都需要有一个先进的、具体的理念作为旗帜，用以凝聚共识、汇聚力量、明确方向、强化责任、实现目标。一所大学是否树立鲜明的工作理念，一定意义上表明思政课建设程度。

一所大学思政课理念的创新，必须源于对高校思政课本质的深刻理解和对本校实际的准确把握。长春人文学院思政部理念的创新过程，首先是"思政课伴随你成长"，后来确定为"思政课伴随我成长"。基本含义是我们思政课的目标不仅追求促进大学生四年期间的不断进步，还要尽力去影响学生的一生；不但要促进学生的茁壮成长，还要使教师同学生一起进步。新生的第一堂思政课，学校党委书记所讲的重点内容之一就是与同学们交流这一理念。它已经升华为长春人文学院立德树人的一面旗帜。

2. 以"习近平新时代中国特色社会主义思想概论"为核心，加强课程建设

重构课程体系建设。作为核心课程，单独设立"习近平新时代中国特色社会主义思想概论"课程，选派优秀教师任课，保证学时学分，理论教学4学分、实践教学1学分；开设"习近平总书记教育重要论述"选修课；开设"四史"（党史、新中国史、改革开放史、社会主义发展史）教育选修课。

积极推进教学改革。探索和推广了高校思政课"三段式"（系列问题复习、教师精讲、生师问答）教学模式、师生共同管理思政课堂模式、学生党员为核心的骨干同学带动思政课堂学习模式、最新理论成果和优秀学生进思政课堂机制。

教学建设有成果，教学质量有提高。"中国近现代史纲要"课程专题改革项目获吉林省教学成果二等奖，"大学生学习筑梦"课程为吉林省一流课程，"思想道德与法治"课程为吉林省网络共享课程。学生对思政课评价较高，考研政治分数提高。

3. 加强实践教学体系建设

实践教学是高校思政课的重要组成部分，实践教学开展得如何，将直接影响到思政课的实际效果。实践教学的建设一定要把握好两点，一是实践教学活动的设计一定要满足理论教学的需要，与理论教学内容有着内在的联系；二是要进行体系建设，注意处理好其稳定性同与时俱进的关系。

近年来，长春人文学院思政部形成了"侧重合一"的实践教学模式。每门课程稳定地开展了各有侧重的实践教学活动，载体各异，目的合一。

"思想道德与法治"课程围绕"我的大学理想""争做道德修养先进个人"主线开展系列活动；"中国近现代史纲要"开展红色诗歌原创与诵读、编辑与讲红色故事等红色传播活动；"毛泽东思想和中国特色社会主义理论体系概论"课程开展社会调查和红色考察活动；"马克思主义基本原理"课程开展读《共产党宣言》经典原著活动；"形势与政策"课程开展课前10分钟时政论坛活动（每学年均超过100次）；"大学生学习筑梦"课程开展理论宣讲系列活动。这些活动每年稳定开展，逐步形成了长春人文学院思政部的常规实践活动。实践活动所有总结表彰、优秀文集成果，都汇集到促进学生理想信念的树立和社会主义核心价值观的确立上来，重在培养学生自我成长和进步的能力。

4. 精心培育思政课学生骨干队伍

高校思政课效果如何，最终取决于教师与学生两个方面的积极性。大学生作为高校思政课的主体，他们的积极性、自觉性、创造性是不会自发产生的，思政部和教师必须综合施策。我们认为，首先要培育一支高校思政课学生骨干队伍。

教师组织骨干学生学习小组。思政部制订指导意见，要求每位教师常年开展活动。如"骨干学生理论成长班""红传社""思想同心圆""觉渡"等，活动各有特色，不但深化了骨干学生的理论学习，还激发了骨干学生在思政课堂上和实践教学中发挥带动作用的积极性和能力。

组建了人文学生百人思政理论宣讲团，培养红色传播人。这是基于思政课骨干学生不但要在思政课学习方面表现优良，还应有理论宣讲义务和能力，为党培养红色传播人是新时代思政部的使命。实践中探索和总结出进课堂、在院系、回家乡、到社区的理论宣讲机制。

评优设奖重在引领。评选优秀社会调查报告，表彰社会调查先进个人；评选读原著优秀学习体会，表彰读书先进个人；评选红色诗歌原创作品，表彰红色诗者；评选时政优秀作品，表彰时政论坛先进个人；评选表彰学生道德修养先进个人，评选表彰思政课学习标兵；设立"思政课伴随我成长"进步奖和成功奖项。

拓宽骨干同学历练平台。设立时政论坛主持人岗位，聘任优秀学生做思政教师助教，吸收学生参加教师科研课题，指导学生发表思政方面理论文章，指导更多骨干同学参加思政类赛事。

目前，长春人文学院思政课千人学生骨干队伍已经形成。他们在课堂上和活动中发挥着日益重要的带动作用，极大地推动了长春人文学院思政课的建设步伐，开辟了长春人文学院思政课的新境界。

5. 加强教师队伍根基建设

创新了"寻根追新"的理论学习模式。从提高教师理论功底出发，不满足一般的学习状态，坚持在理论之基和最新成果双管齐下进行研读。先后系统学习了《共产党宣言》《马克思主义哲学》《习近平新时代中国特色社会主义思想三十讲》《习近平教育思想》，以及习近平关于思政课建设方面的重要讲话、国家和吉林省关于高校思政课相关文件。

开展青年教师提升工程。针对近年思政教师队伍流动速度加快的新情况，我校于2018年8月开始实施了青年教师提升工程，即"七个一"工程。青年教师每学年要申请一个研究项目；公开发表一篇论文；进行一次公开教学活动；做一次理论辅导讲话；参加一次思政类赛事；做一次学术报告；研学一本理论书籍。

6. 与院系党组织组成"党建思政共同体"

从2018年起，思政部与十二个院系党组织签约，组成了长春人文学院

"党建思政深度融合共同体"，旨在打通思政理论教学与院系党组织日常思想政治工作的传统壁垒，实现理论与实践的直接贯通，互用所长、形成合力，创新了新时代高校立德树人的新机制。

思政部选派优秀教师常年深入院系，做院系党组织的"理论助导员"。思政部对"理论助导员"工作做了具体规范。"理论助导员"依托思政部，常年活跃在院系，无私奉献，发挥理论之长，为院系党建思想工作服务，助力其工作、活动理论品质的提升，尤其是在庆祝中国共产党建党一百周年系列活动中贡献了更多理论力量和智慧。

高校思政课教师作为"理论助导员"的举措，是长春人文学院思政课的一个创新，实践证明，这一做法可行，意义是多维的。

7. 教研部与党组织"六个深度融合"机制

支部建在连上，直接目的是为了提高连队的战斗力。教研部与党组织的深度融合能够极大地促进思政课的建设。实际工作中，我们探索和总结了"六个深度融合"的做法，呈现出了事半功倍的效果。

"六个深度融合"，即一是理念深度融合；二是目标指向深度融合；三是队伍建设高度融合；四是理论学习高度融合；五是开展活动高度融合；六是议事决策高度融合。

"六个深度融合"机制，推动了党员党性与教师责任的高度合一，推进了思政部和党组织工作的两力合一。党支部战斗堡垒作用，党员先锋模范作用为思政课建设注入了不竭动力；同时，党的建设也取得了可喜成绩，长春人文学院直属党支部现在已经是吉林省高校样板党支部，正在努力争创全国高校样板党支部。

（三）长春大学旅游学院马克思主义学院
思政课改革创新：探索与实践

长春大学旅游学院马克思主义学院十分重视思想政治理论课改革创新工作，形成了系列改革创新成果，具体包括思政课教学改革创新、思政课科研改革创新、思政课教师队伍建设改革创新和思政课精准育人改革创新。

1.思政课教学改革创新

围绕民办高校学生学习生活的主要特点，我们构建了"说、讲、读、赛、视"五维一体的教学新模式。"说"即主题说课，组织"大学生主题说课"活动，以说促行。课前五分钟，根据相应主题，由大学生来说课。这一活动可以有效提升大学生的自我学习能力，达到"以说促行"的目的。"讲"即讲思政课，开展"大学生讲思政课"活动，以讲促学。师生角色换位，由大学生登台讲授思政课，学生通过自己讲授思政课，认识到思政课的理论意义和实际价值，从而引发其学习思政课的积极性，促进其思政课的学习。"读"即阅读原著，举办大学生读书实践活动，以读促悟。组织大学生阅读思政课理论原著，让学生直接感受原著的理论魅力和思想精粹，达到以读促悟的目的。"赛"即知识竞赛，开展综合知识竞赛活动，以赛代试。组织学生参加思政课的各种综合知识竞赛，大胆尝试，就有关课程进行以知识竞赛代替期末考试的改革举措。"视"即拍摄视频，开展大学生拍摄微视频活动，以视代课。由大学生自己拍摄与思政课相关的微视频，并在网络上展播。拍摄和展播微视频，可以代替一定的理论课课时。这一教学改革模式让"有意义"的思政课变得"有意思"起来，极大地调动了学生学习的主动性和求知欲。

思政课实践教学改革成果，被《中国教育报》《吉林日报》《非公有制企业党建》等10余家国家级、省级媒体进行了深入报道。

2.思政课科研改革创新

根据民办高校科研工作的特点，我们实施了"学科+科研"的科研工作模式，旨在提升学院科学研究水平。在没有任何学科建设基础情况下，建设了马克思主义理论学科，重点围绕马克思主义基本原理、马克思主义中国化研究和思想政治教育三个学科方向，形成了三个学科科研团队，积极开展科学研究。积极鼓励教师，尤其是党员教师申报省级以上思政科研项目，发表学术论文，提高教师的科研水平，推动教学成果的科研转化。近年来，学院有7个项目成功申报吉林省"十三五"社会科学规划项目，"中华优秀传统文化融入高校思想政治理论课研究"项目获得教育部2018年度优秀团队和示范马克思主义学院项目。发表省级以上论文30多篇。科研成果获奖9项，其中一等奖2项，三等奖7项。

3. 思政课教师队伍建设改革创新

根据民办高校思政教师队伍构建特点，我们实施了"内育为主、专兼互补"的思政教师队伍建设模式。"内育为主"就是注重自有教师的培养，通过加强理论学习、坚持集体备课、支持教师参加各级各类进修培训和学术会议、举办讲课大赛和公开课等方式，提升教师授课能力和水平。注重青年教师培养，制订合理的青年教师培养计划，通过自主学习和集体备课，不断提升青年教师自身的知识基础和教学水平，鼓励青年教师赴高层次学校进修、攻读博士学位。积极支持和鼓励教师参加学校和省里各种比赛，锻炼教师队伍。在吉林省教育厅举办的吉林省高校思政课"精彩一课"比赛上，马克思主义学院教师获得二等奖1项，三等奖7项，并获优秀组织奖1项；在"精彩课件、精彩教案"比赛上，获得一等奖2项，二等奖2项，三等奖12项。在"精彩一门课"比赛中，3门课获二等奖，1门课获三等奖。院长刘雅文教授2019年被评为吉林省高校思政教师年度影响力人物；党员教师陈冬颖在长春市总工会举办的在长高校青年思政课教师教学竞赛中获民办高校组第一名，获长春市"五一劳动奖章"，2020年被评为吉林省"师德标兵"、长春市最美思政教师。当然，我们也不放弃引进高校退休的思政课教师，充分发挥他们资历深、理论丰、经验足的优势，加强思政教师队伍的内涵建设。"专兼互补"则是注重专职教师队伍的建设的同时，也重视兼职教师队伍的建设，使其形成互补效应。在兼职教师队伍的建设中，我们除聘请校外兼职教师外，还注重聘请校内党政领导干部和有资格的辅导员兼任思政课教师，满足了思政课对教师的需求。

4. 思政课精准育人改革创新

根据习近平总书记提出的"立德树人""全程育人""全方位育人"的思想，我们注重充分发挥思政课育人主渠道、主阵地的作用，实现育人的精准性，形成了"双向、多维、全方位"精准育人模式。

"双向"是指思政教师和学生辅导员双向互动。思政教师是精准育人的主力军，承担着精准育人的具体任务；辅导员是精准育人的辅助力量，承担着精准育人的组织协调和管理任务。

　　"多维"是指马克思主义学院和学校各相关部门多维联动，形成全员精准育人模式。马克思主义学院联合学生工作处、团委举办大学生讲思政课大赛、优秀大学生专题报告会、综合知识竞赛、微视频展比赛等活动。马克思主义学院向学校党委组织部推送优秀学生成为入党积极分子，同时给入党积极分子上党课，提升他们的思想觉悟，他们中绝大多数已经加入了中国共产党。

　　"全方位"是指构建"引、帮、扶、关、联"全方位精准育人模式。"引"是思想上引导。学院每年都举办优秀大学生专题报告会，以引导大一新生正确开启四年的大学生涯。报告会由马克思主义学院和学生工作处联合举办，请获得奖学金的学生以及优秀的学生干部讲述他们成长成才的经历，为新生树立样板。"帮"是学业上帮助。对学习困难的学生进行排查，分析其学习困难的原因，并在第一时间给予相应的帮助，解决学习上的困难，使学习成绩明显提升。"扶"是事业上扶持。提升大学生创新创业能力，并且在关键时刻给予扶持，助其成功，体现全方位精准育人。"关"是生活上关心。思政课教师密切关注学生的生活状况，对于生活上特殊困难的学生给予特殊的帮助。"联"是情感上联通。思政教师担任学生的思想导师，实现师生一对一的情感沟通，精准地掌握学生的思想、学习、生活等方面的情况，及时加以指导，达成精准育人的目的。

　　学校探索形成的"双向、多维、全方位"精准育人模式作为教学成果交流被"学习强国"刊登。我校思政课改革创新虽然取得了一定的成绩，但仍需进一步努力，切实强化民办高校思政课改革创新，不断提升思政课建设质量。

（四）长春工业大学人文信息学院马克思主义学院
深化改革　提质增效——推进思政课内涵式发展进程

　　近年来，我校认真贯彻落实习近平总书记关于思政课改革的一系列讲话和中央文件精神，思政课建设有了长足的进步。为更好地践行新时代立德树人根本宗旨，去年，我们以"深化改革、提质增效"为主题，加大思政课改革攻坚力度，推进思政课内涵式发展进程。

1.改革课程体系，突出思政课的时代内涵

思政课改革首要任务是优化教学内容，突出党的理论最新成果，才能体现新时代特征。我们在使用统编教材2018版《毛泽东思想与中国特色社会主义理论体系概论》时，感到教材对习近平新时代中国特色社会主义思想的科学内涵、理论整体性等方面的阐述有些滞后，另外，与毛泽东思想、邓小平理论所占比例关系也并不合理。同时，如果开设习近平新思想选修课，则普及面不够，满足不了全体学生的需求，还会产生另外的问题，就是选修课独立出"毛泽东思想和中国特色社会主义理论体系概论"课程体系，不能很好地体现中国共产党理论的整体性、传承性。于是，我们有了一个想法，就是在"毛泽东思想和中国特色社会主义理论体系概论"现有框架基础上，加大习近平新思想内容的分量。实际上是把"习近平新时代中国特色社会主义思想概论"融入"毛泽东思想和中国特色社会主义理论体系概论"之中。在上级对民办高校并没有明确要求普遍开设"习近平新思想概论课"情况下，我校董事长张兆华教授高瞻远瞩，果断拍板，要求我们按照自己的设想开课。

于是，我们立即着手收集资料、开展调研、多次研讨，制定课程实施方案。由于没有可参考的官方教材，我们就认真研读《习近平治国理政》等原著和《习近平新时代中国特色社会主义思想学习纲要》，参考中国人民大学、复旦大学等高校的有益做法，联系民办高校和我校实际，设计了14个教学专题。由于时间紧任务重，"毛泽东思想和中国特色社会主义理论体系概论"教研室全体教师从寒假开始就通过线上、线下认真讨论课程新方案，并集体备课、制作课件、撰写教案、甄选优质案例，以求达到统一教学目标和内容、统一教学重点和难点、统一教学进度和考核要求，确保高质量授课。

有的学生表示，通过14个专题的学习，使他们对习近平新时代中国特色社会主义思想体系和精神实质有了全面的、深刻的了解，体会到了马克思主义中国化最新成果的科学性和真理的力量。学校各级领导听课后，给予了充分肯定和赞扬。2021年6月11日，教育部和省教育厅有关领导听取我院魏宇峥老师的"文化自信"课后，给予很高评价，一位领导说"魏老师的课讲得很精彩"。

2.拓展实践教育，彰显思政课的生活特色

习近平总书记指出，"思政课不仅应该在课堂上讲，也应该在社会生活中来讲"。把"小课堂"与"大课堂"有效结合，增强思政课的实践性，是提高思政课质量迫在眉睫的任务。为了补齐实践教学短板，让思政课走进学生的生活世界，我们强化了"三个实践"的教育内容。。

（1）强化课内实践。我们坚持从学生需求出发，广泛了解学生关注的现实思想理论问题，归纳梳理，选择有代表性的热点、难点，集体分析研判、制订回应良策。针对马克思主义"灵不灵"、中国共产党"行不行"、中国特色社会主义"好不好"、中华民族伟大复兴中国梦"能不能"等重大问题，理论联系实际地讲明道理，以马克思主义理论的真理性说服学生，破除信仰危机、信念质疑、信心不足思潮对学生的影响，增强学生的政治认同、思想认同和理论认同。

在教学内容上体现实践性。把"四史"教育（党史、新中国史、改革开放史、社会主义发展史）教育融入教学，以红色史实诠释科学理论，以唯物史观讲好中国故事，引导学生提升理论自觉，厚植家国情怀；把劳动教育融入教学，取材我党一贯重视青年劳动教育，联系我校劳动教育实际，引导学生发扬艰苦精神和奋斗精神，健康成长。

在教学方法上体现实践性。联系社会生活和学生生活实际，加大案例教学力度。引导学生搞好国际对比，坚定马克思主义信仰、中国特色社会主义信念和跟党走的决心。贯彻以学生为中心原则，积极开展课堂讨论、互动答疑、主题演讲等形式，让学生在广泛参与、合作学习中，提升学习的自主性。每年参加大学生讲思政课的选手，许多是在课堂自学自讲中发现的，在全校大赛中获奖的，都是由思政课教师指导的，2021年全校一等奖获得者已入围全省大赛。

（2）推动课外实践。我们把课外实践作为实践教学的重要组成部分，实现了三个延伸：一是思政课实践教学向学生党建延伸。思政教师参与学校党校党课教学和深入各学院讲党课，开展党史教育专题讲座、党课开讲和党史教育微视频以及指导学生党史党建知识大赛等活动，把思政课延伸到学生党建领域。法学院学生听了石淑梅老师的党课后激动地说，受到了一次灵魂的洗礼，见证了一个老教师对党的忠诚。二是思政课实践教学向"青马工程"延伸。教师全员参与学生"青马工程"学习，每个教师负责一个学院，作为指导教师帮助学生学原著、做辅导、讨论问题、开展演讲活动等，把思政课延伸到学生社团和课外学习领域，收到了良好的效果，学生课外学习马克思主义理论的氛围越来越浓。三是思政课实践教学向校园文化建设延伸。我们以校院理论学习中心组、党团活动日、"文化大讲堂"和新生入学教育等为载体，面向全体学生包括全校党员、干部和全体教职工，开设了校史校情、学校文化、中国特色社会主义先进文化、党史教育等多个专题讲座，把思政课延伸到文化建设和文化育人的纵深领域。其中，按照校董事长和校领导班子要求，我们马院在"四史"教育中，把学校文化特色、价值精神与社会主义先进文化建设紧密结合，开设联系我校实际、具有我校特色的专题讲座，以增强师生文化自信。这项工作对我们来说，既具有开创性，又具有挑战性，但是我们完成得比较理想。在全校干部和教职工学习会上第一次宣讲，就产生了轰动。这个报告和社会主义先进文化、党史教育报告，在每名师生员工心中均产生了良好效果。特别是使学生们系统地了解了社会主义先进文化和大学文化精神，增强了其爱国爱校的情感。

（3）发展网络实践。以思政课实践教学内容为依据，把课堂和校内外实践教学活动整合到网上，开展网上参观、社会调查、理论辅导、思想交流、热点讨论等网上实践教学活动。例如，我们开展的在线"战役"小课堂教学展示，教师高水平解读疫情后的中国经济等热点问题，学生在线热烈讨论，效果很好，被《吉林日报》、吉林网等多家媒体报道。

3.播撒仁爱情怀，强化思政课的价值引领

遵循习近平总书记关于要增强思政课亲和力，满足学生成长发展和期待的要求，我们着力以教师的仁爱情怀，强化思政课对学生的价值引领。

构建新的叙事方式，强化思政课话语的亲和力。努力把教材体系转化为教学体系，养成关注理论背后叙事逻辑的习惯，追求大众化视角、个性化表达、故事化形态的思政课新话语形式，用学生喜欢的语言，阐释好中国精神、中国价值、中国特色，以在马言马、懂马信马、传马护马的真挚情感，满足学生殷切期许。

在教学中，以强烈的责任感和满腔热情，循循善诱地启发学生，引导他们在当今社会各种思潮鱼龙混杂情况下，必须明辨是非、站稳政治立场，用案例故事等形式，把学生注意力吸引到课程内容上来。例如，讲国家安全教育课时，通过对境外敌对势力的渗透，进行颜色革命的四个步骤、七大手段案例的剖析，再以对西方敌对势力反动本质、罪恶野心深刻地揭露和对党与人民深情厚谊的表达，感染学生、激励学生，取得了良好效果。

运用现代化技术，增强思政课教学的亲和力。从学生喜欢现代化教育手段的特点出发，努力推进智慧课堂建设。我们在经费非常紧张情况下，购进一些先进的教学课件和视频资料，大大增强了思政课的可视性、趣味性和吸引力。通过微视频、网上直播、微信群等学生喜闻乐见的形式，广泛开展线上教学，营造线上互动式、体验式、自主式学习氛围，激发学生学习兴趣，使思政课有滋有味、入脑入心。在全省智慧课堂大赛中，我院教师获得二等奖。

探索思政导师制，增强思政教师的亲和力。讲好思政课关键是发挥好教师这一关键主体的作用，教师情怀深，才能跳出自我；有大视野、高境界，才能使教学富有感染力、人格富有感召力、举止富有亲和力。为使思政课教师更好地深入学生、了解学生、亲近学生，提高思政课效果，我们经过多次讨论，在听取各方面意见基础上，制定了《长春工大人文信息学院思政导师制实施办法》（以下简称《办法》），包括总则、职责与要求、聘任与管理、考核与奖惩、政策保障、附则等，共六章十五条。其中思政导师的职责要求与辅导员、班主任有明显区别，思政导师主要负责学生思想理论问题的引导，具体工作主要是联系学生班级、开展学生思想状况调查、与学生谈心交流、开展思想教育讲座等思想理论教育工作。

《办法》实施以来，全体教师积极性很高，能主动自觉地走进学生的心灵和生活世界。有的教师说，思政课教师就是要像朋友一样亲近学生，像亲人一样关心学生，像园丁一样呵护学生，以人格唤起激情，以真情触动心灵，更好地履行学生成长成才引路人的光荣使命。学生评教中，学生点赞思政课老师深入学生、亲近学生的比较多，学生们都说思政课老师和蔼可亲、讲课有激情。有学生写道："某某老师讲课的声音像妈妈说话一样。"还有学生写道："某某老师特别优秀，建议学校给她涨工资。"

目前，我院教师队伍阵容是建校以来最强的。思政教师师生比达到1：290，专业结构、职称结构、年龄结构都比较合理。精神面貌积极向上，在各种学习培训中不断提高，在接触学生、服务学生中不断成长。一些青年教师脱颖而出，在2021年全省"精彩一课"大赛中，获得了较好的成绩。

（五）吉林师范大学博达学院思政部
多措并举，共促思政课创新创优

立德树人是高等教育价值旨归。理直气壮开好思政课，用习近平新时代中国特色社会主义思想铸魂育人，提升思政课的思想性、理论性和亲和力、针对性，是民办高校落实立德树人根本任务、提高人才培养质量的重中之重。近年来，吉林师范大学博达学院党委按照中共中央办公厅、国务院办公厅印发的《关于深化新时代学校思想政治理论课改革创新的若干意见》（中办发〔2019〕47号）和《新时代吉林省高校思想政治理论课创优行动实施方案》文件要求，高度重视思政课创新创优工作，以建强队伍、创优课程、强化保障为着力点，全力推进我校思政课创新创优。

1. 建强队伍，为思政课创优夯基

队伍建设是课程创优的基础工程。在队伍方面，学校主要从选聘、培养两个层面下功夫，打造了一支政治坚定、业务能力较强、努力作为的思政课教师队伍。

坚持"三优先"，保持了队伍数量动态平衡。学校党政领导高度重视思政课队伍建设，为有效解决因地域、办学层次以及工资待遇等因素，引发的队伍不稳定因素增多，流动性增大，人才引进困难，队伍数量不足、结构欠合理等现实问题，学校为思政教师引进设置了"绿色通道"，在工作中做到"三优先"，在一定程度上保证了队伍数量动态平衡：一是用人指标优先，思政教师配置严格按照1∶350的要求，日常招聘不受学校年度用人计划指标限制，做到即缺即招；二是选聘优先，确保第一时间留住人才，对新入职人员以及校内有意愿担任思政课教师且符合思政教师的行政人员、辅导员和专业课教师，实行"即来即考"，第一时间安排入职和转岗考核，优先办理各类手续，同时，采用博士、硕士研究生顶岗实习的方式，预定毕业生，以储备后备力量；三是待遇优先，按照待遇就高的原则，对返聘退休教授、教授、副教授、博士以及硕士等不同层次的思政课教师，在工资、津贴、房补等方面予以倾斜，实行"一人一议"，按规定设立思政课教师岗位津贴。

强化"四维协同"，注重教师"培养"常态化。学校高度重视教师培养，为有效解决教师队伍职称结构、能力结构不合理的问题，初步构建了"教学培训+理论提升+实践研修+协作共促"四维协同思政课教师培育新模式，实现了教师培养、提升"常态化"。一是教学培训常态化。教务处对新入职教师实施为期一年的岗位培训，按计划、固定时间（周五下午），安排专题讲座，实现了教师教学培训的常态化。二是理论学习与教研活动常态化。思政部依托"周末大讲堂""青椒论坛"等思政课教学指导平台，按照"定计划、定时间、定内容"的原则，将每周三下午作为思政课教师理论学习和教研活动的固定时间，要求每年、每位教师最少主持一次教研活动，同时，搭建网络备课资料共享平台，实现了理论学习和教学研讨的常态化。三是实践研修常态化。学校在每年推荐思政课教师参加省部实践研修的基础上，积极挖掘省内和域内红色教育资源，定期组织教师开展实践研修和学习教育活动，推进了教师实践研修的常态化。四是"协作共促"常态化。首先，开展"新老教师"结对子，为新入职教师配备"师父"，发挥以老带新、教学相长作用。其次，实行"导师制"，为有发展潜力的青年骨干教师配备专业导师，指导期2年，对青年教师教学、科研、专业发展等方面进行全方位指导，同时，安排新入职教师到域内高校跟随名师听课，发挥名师的引领作用。最后，组建科研共同体，开展科研创新团队立项活动，同时，加强与域内高校建立校际教研、科研协作团队，发挥域内名师和科研骨干的引领作用，凝练教师科研方向，推进队伍整体提升。

近年来，教师队伍整体素质明显提升，思政课教师有6人考取博士，在吉林省思政课"精彩一课"比赛中，本校教师分别获二等奖1项、三等奖3项；获吉林省思政课"精彩教案、精彩课件"三等奖3项，获吉林省思政课优秀教学案例二等奖3项，三等奖5项。2020年，本校学生在吉林省第四届高校大学生讲思政课大赛中获三等奖1项。

2. 坚持目标导向，推进课程创优

坚持以打造高水平教学资源、高质量示范课程、高标准教学质量为目标导向，结合学校实际，推进课程体系和教学模式、内容和评价改革。

推进"必修+选修+专题"的课程体系建设。按照"开好、开足、开精"的理念，学校初步构建了"必修+选修+专题"的思政课教学体系。能够足学分、足课时开好"马克思主义基本原理""中国近现代史纲要""毛泽东思想和中国特色社会主义理论体系概论""思想道德与法治""形势与政策""习近平新时代中国特色社会主义思想概论""习近平总书记教育重要论述"等必修课；学校领导在听、讲思政课中发挥示范带头作用，推进了"学习筑梦""四史"教育（党史、新中国史、改革开放史、社会主义发展史）、中华优秀传统文化等选择性必修课和选修课的开设；结合省域和地域特色，发挥黄大年、郑德荣等典型示范和四平地域红色文化的引领作用，推动了党内法规、马克思主义宗教观以及红色文化与传承等专题课程开设的质量。

对混合式教学模式进行了初步探索。为应对教育现代化发展大势，在学校教务处的支持下，思政部结合教学实际不断探索和创新思政课教学新模式。一是鼓励教师创新教学方法，将专题讨论、情景剧展演、自学自讲、自测自评等教学环节，有机融入课堂教学，初步构建了"专题讲授+案例引领+情景体验"的课堂教学模式，同时，鼓励教师围绕重要节庆日和学生发展关键期，开展专题教学；二是充分利用四平域内资源，积极与域内红色场馆和企事业单位、社区建立"思政课实践教育基地"，初步形成了"课内课外+校内校外"实践教学模式，在一定程度上促进了思政

"小课堂"与社会"大课堂"紧密衔接。三是初步摸索出了"3+3"线上一体化教学辅导模式（"线上直播+电子教材+课程PPT""网络资源+线上思考题+网络辅导答疑"）。

尝试开展教学内容和课程考核工作。一是按照教育部教学指南，坚持以"马工程"教材为基础，以习近平新时代中国特色社会主义思想"三进"为核心，鼓励教师按照专题教学方式，整合课堂理论教学内容，推进课堂教学内容体系化建设，以"中国近现代史纲要""思想道德与法治"课为突破口，尝试编写体现地域红色文化及红色基因传承的教学案例和专题内容，探索打造具有地方特色的博达"思政红课"。二是从考核学生主观努力度、行为实践度、知识掌握度、问题解决能力度出发，在教务处的支持下，思政部尝试开展了对必修课实行"过程性考核+期末线上闭卷测试（期末闭卷考试）"、对考查课实行"过程性考核+期末开卷考试"的探索。

通过不懈努力，我校思政课初步实现了从"单向传输"到"多维互动"转变，使思政课堂更加直观立体、生动活泼，在一定程度上拉近了学生和教师的距离，推进了学生"学"与"做"深度融合，使思政课在思想高度、现实力度和情感温度等方面有所改善，学生到课率、抬头率和点头率有一定提高。

3. 健全制度，为思政课创优护航

推进思政课创新创优，离不开强有力的组织和制度保障。博达学院高度重视相关制度建设，为思政课健康发展提供了坚实的基础。

高度重视，组织和经费保障到位。学校党委高度重视思政课建设工作，严格履行对思政课全面领导的主体责任，将思政课建设纳入学校议事日程，党委常委会、校长办公会专题研究思政课教学工作已做到常态化。学校党委书记作为思政课建设第一责任人，主动分管和联系思政部，学校党委书记或校长每学期都主动深入思政部，进行调研和现场办公。在组织领导方面，单独设立思政部、直属党支部，配备正副主任、书记，设立办公室，配备办公室主任。在经费投入方面，对思政部办公经费予以倾斜，按照本科生每年生均40元，足额拨付教师实践研修经费。同时，在办公用房、办公设备等方面优先保证。

注重建设，相关保障制度健全。为推进思政课创新创优，2019年学校印发了《吉林师范大学博达学院思想政治理论课创新创优方案》，为思政课建设发展提供目标指引。为将学校领导听、讲思政课落到实处，学校出台了《吉林师范大学博达学院校领导班子成员思政课"三进"方案》和《思政部班子成员和教师听课方案》。为落实思政课教师岗位津贴，学校制定了《吉林师范大学博达学院思想政治理论课教师岗位津贴发放办法》和《吉林师范大学博达学院思想政治理论课教师年度考核办法》。为引进人才，改善队伍结构学校出台了《吉林师范大学博达学院高层次人才招聘办法》，为激发教师教学积极性和主动性，学校出台了《吉林师范大学博达学院教职工年度考核办法》《吉林师范大学博达学院教学奖励条例》《吉林师范大学博达学院科研团队建设与管理暂行办法》（修订）等一系列规章制度。为进一步提高备课质量，思政部修订了《思政部教师集体备课细则》，明确了"三定""四统一""四共同"的备课原则。"三定"即定时间、定内容、定备课人；"四统一"即制度统一，内容统一，重难点统一，目标统一。"四共同"即共同钻研教材、共同提炼课程知识点、共同撰写教学详案、共同制作教学课件。上述制度的出台和完善，为学校思政课创新发展奠定了坚实的制度基础。

回顾近几年思政课建设的发展历程，由于学校地域、办学层次等诸多不利因素影响，致使学校思政课建设与兄弟院校相比还存在许多差距，比如，队伍年龄、职称结构不合理，中坚骨干力量缺乏，队伍科研和教学水平还有较大提升空间，"一流"课程和"金课"建设滞后，等等。今后，我们将继续按照习近平总书记队伍"六要"标准和课程改革"八个统一"要求，借鉴省内各高校思政课建设的经验和做法，不断推进我校思政课建设与发展。

■省外民办高校案例

其他省份民办高校思想政治理论课建设典型案例

本项目组成员通过参加"全国民办高校思想政治理论课建设研究会"举办的研讨会，对国内部分高校思想政治理论课建设进行调研，很多高校马克思主义学院的建设经验也很有借鉴意义。本部分经过征询，将三江学院马克思主义学院、杉达学院马克思主义学院的思想政治理论课建设典型经验列入其中，供读者学习和借鉴。

（一）三江学院马克思主义学院
"思专融合"实践教学体系的探索与实践
（2022年6月19日）

习近平总书记主持召开学校思政课教师座谈会并发表重要讲话，表明思想政治理论课教学意义重大，思政课教师要勇挑重担，勇担重任[①]。民办高校思政课教师要勇担重任，积极引导学生成长进步，做新时代的奋斗者。中共中央办公厅、国务院引发的《关于深化新时代学校思想政治理论课改革创新的若干意见》强调，要推动思政课实践教学与学生社会实践活动相结合，完善思政课实践教学机制。教育部印发的《高等学校课程思政建设指导纲要》强调，要加强思政课程与专业课程的同向同行，将显性教育和隐性教育相统一，形成协同效应，构建全员全程全方位育人大格局成为高校课程改革的核心理念。

我院根据教育部关于推进思政教育与专业教育同向同行的要求，立足

---

① 　"学习贯彻习近平总书记在学校思政课教师座谈会上的重要讲话精神加强新时代高校思想政治理论课建设"全国理论研讨会综述［J］.昆明理工大学学报（社会科学版），2019，19（03）：2.

"两个百年目标"的历史交汇点，面向步入新发展阶段对创新型人才的需求，秉持"育人为本、创新为要、应用见长"的理念，以高校思政课实践环节为载体，协同各学科专业师资力量，探索专业课程元素有效融入思政课程的具体路径，构建"思专融合"式思政课实践教学体系，培养具有良好政治素养、卓越专业品质和优良社会实践能力的应用型时代新人。

1. 主要做法

（1）整合实践教学内容体系。依据不同专业学生的思维特点、能力素养和理论需求，按照"思政课程与专业课程有机融合"的思路，综合理论难点、社会热点、学生疑点等多种维度梳理实践教学主题，系统建构循序渐进、思专融合、有机协同的实践教学内容体系，通过专业表现形式呈现思政教学内容，实现思政课程与专业课程、政治素养与专业能力之间的有效衔接和系统整体建构。

（2）重构实践教学组织形式。探索专业知识、实践能力与政治素养之间有机融合的机制，深入挖掘社会现实需求、专业知识体系与思政实践育人目标的共通性，坚持理论教育与实践深化相统一的原则，秉持"多学科融合发展、校内外力量协同育人"的理念，拓宽学科边界、打通学科壁垒，联合校团委、专业学院、学生工作部、校外实践教学基地共同建构可持续发展、多方力量协同育人的实践教学平台，创建全员全程全方位实践育人环境，构建学科知识融合、育人环境协同、质量评价多样的实践教学组织形式，推动思政课实践教学从"传统单一教学组织形式"向"多元立体的思专融合式教学组织形式"转变，引导学生有序展开实践活动，学以致用、服务社会。

（3）优化实践教学师资队伍。更新观念转变思维，按照专兼职队伍相结合的要求，吸收专业教师和实践基地教师加入师资队伍，建设一支由校内教师与校外实践基地导师、思政教师与专业教师、专职教师与兼职教师共同构成的实践教学共同体，充分发挥教师的主体能动性，适应智能时代培养创新型应用人才的需要。

（4）完善实践教学评价体系。以实践能力考核为重点，建立融"专业知识+实践能力+政治素养"为一体、以"小组自评+同伴互评+教师总评"为依据的形成性评价体系，重在考核学生运用马克思主义分析和解决问题的能力和运用专业知识呈现思政实践活动成果的能力。通过思专融合实践教学改革，结合时代、社会发展和学校特色、学生专业实际探索有院校专业特色和地方文化特色的实践教学体系，形成思政课程与专业课程协同育人的新载体，强化思政教育与专业教育有机融合的宽度、维度和深度，解决专业教育和思政教育"两张皮"问题，推动思政课程与专业课程的同向同行，形成多学科、多领域协同发展的"大思政"育人格局。

2. 主要成效

（1）解决了思政课实践教学与专业课实践教学相互割裂的问题。传统观念认为，思政课程以价值导向和意识形态建设为主；专业课程以知识导向和专业能力培养为主；两者之间教学目标和教学内容完全不同。毫无疑问，这是一种错误的认知偏差。思政课程与专业课程之间具有价值指向上的一致性，但又在具体的教学内容、教学方法、教学成果等方面存在差异性和多元性，两者之间也并不是毫无关联的"陌生人"，而是在互构互通互撑中共同推动青年学生自由全面发展的"友邻"。《高等学校课程思政建设指导纲要》明确"思政课"和"专业课"都属于贯彻落实立德树人根本任务的课程体系。"思专融合"的核心要义在于在"课程思政"之外继续探寻"发挥专业课程思想政治教育功能"的途径，根据不同专业学生对思政课知识需求的不同进行教学内容的调整，强调在思政课程中融入专业课程的内容和实践，实现政治性、学理性、价值性和专业性的有机结合。

（2）解决思政课实践教学理论内容与实践内容脱节的问题。与理论教学相比较，思政课实践教学的特色在于寓理论于实践，这就对实践教学提出了较高的要求。但从现实情况来看，当前思政课实践教学不仅缺乏统一的大纲、目标和内容体系，而且往往容易出现内容泛化、过程形式化、流于表面实践等问题。究其原因，在于当前实践教学活动普遍缺乏理论支撑，理论内容与实践内容关联度不足，实践内容与学生专业学习相脱节，无法实现理论知识与实践活动之间的精准对接。思政课实践教学只有在不断深入各专业领域，回应学生专业能力提升的过程中才能彰显自身价值。

（3）解决思政课实践教学组织形式不能满足学生成长需要的问题。思政课实践教学的根本目标是培养大学生的社会实践能力，满足大学生成长成才过程中的实践诉求。传统实践教学往往采用学生自由选择时间、自由选择场所进行自主实践学习并撰写社会调查报告的形式，学生往往追求新鲜有趣的实践活动而忽视了理论知识与专业知识的运用，这使得思政课实践教学变成"自由实践""放羊实践""少数精英实践"，导致实践教学效果参差不齐，流于形式，内容陈旧、质量不高，导致实践教学的育人功能被淡化。

（4）解决思政课实践教学师资队伍存在来源单一、质量不高、数量不足的问题。办好思政课的关键在教师。建设一支数量充足、质量优良的思政课实践教学队伍是提升思政课实践教学的主体性保障。当前大多高校思政课实践教学队伍数量相对不足，来源比较单一，质量有待提高。一方面，大多高校缺乏专门的实践教学师资队伍，多由思政课教师兼任，但由于教学任务繁重且未受过系统的实践训练，导致实践教学指导过程存在许多短板。另一方面实践教学过程中缺乏专业教师、实践基地导师的加入导致教师指导面单一，形式同质，过程乏味。

寻求、构建、实施"全员覆盖、目标明确、主题鲜明、效果显著"的育人体系是思政课实践教学改革的价值取向。思政课实践教学要坚持理论性与实践性相统一的原则，打通"思政教育"和"专业教育"的壁垒，进一步优化组织形式、重组教学内容体系、重建育人载体，使"思政"走进专业教育、融进大学生活、走向社会现实，充分发挥课程育人与实践育人的双重功能。

（二）上海杉达学院马克思主义
加强阵地意识　推进内涵发展
（2022年6月25日）

上海杉达学院高度重视马克思主义学院建设，全面贯彻落实《关于深化新时代学校思想政治理论课改革创新的实施意见》等国、市两级重要文件，坚持按照《普通高等学校马克思主义学院建设标准（2019年本）》、《高等学校思想政治理论课建设标准（2021年本）》，对标推进马克思主义学院内涵发展，着力打造马克思主义理论教学研究、学科建设、理论宣传和人才培养的坚强阵地。

1. 高度重视强支撑，政策引领促保障

2017年9月，我校在原社科部的基础上成立马克思主义学院，并作为学校直属独立二级教学科研机构。目前学院共有专职教师44人，设主持工作副院长1人，副院长1人，院长助理1人。师生比达到1∶350；其中副教授以上17人，教授3人，具有高级职称的教师占37.2%。学院目前按照《新时代高校思想政治理论课教学基本要求》全面开设"思想道德与法治""中国近现代史纲要""马克思主义基本原理""毛泽东思想和中国特色社会主义理论体系概论""形势与政策"5门必修课，并相应设立5个教研室，此外，在基础教育部设立思政综合教研室，管理、协调基础教育部思政课教育教学日常工作。各教研室分别设主任1名，负责教研室各项工作。我院全部选用中央马克思主义理论研究和建设工程重点教材，在学时、学分、班容量、考核方式、实践学分等方面均严格按照教育部要求规范执行。同时，在学校胜祥商学院、艺术设计与传媒学院试点开设"习近平新时代中国特色社会主义思想概论"课程。同时开设"四史"教育（党史、新中国史、改革开放史、社会主义发展史）选修课。类选修课2门，即"执政党与新中国"和"中国共产党历史"。

自马克思主义学院成立以来，我校始终从政治站位的高度出发看待马克思主义学院建设，将马克思主义学院作为学校重点学院，将思政课作为学校重点课程，坚持用政策引领、规章推进、制度保障来强化马克思主义学院建设的政策支撑机制。

（1）机制保障

形成党委统一领导，行政负责实施的领导体制，将马克思主义学院建设纳入学校整体发展规划，推进形成一系列制度机制：党委书记负责联系马克思主义学院，每学期到马克思主义学院调研思政课建设和师资队伍建设情况，了解马克思主义学院发展状况；学校将上思政课和联系学生情况作为领导班子成员年度述职的重要内容；校党委会、党政领导联席会议每学期召开会议专题研究马克思主义学院和思政课建设。此外，党委书记、校长亲自参加思政课教师的招聘面试工作，把对马克思主义学院的重视和支持落到实处。

（2）政策保障

学校严格对照文件要求，立足马克思主义学院师资队伍建设的实际，积极推动一系列马克思主义学院相关政策的出台和落地实施，如，思政教师专项津贴、生均专项经费、日常办公经费等经费保障政策；马克思主义学院职称晋升单列、考核单列等一系列教师发展保障政策。2021年，马克思主义学院1位教师通过学校特聘程序，晋升副教授。

（3）协调保障

在马克思主义学院发展过程中，校领导始终给予大力支持。马克思主义学院举办的校内外各类会议，必有学校党委书记、校长或副书记、副校长到会支持。马克思主义学院在开展工作的过程中，全校多部门协调配合，校领导也会亲自协调，保证工作的顺利开展、取得成效。学校支持马克思主义学院开展理论研究和教学创新，对上海高校思政课名师工作室——游昀之工作室在建设经费、主持人工作量、办公场所等方面给予全方位保障，并支持马克思主义学院成立了中华优秀传统文化研究所、儒学研究所等校内研究机构。

2. 多方联动强共建，聚力育人促成效

（1）校外联动

我校马克思主义学院先后依托名师工作室、同城平台、大手牵小手项目，与王建新名师工作室、李国娟名师工作室等，与全国高校重点马克思主义学院——同济大学马克思主义学院、上海高校示范性马克思主义学院——上海应用技术大学马克思主义学院签订共建合作协议，通过广泛借力，将优质的师资、学科资源引入我校，数十位著名思政专家在我校思政课教学研究及师资队伍建设等方面，在夯实思政课教师理论基础、提升理论运用能力和转化能力方面发挥了重要作用。2021年秋季学期开始，我校开始在胜祥商学院法学系试点开设"习近平新时代中国特色社会主义思想概论"课程，为了保证首次开课的理论高度和教学效果，我们邀请了9位思政界名师专家开课，学生反响热烈！此外，由上海高校思政课名师工作室——游昀之工作室牵头、策划、组织，马克思主义学院录制了《执政党与新中国》融媒体共享课，教学团队邀请了4位上海市名师工作室主持人，联动同济大学、上海交通大学、东华大学等知名高校和上海多所民办高校的19位思政课教师、200多位学生共同录制。2021年，为迎接建党百年，由我校马克思主义学院牵头负责，联合7所上海民办高校共同录制了《中国共产党历史》课程。马克思主义学院联动上海市名师工作室平台，积极整合校内外资源，努力实现聚力育人。

（2）校内联动

在推进马克思主义学院建设的过程中，我们积极与校内各部门建立良性联动，与学校党委宣传部、学生教育处、胜祥商学院、管理学院、工程学院、国际医学技术学院、艺术设计与传媒学院等多个学院开展了形式多样的合作。马克思主义学院8位教师与学生教育处以及专业院系合作录制了《劳动教育》线上共享课，上线至今，全国选课学校已达29所，选课人数达4.27万人，线上互动达62.29万余次；在思想政治宣传方面，参与学校党委宣传部网络思政品牌项目"见信如晤"的思政课教师达15位人次，特别是在2020年、2022年的特殊时期，思政课教师用书信的方式纾解学生焦虑情绪，引导学生积极乐观、热爱生活，取得了良好的教育效果。与此同时，在党的历次主题学习教育活动中，马克思主义学院都是先锋队，多次为学校所在社区党员、专业院系开讲主题党课、专题讲座等。2021年，我校成立理论宣讲团，马克思主义学院13名教师入选宣讲团成员，另有1名教师入选上海巾帼讲师团成员，充分发挥了学院在立德树人工作中的引领辐射作用。

上海杉达学院马克思主义学院经过近5年的建设，取得了显著的成效。学院各项工作更加科学规范，逐渐形成了优秀传统文化融入思政课的教学特色，形成了务实创新、不断进取的工作作风。培养了一批中青年优秀教师，先后担任上海市党代会代表1人，设立上海市高校思政课名师工作室——游昀之工作室，超过20人次先后获得全国巾帼建功标兵、上海市育才奖、宝钢优秀教师奖、上海市三八红旗手、上海市教育年度新闻人物提名、上海市"四有"好教师提名、上海教书育人楷模提名、上海市最美思政课教师、上海市模范教师、上海市教卫党委系统师德标兵等荣誉。

3.教学科研强质量,内涵建设促发展

(1)教学为本

马克思主义学院建设必须强化主业意识,坚持"马院姓马、在马言马",不断加强马克思主义理论教育教学,紧紧抓住思政课教学这个"牛鼻子",切实发挥思政课的主渠道主阵地作用。

一是抓教研室建设。建立教研室主任负责制,推动以教研室为单位进行教学管理、课程建设,不仅增强了教研室的凝聚力、提高了工作效率,激发了教研室主任的工作主动性和积极性,而且增强了教学过程管理的规范性和保障性。在集体备课、课程建设、听评课、考试复查等方面,教研室主任都发挥了巨大的作用,成为扎实推进思政课教学工作的主力军。

二是抓教学能力提升。上好思政课,关键在教师。思政课教师的教学能力直接影响思政课的教学效果。因此,近年来,学院着力建好三大平台,有效利用各种资源。2018年,上海市教委在我校设立了上海高校思政课名师工作室——游昀之工作室,上海市民办高校党工委通过民办高校思政创新项目,将上海民办高校思政课师资研修基地、上海民办高校思政类课程协同中心设在我校。这一方面体现了各级主管部门对我校及马克思主义学院前期各项工作成效的高度肯定,对我们建好三个项目平台的充分信任;另一方面也希望我们在民办高校中切实发挥辐射带动作用,通过教育培训、集体备课、课程建设等多种途径,着力推动思政课教师教学能力的强基提质。在上海高校思政课名师工作室、上海民办高校思政课师资研修基地和上海民办高校思政类课程协同中心的建设过程中,马克思主义学院充分发挥专业优势,在项目策划、组织培训、专家聘请、课程设计、会议主持、培训管理等各方面工作中积极投入、勇挑重任,先后有10位思政课教师担任研修基地培训班班主任,同时,马克思主义学院全体教师在保证学院各项工作的前提下,均以学员身份参加培训。从2018年以来，上海民办高校思政课师资研修基地建设项目已进行了3期。研修基地共举办了8期常规班和"四史"教育（党史、新中国史、改革开放史、社会主义发展史）、党史专题教育学习教育、党史学习教育2期专题研修班，还独立举办了约60场专题讲座，培训教师250余人次，线上研修超过2000余人次。

通过扎实推进各项思政课教学工作的有效开展，马克思主义学院思政课教师的整体教学水平有了极大的提高，已获得省部级、厅局级以上教学竞赛奖项16项，其中长三角地区高校教学竞赛1项；获得上海市教学名师1人；入选上海高校思政课名师工作室1人；上海市高校马克思主义理论教学研究拔尖人才1人；思政课教师指导学生参加大学生讲思政课比赛获得了上海市一、二、三等奖，全国优秀奖；指导获得市级以上思政实践类奖项14项等；

三是抓课程建设。课程建设是提升思政课教学效果的重要抓手，通过课程建设，能够帮助教师深耕课程内容，建构合理体系，找到恰当方法，提升教研能力。因此，马克思主义学院以教研室为单位，积极推进课程建设。为了更好地迎接数字化时代的新挑战，充分了解作为"互联网原住民"的新时代大学生，同时积极应对特殊时期的各类情况，学院与学校教务处通力合作，共同建设上海民办高校思政类课程协同中心，并依托协同中心的建课经费与资源，将4门思政本科必修课全部建成线上共享课，其中3门课程实施混合式教学。目前已获上海市一流课程1门，上海市重点课程2门，上海市精品课程1门，上海市"金课"1门，上海市优秀教学案例1个和校级重点课程3门。此外，我们建设的线上融媒体思政选修课"执政党与新中国"，上线仅4学期，全国各类选课学校已达28所，其中包括河北大学、西安翻译学院、兰州交通大学，等等，截止到2021年7月底，选课人数达8010人，线上互动10.97万次；线上思政共享选修课"中国共产党历史"选课学校已达30所，其中包括哈尔滨工业大学、河北大学、贵州大学、青海师范大学，等等，累计选课1.56万人，累计互动9.89万次。

在马克思主义学院的积极推动、示范带动之下，截止到2021年12月，上海民办高校通过思政类课程协同中心共建设线上思政类（含思政课程和课程思政）共享课程26门，共有125所国内各类院校进行选课，累计总选课人数达13.92万人次。

四是抓教学改革。一方面在严格执行教育部新时代高校思政课教学基本要求的基础上，鼓励思政课教师积极探索创新，形成个人的教学风格，并形成辐射带动、团队效应。通过教师们在教学中不断进行有益探索，促进教学改革，积极把案例式教学、探究式教学、体验式教学、互动式教学、专题式教学等教学方法在思政课堂上用好用活。目前已经形成"中华优秀传统文化融入思政课""ORID教学模式创新""SPOC混合课教学逻辑"等一系列较为成熟的教学改革和创新实践。获得并已完成上海市重点教改项目1项，公开出版《中华优秀传统文化融入"思想道德与法治"课的理论与实践》教改成果；2021年获立校级教改项目2项；另一方面积极探索考试改革，推动"三个结合"的落实，即把过程性考核与闭卷考试相结合，把教师自主评价与教考分离相结合，把适当记忆与思考分析相结合。形成注重过程、宽严并济、多元评价、客观公正的评价原则。

五是抓教学质量。学校高度重视教学质量，设立了教学质量管理处，建立了校外督导、校内校级督导和学院二级督导的三级督导制度。学院有2位教师入选校级督导，有包括学院教学副院长、教研室主任在内的4位二级督导。每学期每位教师都会被随机听课至少1次及以上，并要求每节课带齐五大件（教材、大纲、教学进度表、教案、课件）。督导不仅听课，监督教学情况，还会复查试卷、成绩，真正做到教学全程监测。为了使教学全过程规范严谨、保证质量，马克思主义学院每半个月就要召开教学工作会议，每学期末都会召开外聘教师教学研讨会，听取意见，强调要求，把对外聘教师的教学管理纳入学院的常规管理之中。

六是抓教学协同。早在2017年，我校就成立了课程思政建设领导小组，积极推动学校专业课与思政课同向同行。游昀之工作室承担了课程思政的具体组织和建设工作，不仅带领思政课教师进各学院为专业课教师提供课程思政培训，与首批专业试点课程教师建立一对一结对指导，而且带领专业课教师努力把阶段性建设成果编写成为两本课程思政成果集《专业育人教学设计精选集》《平面广告设计课程育人成果集》，于2020年由上海交通大学出版社公开出版。思政课教师参与课程思政建设，既是对已有教学能力的检验，同时也是教学延展能力的体现。目前我校已开始进行课程思政建设的全覆盖，获批1个市级课程思政建设领航学院和多门市级领航课程。

同时，马克思主义学院及名师工作室还积极与学校各部门协同推动"三全育人"工作有效开展。2020年，在我国打赢脱贫攻坚战，全面建成小康社会的关键时期，游昀之工作室联合民办高校思政课师资研修基地、校学生教育处共同举办"时代·责任·使命"大学生思政主题教育教学活动，邀请3位沪上知名主持人与名师工作室主持人游昀之老师同上一堂大思政课，这堂课以电影《我和我的家乡》为导入线索，以全面建成小康社会为主题，以大量生动的事例、翔实的数据讲述了新时代中国取得的伟大成就，引发了学生的强烈反响，纷纷留言表示深受感动、受益匪浅。此外，马克思主义学院先后以"给'00后'讲中国共产党""国旗下的微党课"等多种形式开展思政教育教学活动，实现了启智润心、培根铸魂的育人效果。

（2）研究为要

马克思主义理论研究是马克思主义学院建设的基础。没有理论研究，马克思主义学院内涵式发展无从谈起。尽管民办高校科研是短板、弱项，但我们持之以恒抓科研、坚持不懈补短板。在科学研究的过程中，思政课教师逐渐形成自己的研究特色与专长。不仅关注和研究马克思主义及其中国化最新成果、习近平新时代中国特色社会主义思想、中国优秀传统文化，而且针对民办高校思政课及思政课教师队伍建设进行了大量的研究，同时也进行了大量的教学研究尤其是思政课教学改革创新的研究。自2017年以来，马克思主义学院获批各级各类科研项目22项，获得科研成果奖励3项，撰写研究报告4篇；在学术期刊或中央及地方主要报刊上发表学术论文及理论文章50余篇，其中SCI、CSSCI以及中文核心期刊论文20余篇，在《解放日报》上发表的2篇理论文章被学习强国、光明网、文汇报、上观新闻等多家主流网站转载。出版专著3本，其中邵龙宝教授撰写的由人民出版社出版的《中西智慧与人格建构》，入选教育部思想政治和工作研究文库。

尽管我校马克思主义学院工作取得了一定成效，但是与高质量、高水平马院之间还存在一定差距。在今后的工作中，我们将继续踔厉奋发、笃行不怠，以建好建强为目标，不断提升马克思主义学院建设的科学化、规范化、现代化水平，打造马克思主义理论教学、研究、宣传和人才培养的坚强阵地，使之成为办好高校思想政治理论课的坚强战斗堡垒！

结语　新时代民办高校思政课建设的基本遵循

　　思政课是落实立德树人根本任务的关键课程，思政课作用不可替代。习近平总书记强调指出，"当前形势下，办好思政课，要放在世界百年未有之大变局、党和国家事业发展全局中来看待，要从坚持和发展中国特色社会主义、建设社会主义现代化强国、实现中华民族伟大复兴的高度来对待。"①在信息化、全媒体时代，思政课建设的内外环境依然复杂多变，机遇与挑战并存，这对民办高校更是一种巨大考验。作为社会主义市场经济条件下中国特色社会主义高等教育的重要组成部分，作为我国"公办高校、民办高校、独立学院"等办学体制中的一种，民办高校自20世纪80年代以来取得快速发展，这是对我国高等教育的有益补充，更对提升全社会教育水平和全民文明素养发挥了重要作用。在全面建设社会主义现代化国家、向第二个百年奋斗目标进军的新征程上，民办高校应不断加强思政课建设，着力为经济社会发展培养更多更优秀的政治合格、思想进步的各领域专业人才，做到无愧于新时代的使命担当。

一、政治定位：不断强化党对民办高校思政课的全面领导

　　办好中国的事情，关键在党。党政军民学，东西南北中，党是领导一切的。思政课建设从属于党对高校思想政治工作领导的体系范畴。加强党对民办高校思政课的全面领导，这是不容偏离的政治定位，是办好思政课的首要前提，既不能有半点思想认识上的马虎，也不能有半点行动落实上的妥协。

---

① 习近平.在学校思想政治理论课教师座谈会上讲话［R］.北京，2019-3-18.

（一）持续夯实民办高校思政课的"政治根基"

增强"四个意识"、坚定"四个自信"、做到"两个维护"，这是强化政治根基的必然要求。我们的高校是党领导下的高校，是中国特色社会主义高校。习近平总书记强调，"必须坚持党的领导，牢牢掌握党对高校工作的领导权，使高校成为坚持党的领导的坚强阵地。"①为此，坚持党对民办高校的领导，首先是对思想政治工作的领导，包括对思政课建设的领导，由此才能确保民办高校的社会主义办学方向。

民办高校要把思政课建设融入思想政治工作建设体系，发挥融入式、嵌入式、渗入式的协同效应，才能史好落实立德树人根本任务。那种认为"民办高校党委或党组织只需抓好党建领域工作，而思政课应由教育系统和教学部门负责"的观点是极大的误解。殊不知，二者在本质上都是党的工作，彼此是相辅相成的。一些民办高校党委把思政课捧得很高，但没有具体措施，又落不到实处，在教学、科研、师资等方面支持力度不足，甚至对有关文件精神或指示要求降低标准、变形走样，客观上削弱了思政课建设的效果。事实证明，教育系统各级党委、民办高校主管单位高度重视加强思政课建设，民办高校建设就会取得进步和发展，"政治根基"才更牢靠。

（二）指引民办高校思政课服务于"国之大者"

人民立场是我们的根本政治立场，"使人民生活幸福"就是"国之大者"②。新时代，人们期望有更加公平而有质量的高等教育就是一种美好的教育需要。与"公办"高校一样，民办高校要坚持思政课建设与全面建设社会主义现代化国家的发展方向和目标要求相一致，坚决做到"为人民服务，为中国共产党治国理政服务，为巩固和发展中国特色社会主义制度服务，为改革开放和社会主义现代化建设服务。"③从本质上看，大学都在为"国之大者"服务，即通过思想政治工作办好思政课，引导青年学生

---

① 陈宝生.牢牢掌握思想政治工作主导权 办好中国特色社会主义高校：高校必须坚持正确政治方向［J］.求是，2017（3）：25–26.

② 习近平.在全国高校思想政治工作会议上的讲话［R］.北京，2016–12–7.

③ 本书编写组.习近平总书记教育重要论述讲义［M］.北京：高等教育出版社，2020：99.

为实现"使人民生活幸福"的高尚追求而奋斗。为此，办好民办高校思政课必须"换脑筋、换思路、换办法，改环境、改途径、改习惯"，不断增进实际效能。

从客观上看，高校"公立"和"民办"之间的确存在一定差异，比如在主管机构、财政来源、师资配备、管理模式、招生渠道、学生就业、办学信誉等方面都有明显不同，由此导致在大学文化、环境条件、软硬件建设、社会认可度等方面普遍存在差距。但是，无论"公办"还是"民办"，在教育发展方向这个问题上，必须化解"公""私"差别，彻底更新观念；民办高校与公立高校同步开设思政课，不能因为某些差异而降低思政课建设的质效。服务于国家建设需求和社会发展需要，是高校的一大职能。假若一所民办高校缺乏社会担当，不优秀、不突出，就难以为继，社会信誉度也不会高。相反，多数民办高校具有体制新、机制活、效率高等相对优势，更加注重思政课建设，更加重视人才培养质量和社会契合度，这得益于党管高校、党管人才的科学指引。

（三）强化民办高校思政课建设的"鲜明导向"

在我国高校领域，或多或少还存在对"公办"和"民办"的部分偏见，包括对"公益还是营利""公费还是自费"等方面的误解。但是，抓好高校思政课建设并无"公办"与"民办"之别，都要按照党中央、教育部的法规政策去办，都要高度重视思政课建设。最关键的是，任何一所民办高校都要牢固树立"坚持党的领导、办好思政课、教出好学生"的"鲜明导向"。民办高校要积极营造良好氛围、瞄准现实问题、找准方法措施，在真抓实干中提升思政课建设的质效。

摒弃对"公办"或"民办"的偏见，坚持正确的政治方向，才能树立思政课建设的鲜明导向。首先，教育主管部门要树立鲜明的政策导向，积极引导政策落地见效，在政策允许范围内给予民办高校思政课建设的人力、资金等方面更大的支持；在日常工作督导和指导上给予更有效的协调和帮助。其次，主管部门要积极宣扬民办高校思政课建设方面的突出成绩、先进典型和感人事迹，及时总结推广先进经验、弥补问题不足。最后，民办高校自身要脚踏实地，把思政课建设情况纳入党建工作范畴、纳入办学质量和学科建设评估等考评体系，切实把思政课抓起来、抓到位、抓出实效。

二、思想引领：深入贯彻落实习近平总书记教育重要论述

新时代以习近平同志为核心的党中央，把高校思政课建设提到一个新的更高的战略位置。习近平总书记教育重要论述从根本上明确了中国特色社会主义教育发展的一系列方向性、根本性、全局性、战略性重大问题，集中体现为"九个坚持"的新理念新思想新观点，这是思政课建设的原则遵循。

（一）切实用习近平总书记教育重要论述引领思政课建设

习近平总书记教育重要论述指明了民办高校加强思政课建设的前进方向，阐明了"培养什么人、怎样培养人、为谁培养人"这个根本问题，明确了落实立德树人根本任务要"五育并举""六个下功夫"等方面的现实举措，强调了突出理想信念教育、"全员、全方位、全过程"育人的具体要求。其中"大力加强学校思想政治理论课建设""意识形态工作是党的极端重要的工作""办好思想政治理论课关键在教师"等指示要求①，已经指明了民办高校抓好思政课建设的根本遵循。民办高校应结合实际，全面贯彻习近平总书记教育重要论述，深入落实新时代党的教育方针，深入贯彻全国教育大会精神和《中国教育现代化2035》规划等政策要求，积极推进思政课建设。

据教育部网站最新统计，截至2023年6月15日，全国高等学校共计3072所，其中民办高校785所，发展势头强劲。能否做好思想政治工作，能否办好思政课，能否应对新的时代挑战，将直接影响民办高校办学治校的质量水平。民办高校"就是要理直气壮开好思政课，用新时代中国特色社会主义思想铸魂育人。"②要贯彻党的教育方针，把习近平总书记教育重要论述落实到思政课建设全过程之中，推动更好地学习贯彻当代马克思

---

① 本书编写组.习近平总书记教育重要论述讲义［M］.北京：高等教育出版社，2020.
② 习近平.在学校思想政治理论课教师座谈会上讲话［R］.北京，2019-3-18.

主义，更加彰显真理的力量。

（二）重视解决民办高校思想政治理论课建设的现实问题

2019年以来，为全面落实习近平总书记教育重要论述，教育部提出了"以改革的方法补齐高校思想政治工作领域中的短板弱项""促进民办高校党建工作科学化水平""大力加强高校思想政治理论建设"等具体部署。这对于解决部分民办高校建设发展仍然面临的"建设资金困难、发展资源受限、生源质量不高、教师来源短缺"等诸多制约高质量发展的矛盾问题提供了基本依据，具有重要的现实指导意义。

直面问题是解决问题的基础。发现问题、认清问题，才能对症下药。当前民办高校思政课建设面临的现实问题，包括领导管理体制不够顺畅、配套机制不够健全、师资队伍建设比较薄弱、考核评价体系不够完善等方面，都需要学深悟透习近平总书记教育重要论述，在推动创新发展中解决问题。在领导管理上，要全面强化党的领导，从讲政治的高度强化思政课建设，切实发挥主体责任，绝不能因为领导管理体制的不同而影响思政课建设。在机制健全上，要充分体现时代要求，完善民办高校思政课教学、激励、保障、评估、协同等配套机制。在师资队伍建设上，着力解决师资来源复杂、队伍不稳定，专职教师经验欠缺、整体素质不强，团队协作不够、科研水平不高等问题。在质量评价上，应围绕增强教学效果，细化教学目标、内容、方式等要素的落实标准，坚决克服单一、片面的评价方式，防止"五唯"倾向，把自我评价与他人评价、过程评价与结果评价有机结合起来，建立科学系统的教学评价体系。

（三）持续打赢新时代民办高校思政课的质量提升攻坚战

推动思政课改革创新，"要不断增强思政课的思想性、理论性和亲和力、针对性"，做到"政治性和学理性、价值性和知识性、建设性和批判性、理论性和实践性、统一性和多样性、主导性和主体性、灌输性和启发性、显性教育和隐性教育"这"八个相统一"[①]。无论何类民办高校，都应以讲好新时代思政课为核心，着力在提升思政课的方向性、理论性、思

---

① 本书编写组.习近平总书记教育重要论述讲义［M］.北京：高等教育出版社，2020.

想性、教育性、结合性上下功夫，不断提升思政课建设质量。

具体应重点抓好六项工作：一是抓住课堂教学这个关键，研究解决长期困扰的基础性难题，比如"如何使思政课堂活跃起来，增加吸引力和认可度；如何使教学内容入心入脑，增强自觉性和参与度；如何把理论融入现实，增强说服力和可信度"等。二是抓住思政课教师队伍这个主体，落实政策、优化结构、梯次配备，解决"高层次人才进不来、留不住""骨干力量流动性大、队伍不稳定"和部分思政教师"授课水平、科研素质偏低"等问题。三是抓住提高人才培养质量这个要求，民办高校要从各类人才培养规格、日常管理教育入手，全面规范人才培养目标、制度、机制等内容。四是抓住推动教学改革这个导向，切实增强思政课的亲和力、感染力、吸引力，重视创新教育方法，更好发挥学生主体性作用，重视运用信息技术促进教学方法改革。五是抓住丰富教学资源这个基础工作，着力解决教学保障上的突出问题。六是抓住科学评价这个标准，重视发展性、过程性、效果性评价，解决教学评价上的突出问题。

三、建设路径：推动新时代民办高校思政课建设创新发展

近年来，我国先后出台了《中华人民共和国民办教育促进法》《关于深化新时代学校思想政治理论课改革创新的若干意见》《新时代高等学校思想政治理论课教师队伍建设规定》等一系列法律法规，初步形成了指导民办高校建设发展的法规体系，这也是民办高校思政课建设的基本依据。

（一）坚持与新时代同步同向推动思政课建设

坚持思政课建设与创新理论武装同步推进，这是一条基本原则。在办学方向、领导体制、学生发展等方面，民办高校思政课建设必须做到与新时代同步同向。

坚定办学方向和育人导向。各级都要把推进民办高校思政课的系统化建设放在中华民族伟大复兴战略全局、放在世界百年未有之大变局中去谋划，放在全面建设社会主义现代化强国的政治高度来推动，放在加快推进教育现代化、建设教育强国、办好人民满意的教育的立场上来筹划，着眼培育政治合格、品德优良、素质过硬、健康向上、有家国情怀的高素质专

门人才，积极为中国特色社会主义事业培养时代新人。

健全思政课建设领导体制。民办高校要重视加强马克思主义教育、教学和学科建设，切实防止一些人担心的高校马克思主义研究教学"被边缘化"的问题，优先支持和保障马克思主义学科专业建设、师资力量配备、教学资源配置等工作，为思政课建设提供良好的土壤和环境。要积极总结推广"上级委派党委书记、建好马克思主义学院、与党建和思想政治工作相融合"等好做法、好经验，切实履行党管思政课建设的主体责任，充分发挥部门合力，全面提高民办高校系统治理能力。

引领新时代学生健康成长。"青年工作，抓住的是当下，传承的是根脉，面向的是未来，攸关党和国家前途命运。"① 新时代青年大学生讲政治、讲奉献、有责任、有担当，他们积极投身扶贫攻坚、参与各种志愿活动，展现了良好精神风貌。民办高校大多为应用型大学，青年学生的自主意识、竞争意识更强，更加关注个人就业和发展，也比较务实和理性。思政课建设质量直接影响青年学生的全面发展，切实办好思政课，就是要进一步树立青年学生对马克思主义的信仰、对中国特色社会主义的信念、对中华民族伟大复兴中国梦的信心，引导青年学生健康成长，更好服务社会。

（二）着力围绕破解重难点问题增强建设成效

民办高校思政课建设在一定程度上存在地位弱化、教学效果不好、教师队伍不强、实践活动组织乏力、保障条件不到位等现实问题，建好思政课要着力破解这些问题。

着力强化思政课教师队伍建设。办好民办高校思政课关键在于教师，专兼职思政教师是思政课建设的主力军，党团干部、大学生辅导员更是巩固思政课建设效果的重要力量。民办高校应积极开拓思路，明确责任分工，多渠道融合思政课人员资源；应强化素质培训，引导思政教师增强课堂的"政治性、思想性、学术性、专业性"，提高思政教学的深度、宽度、广度；应持续激励进取，落实人才政策制度，从增强教师职业认同感、荣誉感、责任感入手，优化"专职为主、专兼结合、数量充足、素质

---

① 习近平.在中南海同团中央新一届领导班子成员集体谈话时的讲话［R］.北京，2018-7-2.

优良"的队伍结构，切实调动思政课教师积极性、主动性、创造性。

着力推动与各类课程衔接配合。民办高校"思政课程"和"课程思政"在人才培养中的地位同等重要，必须解决好思政课与其他课程衔接、结合的问题，进一步优化课程体系。思政课建设是一个系统工程，要求课上讲好思政课、课后实践融入学生言行，推动理论向实践转化。因此，要创新思路方法，比如采取"领导干部带头讲思政课、校内外名师讲思政课"以及督导专业教师融会贯通"课程思政"等方法活跃思政课堂；坚持与班集体、家庭、社会等方面联系起来，注重把"有形和无形""显性与隐性"教育结合起来，增进思政课教学效果。

着力抓好思政课教学实践环节。所谓"知者行之始，行者知之成"，民办高校加强思政课建设要下大力气解决好"重理论轻实践、重课堂轻课外"等不良倾向，要从构建课堂内外、线上线下、第一课堂与日常教育引导、理论与实践有机融合的思政课"大格局"入手，推动实践教学走深走实。可采用"情景体验式"感悟、"现地观摩式"教学、"参与志愿服务"等社会实践，以及"大学生讲思政课""思政微课堂"等方式，更能真正使思政课实现教育人、培养人、塑造人的崇高目的。

（三）探索构建民办高校思政课建设有效模式

所谓思政课建设模式，并非千篇一律、静止僵化的某种套路，而恰恰是适应新时代要求、动态发展的科学建设思路与方法的有机融合。当前，应当从民办高校思政课教学模式、管理模式、评价模式等方面，着力构建思政课建设的机制体系。

合力形成思政课系统建设"大格局"。民办高校抓建思政课的体制机制、思路方法至关重要。民办高校要有情怀、有格局，站位要高、视野要广，要恪守为社会培养更多优秀人才的初心和使命；要努力形成"党委领导主业主抓、职能部门各负其责、师生员工共同参与、彼此协调、齐抓共管"的工作局面，完善分工协作的领导工作体系，构建有序的管理规范和制度机制；要将党团干部、辅导员纳入思政教师队伍的"大范畴"，确保思政教师、辅导员数量符合教育部规定的比例要求，推动"全时、全域、零距离"发挥思政课的现实作用，助力大学生成长、成才、成功。

　　积极推动思政课教学模式"大变革"。注重思想政治理论课质量提升的系统性、整体性、战略性、现实性，是推进新时代高校思想政治理论课守正创新的内在要求。① 比如，中央美术学院实行课堂串讲、名师讲座、经典阅读、课堂讨论和实践教学有机结合的"五位一体"教学模式②，就是一种模式创新。民办高校应积极借鉴有益经验，推进思政课教学"供给侧"改革。那种照本宣科、一味灌输的教学模式必然导致"神游族、低头族"，降低"到课率、抬头率"；善于采取故事式、案例式、探究式、启发式、互动式、专题式、分组式等教学方法，善于运用信息技术、网络智慧课堂等方式，才能进一步增强思政教学鲜活的思想性、理论性、亲和力和吸引力。

　　探索构建思政课建设机制"大体系"。民办高校思政课建设的制度机制，涵盖了领导管理、课程建设、师资队伍建设、质量评价等机制在内的彼此关联的"大体系"，需要系统规划、协同抓建。在领导管理机制上，要健全统筹有力、权责明确的教育管理机制，规范各级职责、共同建好思政课。在教学机制上，要依据《新时代高校思想政治理论课教学工作基本要求》，规范教学流程，落实具体规定。在质量评价机制上，要综合"集体备课质量和形式、课堂教学纪律、教学方法、考核方式、科研支撑、师生评教"等评价指标，将理论教学与实践活动、量化评价和质性评价、结果评价和过程评价、自我评价与外部评价结合起来，实施全面客观的评价。在师资队伍建设机制上，要落实政策制度，严把政治关、师德关、业务关，培塑更多"四有"好老师。

　　总之，新时代民办高校思政课建设，必须坚持坚定的政治定位、正确的思想引领、明确的建设路径，注重解决现实问题，不断完善薄弱环节，从理论到实践、理想到现实，全面体现思政课建设的时代要求，不断增强主动性、针对性、实效性，立德树人、教书育人，为全面建设社会主义现代化国家而贡献力量。

---

① 王学俭.论推进新时代高校思想政治理论课守正创新的几个重点问题［J］.马克思主义理论学科研究，2021.7（07）：97.

② 施剑松.以首善标准打磨思政课——北京高校加强学生思政工作纪实［J］.中国教育报，2017-11-17.